Erich Preuß

BERLIN
Hauptbahnhof

Erich Preuß

BERLIN
Hauptbahnhof

trans
press

Einbandgestaltung: Dos Luis Santos
Foto: Bodo Schulz

Dieses Buch ist eine vollständig überarbeitete und aktualisierte Neuausgabe der 2006 unter gleichem Titel erschienenen ersten Auflage.

ISBN 978-3-613-71318-5
1. Auflage 2007

Copyright © by transpress Verlag, Postfach 10 37 43, 70032 Stuttgart.
Ein Unternehmen der Paul Pietsch-Verlage GmbH & Co.

Sie finden uns im Internet unter www.transpress.de

Lektor: Hartmut Lange
Innengestaltung: Medienfabrik GmbH, 71696 Möglingen
Druck und Bindung: Rung-Druck, 73033 Göppingen
Printed in Germany

Vorwort

Berlin erhielt im Mai 2006 ein neues Wahrzeichen, den Hauptbahnhof. Dessen kühne Architektur zieht die Blicke auf sich, wenn man sich ihm nähert. Er ist, das kann man mit Fug und Recht behaupten, ein Solitär unter den Eisenbahnbauten der Welt; er passt trotz des unterschiedlichen Baustils hervorragend zu den Regierungs- und Parlamentsbauten an der Spree, die ihn umgeben.

Dieses Buch stellt neben Vorgeschichte und Bau des neuen Hauptbahnhofs das veränderte Verkehrskonzept in der Hauptstadt vor, die neue Nord-Süd-Verbindung mit dem Tunnel, damit im Zusammenhang stehende neue Eisenbahnbauten und auch die Frauen und Männer der Politik, des Bauwesens und der Eisenbahn, die mit den Bauten im zentralen Bereich beschäftigt waren.

Wie bei gigantischen Bauwerken üblich, blieben Widersprüche und Unannehmlichkeiten nicht aus. Auch sie werden dargestellt wie Freud und Leid nach der feierlichen Eröffnung von Hauptbahnhof und Tunnel am 27. Mai 2006.

Der Bahnhof wurde fünf Jahre später fertig als geplant und auch nur, weil Hartmut Mehdorn, Vorstandsvorsitzender der Deutschen Bahn AG, zum Leidwesen des Architekten in die Anlage des »modernsten Kreuzungsbahnhofs Europas«, wie er selbst sagte, eingriff. Auch diesem Zerwurfnis sind einige Passagen des Buches gewidmet wie zu der unbeantworteten Frage, ob die hohen Kosten den Gigantismus rechtfertigten.

Ich habe seit 1990 das Werden der Verkehrsanlagen von Berlin verfolgt, regelmäßig gesammelt und an vielen Besichtigungen teilgenommen. So konnte das Buch mit demselben Titel noch vor der Eröffnung des Hauptbahnhofs erscheinen. Inzwischen zog im Berliner Bahnverkehr eine gewisse Normalität ein und stellten sich einige Macken der Anlagen heraus. Architekt und Bahnvorstand rauchten noch immer keine Friedenspfeife. Es gab also Stoff genug, um den Inhalt des Buches zu erweitern und es auch mit weiteren Bildern zu versehen.

Ich habe schließlich den Mitarbeitern der DB-Konzernkommunikation und von DB-Netz zu danken, die manchmal recht zurückhaltend, aber alles in allem eine Hilfe waren.

Berlin, im Juni 2007   *Erich Preuß*

Inhaltsverzeichnis

INHALT

Achsenkreuz,
Pilz- oder Ringmodell?

1

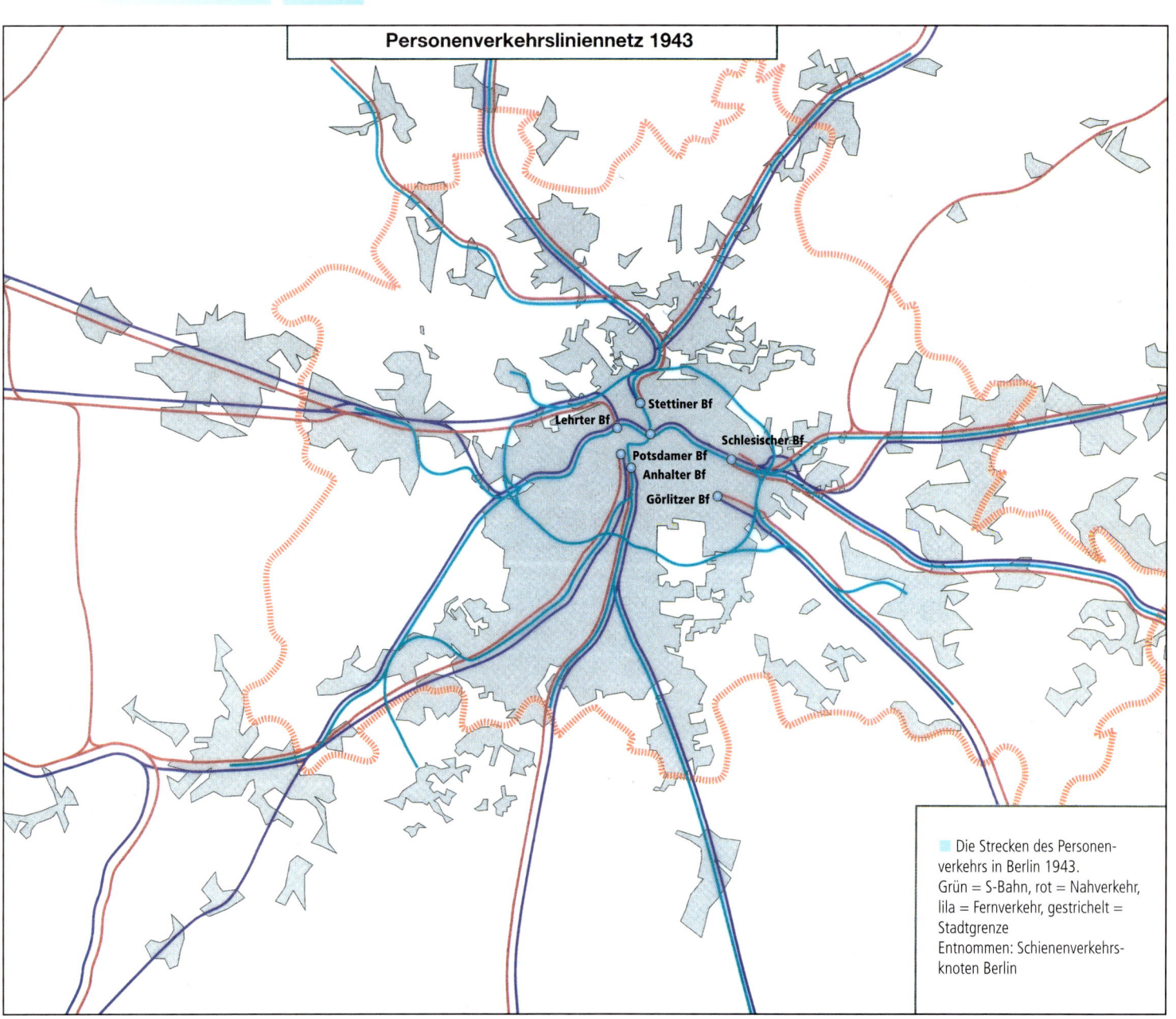

Personenverkehrslinienetz 1943

Stettiner Bf

Lehrter Bf

Schlesischer Bf

Potsdamer Bf

Anhalter Bf

Görlitzer Bf

Die Strecken des Personenverkehrs in Berlin 1943.
Grün = S-Bahn, rot = Nahverkehr,
lila = Fernverkehr, gestrichelt =
Stadtgrenze
Entnommen: Schienenverkehrsknoten Berlin

Den knapp 200 Zuhörern, die am 27. Oktober 1990 ins Logenhaus von Berlin zu einem Eisenbahnkolloquium gekommen waren, wird nicht bewusst gewesen sein, dass sie den Beginn eines gigantischen Verkehrsprojektes erlebten, das auch 16 Jahre später noch nicht vollendet sein würde. Sie staunten über das, was Franz Lennartz, kaum dass Berlin wieder eins geworden war, als notwendige Veränderungen in der einstigen Eisenbahn-Metropole vortrug.

Der Referent Franz Lennartz kam von DE-Consult, dem Gemeinschaftsunternehmen der Deutschen Bank und der Deutschen Bundesbahn, das für die Regierungen in aller Welt Eisenbahnprojekte ausarbeitet. Im Saal saßen übrigens keine »Entscheidungsträger« der obersten Ebene der damals noch existierenden Deutschen Reichsbahn, allenfalls waren Mitarbeiter der Reichsbahndirektion Berlin gekommen. Es fehlten auch die Politiker der Stadt von Rang. Den meisten Besuchern der Veranstaltung reichte wohl auch die Vorstellungskraft nicht aus, was und wie sich in den nächsten Jahren die Berliner Eisenbahnlandschaft verändern sollte.

Erstaunt erfuhren sie, dass DE-Consult bereits 1985 eine Studie erarbeitet hatte, wie die Eisenbahnanlagen eines Tages aussehen könnten und der Betrieb in Berlin geführt werde. Zu dieser Zeit hatte im Osten und im Westen noch niemand die politischen Veränderungen in Deutschland erahnt. Die Regierung der DDR war schon gar nicht bereit, an ihren Betriebsrechten des Eisenbahnverkehrs in West-Berlin rütteln zu lassen. Sie blockierte auch jede Idee, wie man den »Berlin-Verkehr« verbessern könne, bis man sich auf eine Schnellbahn zwischen Berlin und Hannover geeinigt hatte.

DE-Consult griff bei seinen Konzepten einen alten Gedanken auf: die Überwindung der Berliner Kopfbahnhöfe. Im 19. Jahrhundert waren die Eisenbahngesellschaften mit ihren Strecken tief in den Kern der Stadt bzw. deren Konglomerat eingedrungen und hatten am Ende einen Bahnhof angelegt. Die Züge begannen und endeten auf dem Anhalter, Dresdner, Frankfurter, Görlitzer, Hamburger, Lehrter, Potsdamer, Stettiner, Wriezener Bahnhof und dem Ostbahnhof (nicht zu verwechseln mit dem späteren Ostbahnhof!), ohne dass diese Bahnhöfe miteinander passabel verbunden waren. Jedenfalls nicht für den Personenverkehr. Die 1882 eröffnete Stadtbahn zwischen dem Schlesischen Bahnhof und Charlotten-

burg, die quer durch die Stadtzentren führte, war bereits ein großer Fortschritt.

Sie jedoch unterband eine Systematik der Abfahrts- bzw. Empfangsbahnhöfe, fuhren doch beispielsweise die Schnellzüge nach Stendal und Hannover sowohl vom Lehrter als auch vom Schlesischen Bahnhof ab. Man musste schon die Abfahrtafeln oder die Fahrplantabellen in den Kursbüchern genau lesen, um zu erfahren, wo die Züge abfuhren.

Mindestens seit 1910, in der Blütezeit der Eisenbahnen, diskutierte man über die Bündelung der Eisenbahnstrecken in einen Zentralbahnhof, der auch als Friedrich-List-Bahnhof in Martin Mächlers Bebauungsplan von Groß Berlin 1917 genannt wurde. Doch

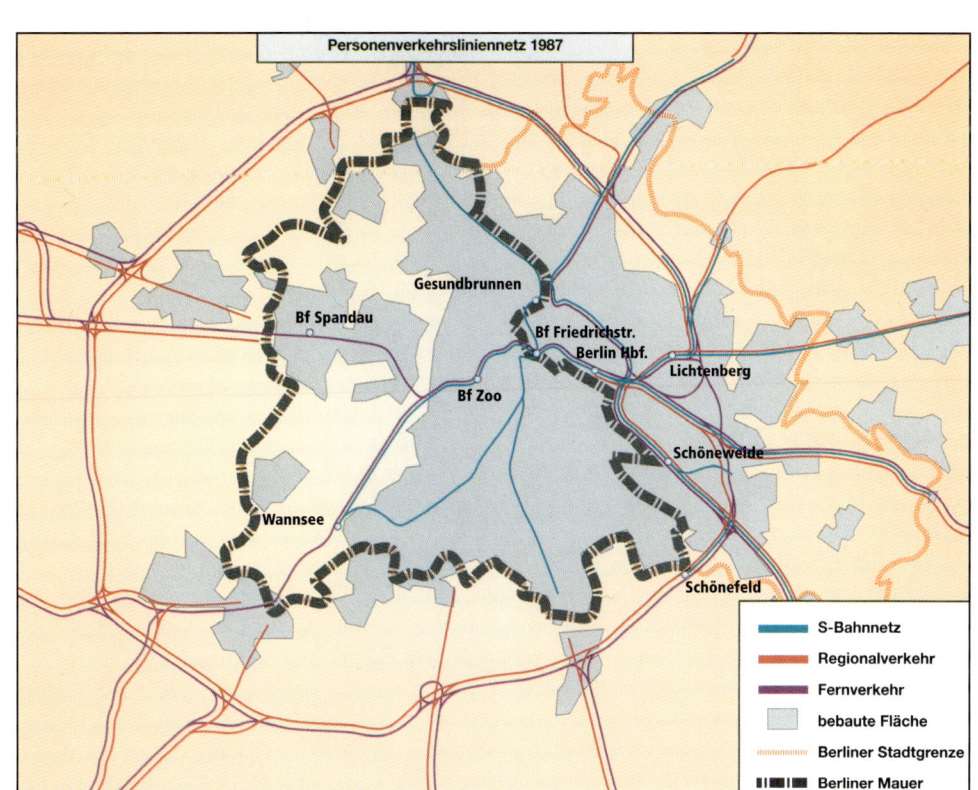

Dicht befahrene Strecken im Osten, mäßig belegte und wenige Strecken in West-Berlin – der Zustand des Personenverkehrs 1987

Entnommen: Schienenverkehrsknoten Berlin

gegen das Kernstück eines attraktiven Eisenbahnkonzepts bestanden seit jeher Einwände. Einer davon war der: Ideal sei ein Zentralbahnhof zum Umsteigen nicht, erforderten doch viele Bahnsteige lange Wege. Auf kleineren Anlagen könne man von einer Bahnsteigseite bequem zur anderen wechseln. Schließlich widerspreche ein Berlin Central dem polyzentrischen Zentrum der Stadt. Berlin hat nicht wie andere Städte ein Zentrum, sondern mehrere – damals und so auch noch heute!

Solche Entgegnungen waren auch 1990 während des genannten Kolloquiums zu hören. Jetzt entstand der »Zentralbahnhof« durch Lennartzs Vorschlag eines Achsenkreuzes. Die Ost-West-Achse (sprich Stadtbahn) sollte sich mit einer erst noch zu errichtenden Nord-Süd-Achse in einem Punkt nahe dem Bahnhof Friedrichstraße treffen bzw. nahe dem Tiergarten, etwa dort, wo einmal der Lehrter Bahnhof gestanden hatte und der Lehrter Stadtbahnhof noch stand. In den verteilten Skizzen war diese Stelle mit »Friedrichstraße/Lehrter Bahnhof« bezeichnet.

Der Mitarbeiter von DE-Consult argumentierte, durch den Wegfall der Mauer verlöre Berlin seine Insellage, die Einwohnerzahlen würden von 3,5 Millionen bis auf 6 Millionen steigen. Die Berliner würden reisefreudiger werden. Das sei kein Wunder, weil Berlin, was die Eisenbahnreise betrifft, im Vergleich mit anderen Ballungsgebieten im Rückstand ist. 1985 kamen auf jeden Westberliner elf Fernfahrten im Jahr. Damit war er nur zu einem Drittel so mobil wie ein anderer Bundesbürger. Das vorhandene Eisenbahnnetz mit Geschwindigkeiten wie im Jahre 1914 könne die bevorstehenden Aufgaben weder nach Menge noch nach

Güte bewältigen. 1997, wenn die Schnellbahnverbindung Hannover–Berlin in Betrieb genommen sein werde (tatsächlich ging sie mit der Hochgeschwindigkeitsstrecke Berlin-Spandau–Oebisfelde erst am 28. September 1998 in Betrieb), sei die bis dahin ausgebaute Stadtbahn bereits durch den Ost-West-Personenverkehr bis an die Grenze ihrer Leistungsfähigkeit belastet.

IC- UND IR-LINIEN ÜBERZIEHEN DIE STADT

Außer den Schnellbahnzügen werde, entsprechend der künftigen Verkehrsnachfrage, Berlin von Liniennetzen der InterCity- und InterRegio-Züge überzogen, etwa vom IC-Netz mit den Linien

- Rostock–Berlin–Leipzig–Süddeutschland
- Hamburg–Berlin–Dresden
- Berlin–Kassel–Frankfurt (Main)
- Berlin–Hannover–Ruhrgebiet–Köln sowie von den InterRegio-Linien
- Rostock/Stralsund–Berlin–Halle–Frankfurt (Main)
- Hamburg/Schwerin–Berlin–Dresden/Chemnitz
- Stralsund/Stettin–Leipzig–Süddeutschland
- Frankfurt (Oder)–Berlin–Magdeburg–Hannover (– Westdeutschland) und
- Görlitz–Cottbus–Berlin–Stendal–Bremen/Hamburg.

Vom Sommer 1991 an konnte man solche, in Berlin bislang unbekannte Linien der schnellfahrenden Züge mit Taktverkehr erkennen. Allerdings führte die Nachfrage im Laufe der Jahre zu anderen Fahrplanangeboten, auf die noch zurückzukommen ist. Doch damit nicht genug der Visionen.

Man solle auch an die Tagespendler und Menschen denken, die zum Einkaufen kommen, forderte Lennartz. Der damals angekündigte Großflughafen nahe Zossen (in Sperenberg!) benötige eine Zubringerbahn. Für derartige Nachfrage werde es Regionalzüge geben, die mindestens im 30-Minuten-Takt verkehren.

Den Befürwortern des Projekts Achsenkreuz ging es nicht nur um die Kapazität für einen voluminösen Zugverkehr, sie dachten auch an kurze Reisezeiten, um im Wettbewerb mit Pkw und Flugzeug bestehen zu können. Deshalb sollte man die Züge nicht – wie von der Reichsbahndirektion Berlin in den letzten Jahrzehnten oft praktiziert – am Stadtrand in Flughafen Berlin-Schönefeld, Königs Wusterhausen, Berlin-Karlshorst, Bernau oder in Oranienburg enden lassen (»Wir haben ja die S-Bahn!«), sondern diese Züge müssten bis in die und durch die Stadt geführt werden. So wurde es auch 1994 und nach der Sanierung der Stadtbahn von 1998 an praktiziert.

Den Zügen der Nord-Süd-Richtung wurde ein zeitaufwendiger Umweg aufgezwungen. Nicht nur die Spaltung der Stadt hatte zur Umgehung der Stadtkerne geführt, es fehlte (bis auf die S-Bahn-Strecke Bernau–Stettiner Bahnhof–Anhalter Bahnhof–Mahlow von 1940 an) an einer durchgehenden Nord-Süd-Gleisverbindung. Wie man die strukturellen Engpässe des Berliner Schienenverkehrs überwinden könne, diese Überlegungen wurden in den Konzepten »Achsenkreuz« und »Ringmodell« zusammengefasst.

Der Plan des Achsenkreuzes enthielt den Gedanken, die Radialstrecken wieder herzustellen und sie mit Hilfe einer Nord-Süd-Strecke zu verbinden, deren wichtigster

Zwei Intercitys begegnen sich auf der Stadtbahn über der Zufahrt zum Humboldthafen (1991). Foto: Emersleben

Bestandteil ein Tunnel quer durch Berlin wäre, quasi eine um 90 Grad gekippte Stadtbahn. Als zentraler Bahnhof war, so schrieb es die Deutsche Bahn noch im Juli 1994, der Lehrter Bahnhof vorgesehen. Die Projektanten des Achsenkreuzes begründeten ihre Idee damit, die auf den Neubau- und Ausbaustrecken vor Berlin gewonnene Zeit ginge in Berlin verloren, wenn es bei der alten Linienführung bliebe. Ihr zweites Argument war: Selbst wenn die Stadtbahn (damit war nur die Fernbahn gemeint) eines

Tages ausgebaut sei, könne sie allenfalls in 24 Stunden 120 Zugpaare aufnehmen, etwa 160 müssten es bis 2010 sein, sollte eine Nord-Süd-Verbindung ausbleiben.

Das Achsenkreuz, so der Vorschlag von DE-Consult, solle aus der Stadtbahn und einer Nord-Süd-Verbindung bestehen, die am Bahnhof Papestraße von der ehemaligen Dresdner und Anhalter Bahn abzweige, danach ihren Weg unter dem Gelände des ehemaligen Potsdamer Personenbahnhofs und weiter östlich der Entlastungsstraße

Tiergarten–Lehrter Bahnhof nehme, von dort zum Nordring geführt werde, wo sie sich in die Richtungen Gesundbrunnen und Spandau verzweige. Diese neue Verbindung nutze weitgehend bestehende Eisenbahnflächen und verlaufe zum Teil unterirdisch, zumindest von einer Stelle südlich des Landwehrkanals bis zum Lehrter Bahnhof.

Ein Tunnelbau unter dem Tiergarten ist nichts Neues. Hier hatte Hitlers Hauptstadt-Architekt Albert Speer unter der gigantischen Halle »Mittelpunkt der Welt«, die eine Höhe

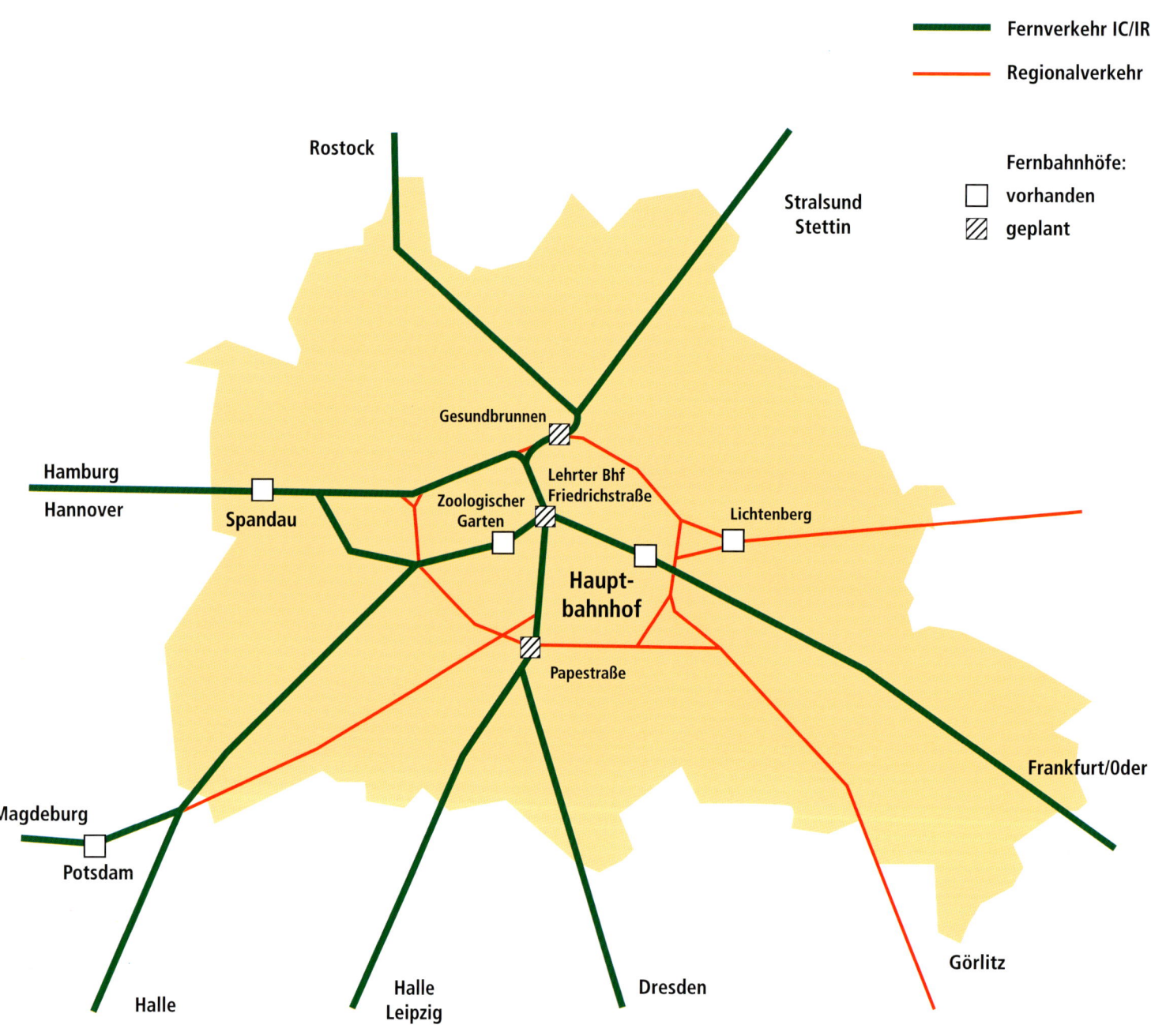

Fernverkehr IC/IR

Regionalverkehr

Fernbahnhöfe:
☐ vorhanden
▨ geplant

Rostock

Stralsund
Stettin

Gesundbrunnen

Hamburg
Hannover

Spandau

Zoologischer
Garten

Lehrter Bhf
Friedrichstraße

Lichtenberg

**Haupt-
bahnhof**

Papestraße

Frankfurt/Oder

Magdeburg

Potsdam

Halle

Halle
Leipzig

Dresden

Görlitz

Zeichnung: DE-Consult/Medienfabrik GmbH

■ Wo sich 1993 noch Kieshaufen türmten, sollte der Zentralbahnhof entstehen. Der Lehrter Stadtbahnhof und im Hintergrund das Hochhaus der Charité.　Foto: Landesarchiv Berlin/Kapserski

von 220 m haben sollte, einen unterirdischen Bahnhof mit sechs Tunneln (drei für Autos, zwei für die S-Bahn, einer für die Post) vorgesehen. Die bereits gegrabenen, aber zu Beginn des Zweiten Weltkriegs 1939 nicht weiter gebauten Stollen liegen unter der Straße des 17. Juni nahe dem sowjetischen Ehrenmal. Diese Reste kosteten den Senat von Berlin für die »Bau-

feldfreimachung« im Zentralen Bereich (siehe 3. Abschnitt) mindestens 140 Millionen Mark.

In dem neuen Tunnel (richtig müsste es heißen: vier Tunneln), der vier Gleise (zwei Gleise Fern-, zwei Gleise Regionalverkehr) aufnehmen sollte, wurde mit einer Belastung von mehr als 80 Zugpaaren am Tag gerechnet. Zählt man die IC-Linie nach

Frankfurt (Main) hinzu, sind es 100 Zugpaare, mit dem Regionalverkehr sogar 120 Zugpaare. Die Fern- und Regionalgleise sollten betrieblich strikt getrennt werden, der unterschiedlichen Halte wegen und um Störungen im Betriebsablauf zu vermeiden.

Diese Einzelheiten müssen bereits an dieser Stelle genannt werden, weil sich bestimmte Stellen, wie z.B. der Senat von

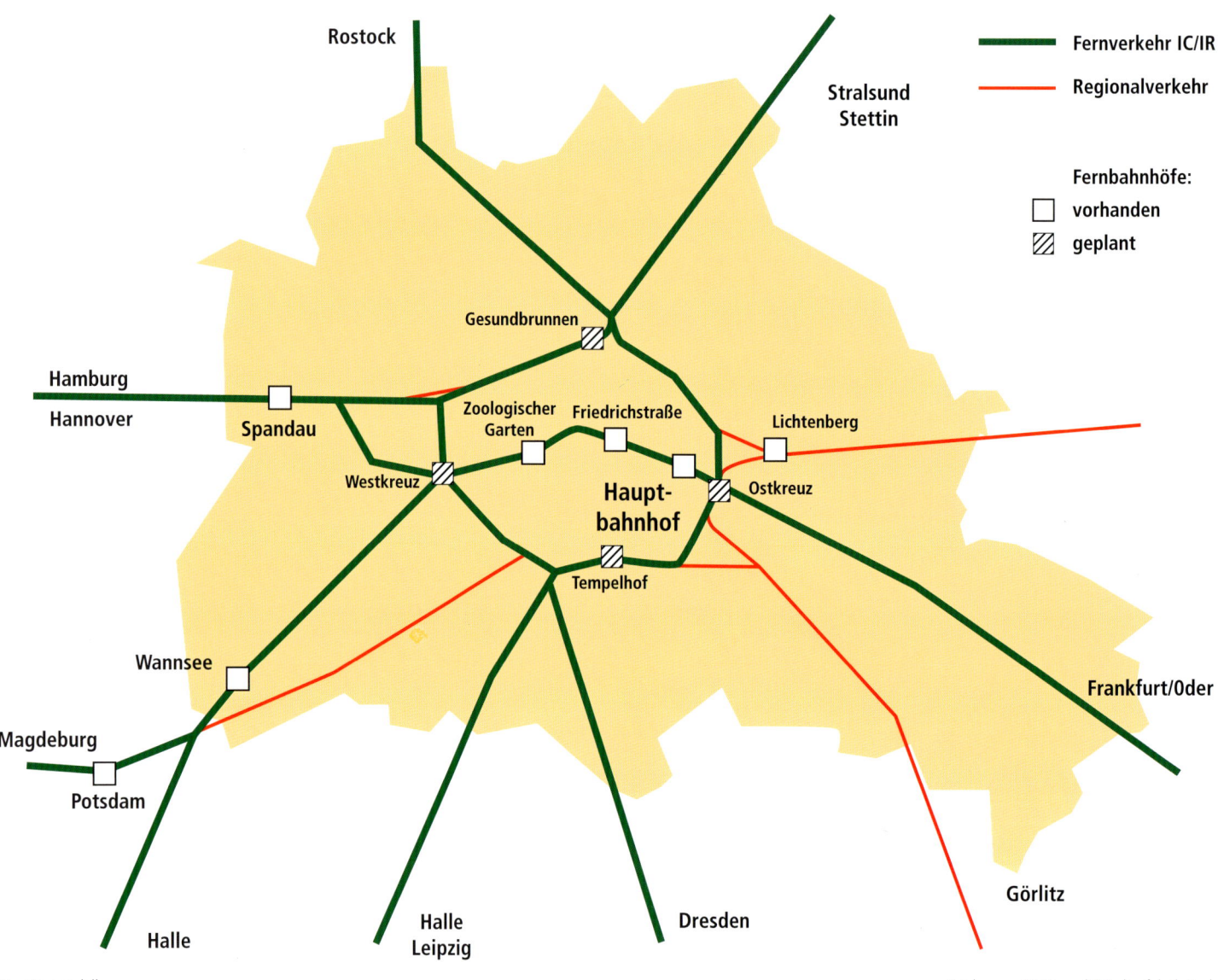

Rostock

Stralsund
Stettin

Fernverkehr IC/IR

Regionalverkehr

Fernbahnhöfe:

☐ vorhanden

▨ geplant

Gesundbrunnen

Hamburg

Hannover

Spandau

Zoologischer
Garten

Friedrichstraße

Lichtenberg

Westkreuz

Haupt-
bahnhof

Ostkreuz

Tempelhof

Wannsee

Magdeburg

Potsdam

Frankfurt/Oder

Görlitz

Halle

Halle
Leipzig

Dresden

Das Ringmodell.

Zeichnung: DE-Consult/Medienfabrik GmbH

Berlin sowie die Industrie- und Handels- kammer, im Jahr 2005 erstaunt und empört gaben, als sie erfuhren, was die Deutsche Bahn mit den neuen Gleisen beabsichtigte. Darüber wurde bereits seit 1990 gespro- chen. Damals gab es zwar noch keine Deutsche Bahn AG in Berlin, aber die Deut- sche Reichsbahn.

TURMBAHNHOF UND TUNNEL

Damals, als Franz Lennartz im Jahr 1990 die Pläne von DE-Consult vorstellte, meinte man, durch die Schnellbahnverbindung Berlin–Hannover (deren Beginn mit der DDR in Berlin-Spandau vereinbart worden war) werde die Stadtbahn, selbst wenn sie

bis dahin modernisiert sein sollte, im Ost- West-Personenverkehr bis an die Grenze ihrer Leistungsfähigkeit belastet. Die Stadt- bahn allein könne den Verkehr der Inter- city-, Interregio- und Nahverkehrszüge nicht aufnehmen.

Diese Überlastung zeigte sich erstmals acht Jahre später, als die Stadtbahn nach

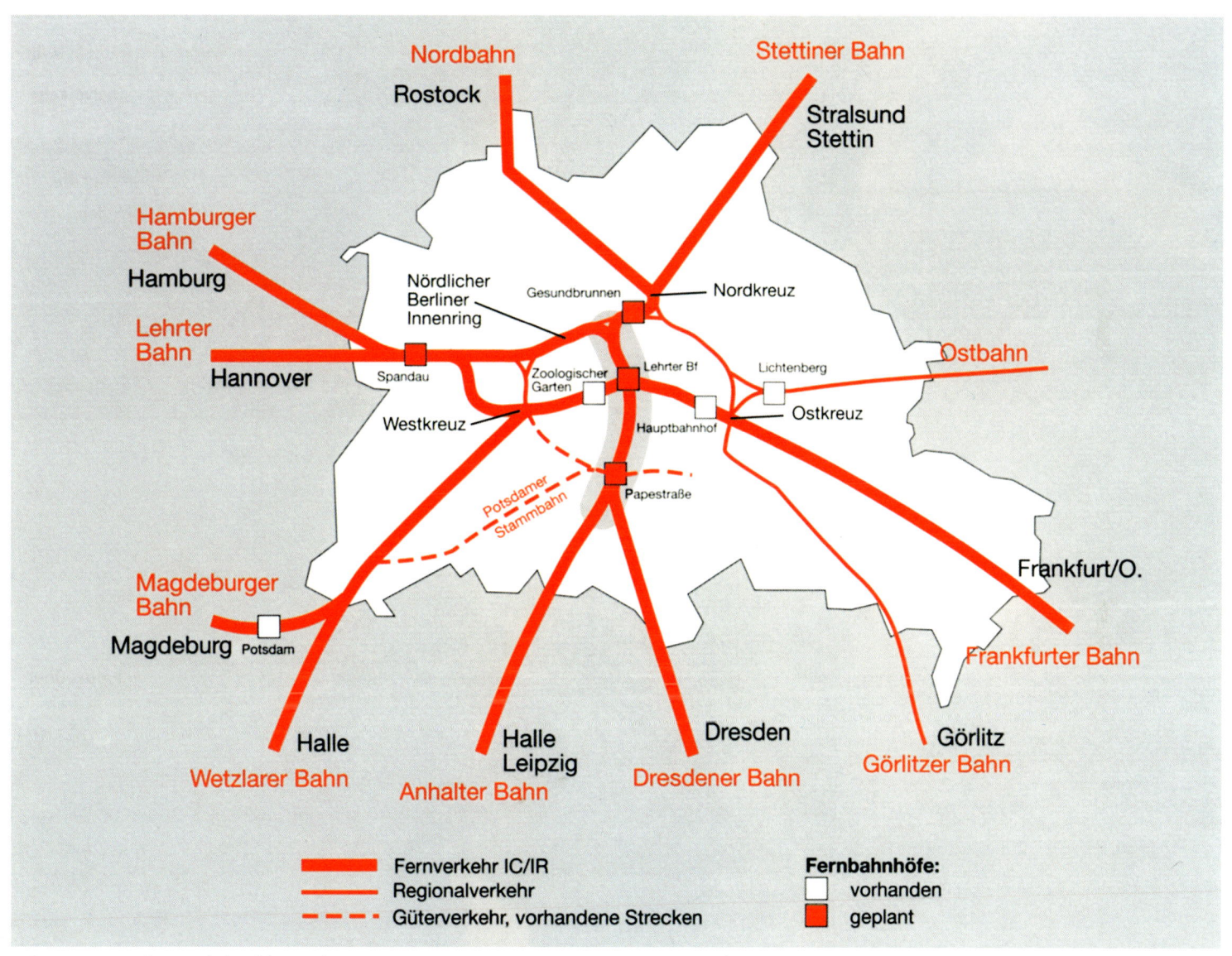

Nordbahn

Rostock

Stettiner Bahn

Stralsund
Stettin

Hamburger
Bahn

Hamburg

Lehrter
Bahn

Hannover

Nördlicher
Berliner
Innenring

Gesundbrunnen

Nordkreuz

Spandau

Zoologischer
Garten

Lehrter Bf

Lichtenberg

Ostbahn

Westkreuz

Ostkreuz

Hauptbahnhof

Potsdamer
Stammbahn

Papestraße

Frankfurt/O.

Magdeburger
Bahn

Magdeburg   Potsdam

Halle

Wetzlarer Bahn

Halle
Leipzig

Anhalter Bahn

Dresden

Dresdener Bahn

Görlitz

Görlitzer Bahn

Frankfurter Bahn

Fernverkehr IC/IR
Regionalverkehr
Güterverkehr, vorhandene Strecken

Fernbahnhöfe:
vorhanden
geplant

Zu guter Letzt wurde nur noch das Pilzkonzept favorisiert.

Entnommen: Information Nr. 1 der Koordinierungsgruppe Verkehrsanlagen im Zentralen Bereich

ihrer Sanierung am 28. Mai 1998 freigegeben worden war und von Beginn an über Wochen im Zugverkehr chaotische Zustände herrschten. Zu diesen war es allerdings nicht wegen der Vielzahl von Zügen, sondern infolge Abweichungen vom Regelfahrplan durch eine falsche Bedienung des elektronischen Stellwerks in Berlin-Rum-

melsburg gekommen. Aber man konnte erkennen, wie wenig Pufferzeit in den Fahrplänen steckte, wo der neuralgische Punkt des Schienenverkehrs lag. Die Deutsche Bahn konnte nur durch vorübergehende Herausnahme von Zuglinien dafür sorgen, dass der Zugverkehr über die Stadtbahn wieder in Tritt kam.

Nun sollten es also eine zweite Durchmesserstrecke und ein Zentralbahnhof sein. Durch den Tunnel wurde er zum Typ eines Turmbahnhofs, wie man ihn hin und wieder auch im deutschen Eisenbahnnetz findet (Osnabrück Hbf, Doberlug-Kirchhain, Falkenberg [Elster], Horka, Güterglück). Der Turmbahnhof ist eine Sonderform des Kreu-

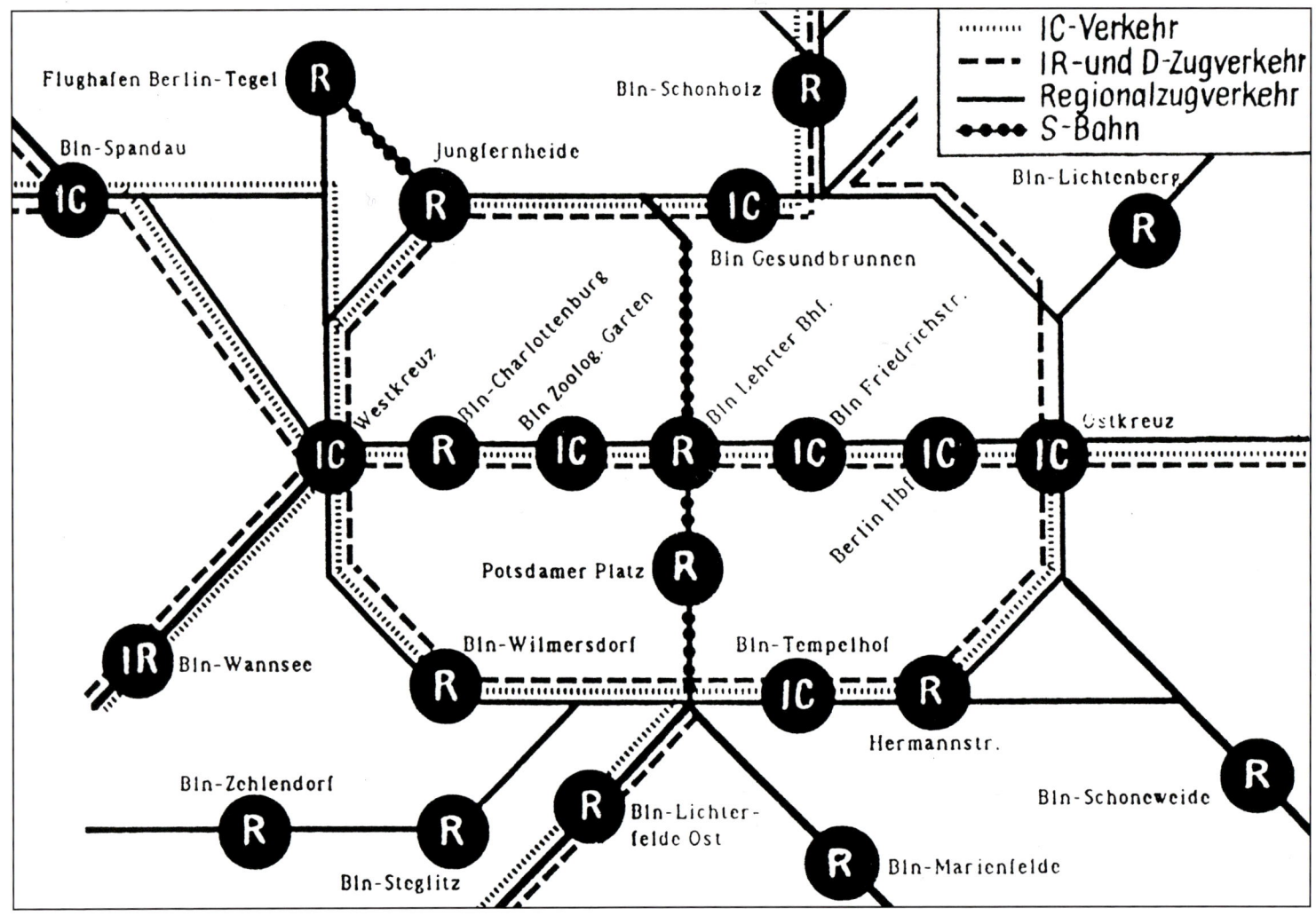

■ Die »Berliner Zeitung« stellte am 24. Oktober 1991 auch das Zwiebelmodell einer Moabiter Bürgervereinigung vor.

zungsbahnhofs, bei dem sich die Strecke nahezu rechtwinklig in zwei Ebenen kreuzen. Zug- oder Fahrzeugübergänge sind nur durch weite Gleisbogenverbindungen möglich, aber solche Übergänge der Fahrzeuge waren nicht vorgesehen, wohl die der Reisenden durch umsteigen.

Die vordringlichste Aufgabe des Achsenkreuzes sollte allerdings nicht die Entlastung der Stadtbahn sein, sondern es war an schnelle Zugverbindungen im Nord-Süd-Ver-

kehr gedacht und an attraktives Umsteigen zwischen dem Nord-Süd- und Ost-West-Verkehr bzw. der entgegengesetzten Richtungen. Wie das Achsenkreuz an seinem Schnittpunkt ausgestaltet sein sollte, darüber sprach niemand, vom künftigen Zentralbahnhof wurde bei Lennartz' Vortrag im Jahr 1990 nichts gezeigt. Sicher schien, dass der Bahnhof Friedrichstraße dafür nicht in Frage kam. Man wird es im Jahr 2006 nicht glauben können, doch die vor 16 Jahren

vorgestellte Studie von DE-Consult offenbarte bereits ein ambivalentes Verhältnis der Urheber zum Zentralbahnhof.

Drei neue Bahnhöfe sollten gebaut werden: Potsdamer Platz für den Regionalverkehr, Yorckstraße oder Papestraße für den Fern- und Regionalverkehr und schließlich Lehrter Bahnhof, der die Nord-Süd-Strecke und die Stadtbahn verknüpft. Der Lehrter Bahnhof sollte eine einfache Umsteigestation werden.

Ein Verzicht auf den Zentralbahnhof war ein Kompromiss zu den gegensätzlichen Auffassungen, die damals bereits herrschten. Denn es wurden Alternativen diskutiert, so naheliegend und verlockend die Idee von der Nord-Süd-Fernbahn und vom Zentralbahnhof auch war. Die Mahner widersprachen: zu lange die Bauzeit, zu teuer, zu umweltschädlich! Ein Verein verlangte, den Anhalter und den Lehrter Bahnhof wieder aufzubauen. Er pries die Vorzüge von Kopfbahnhöfen unbeirrt des Umstandes, dass die Eisenbahner den betrieblichen Aufwand scheuten, den Kopfbahnhöfe nun einmal erforderten. Die Bürgerinitiative Westtangente konzentrierte ihr Verlangen auf den Ausbau eines Innenrings.

Beim Ringmodell sollten die zehn auf Berlin zulaufenden Hauptbahnen an fünf Stellen in einem Fernring zusammengefasst werden. Die Fern- und Regionalzüge der Nord-Süd-Richtung sollten über diesen Ring fahren, der als so genannter Innenring bereits bestand bzw. besteht. Der Ost-West-Verkehr bliebe auf der Stadtbahn. Umsteigebahnhöfe wären die Bahnhöfe Westkreuz und Ostkreuz geworden. Der zweigleisige Innenring hätte in einzelnen Abschnitten viergleisig ausgebaut werden müssen.

Bauplaner sahen dabei nur den Nachteil der zusätzlichen Flächen, die in aufwändigen planrechtlichen Verfahren hätten erworben werden müssen. Die Reisenden hätten sich eher dafür interessiert, wie sie am schnellsten zum Ziel oder durch Berlin kämen. Die Ring-Befürworter meinten: Jeder Zug brauche nur zur Hälfte diesen Ring zu befahren. 720 Zugpaare könne eine zweigleisige Ringstrecke jeden Tag aufnehmen. Nach dem, was in den nächsten Jahren nötig ist, werde die Kapazität des Ringes allenfalls zur Hälfte genutzt.

Das hörte sich gut an. Doch war der Gedanke praktikabel? Bei den unterschiedlichen Systemhalt-Bahnhöfen wäre das Umsteigen zwischen den einzelnen Zuggattungen, obendrein von und in jede/r Richtung gar nicht auf jedem Bahnhof möglich. Fahrplantechnologen und Zugüberwachern dürfte es grausen, den unbedarften Reisenden Mühe bereiten, wenn sie den optimalen Umsteigepunkt finden sollten. Wenn man zu bestimmten Zielen die Innenstadt umrunden musste, konnte man es gleich beim bisherigen Außenring belassen.

Es blieb nicht bei den auf dem Kolloquium zum Teil heftig vorgetragenen Ansichten. Von den Fachleuten der bis 1993 dahin scheidenden Deutschen Reichsbahn war kaum eine Stellungnahme zu den Entwürfen zu erfahren. Sie waren mit sich beschäftigt und sahen hilflos auf das, was aus Frankfurt am Main vorgegeben wurde. Um so mehr kümmerten sich die Deutsche Bundesbahn und der Senat von Berlin in Person des Verkehrssenators Jürgen Kleemann (CDU) um das Projekt: ein Achsenkreuzmodell in modifizierter Form, das auch mit Hilfe der Medien als Pilzkonzept populär wurde.

Die Bevorzugung des Pilzmodells kam nicht von verkehrsstrategischen oder stadtplanerischen Überlegungen, es war der unzureichenden Finanzierung geschuldet. Darauf wird noch eingegangen.

Was war der Pilz? Der Neubau der viergleisigen Nord-Süd-Verbindung Papestraße–Lehrter Bahnhof sollte der Stiel des Pilzes sein, die Stadtbahn die Krempe und der noch auszubauende nördliche Innenring der Hut. Die Gutachter und die Fachleute der Bahn waren überzeugt davon, dass das Achsenkreuzmodell bzw. das Pilzmodell hinsichtlich der Kosten (20 Milliarden Mark, die Hälfte

für die Fernbahn) und des Mittelbedarfs, der Betriebsplanung und Betriebsführung dem Ringmodell überlegen sei.

WIDERSTAND GEGEN DEN PILZ

Gegen diese Auffassung artikulierte sich vielerlei Widerstand, besonders aus dem (damals noch eigenständigen) Stadtbezirk Moabit, in dem der Kreuzungsbahnhof gebaut werden sollte. Der Verein »Moabiter Ratschlag« lehnte den Zentralbahnhof und das Pilzkonzept ab. »Die ganze Bahnhofsplanung zeugt von Größenwahn!«, stand in einer Broschüre des Vereins vom Februar 1993, und selbstverständlich sammelte er damals Unterschriften gegen das Projekt. Dr. Käthe Zillbach, von 1991 bis 1999 verkehrspolitische Sprecherin der SPD im Berliner Abgeordnetenhaus, verlangte ein Gutachten zur Stadtverträglichkeit, Axel Kammholz, FDP-Verkehrsexperte, bezeichnete »einen zweiten Bahnhof innerhalb des S-Bahn-Ringes als Unsinn«. Der West-Berliner kannte vermutlich nur den Bahnhof Zoologischer Garten, wenn er von einem »zweiten Bahnhof« sprach. Oft war auch der CDU-Verkehrsexperte Rainer Giesel zu hören und zu sehen, der den Potsdamer Platz für einen Bahnhof als ungünstig bezeichnete.

Die Planer der Gesellschaft für Behutsame Stadterneuerung S.T.E.R.N. fanden zum geplanten Zentralbahnhof heraus: Ein riesiger Knotenpunkt neben dem Humboldthafen würde die Kiezstruktur von Moabit total zerstören. Auch der Baustadtrat des Stadtbezirkes Tiergarten, Horst Porath, machte gegen das Achsenkreuz mobil. Die Bürgerinitiative Westtangente favorisierte das Ring-Modell, der Förderverein Anhalter Bahnhof das Ypsilon-Modell. Ein Tunnel ent-

Der Abgeordnete Michael Cramer, Verkehrssprecher von Bündnis 90/Die Grünen, zuletzt Abgeordneter im Europa-Parlament wurde mit seiner kritischen Haltung bis zur Eröffnung des Kreuzungsbahnhofs immer wieder zitiert. Er lehnte das Pilzkonzept ab. In der Frankfurter Rundschau vom 31. Januar 1996 legte Cramer seinen Standpunkt ausführlich dar. Hier ein Auszug:

»[...] Da die Bundesregierung nicht bereit war, das Achsenkreuzkonzept mit 20 Milliarden Mark zu finanzieren und nur die Hälfte (zehn Milliarden Mark) zur Verfügung stellte, wurde statt auf Tiergartentunnel und Zentralbahnhof auf die Sanierung und Elektrifizierung des südlichen Berliner Innenrings verzichtet.

Dieses ‚Pilzkonzept‘ – der Nordring und die Ost-West-Magistrale bilden den Kopf, der Tiergartentunnel in Nord-Süd-Richtung den Stiel des Pilzes – wurde in einer äußerst knappen Entscheidung vom Berliner Senat [Koalition aus CDU und SPD – E. P.] und der Deutschen Reichsbahn gegenüber der Bundesregierung durchgesetzt.

Unabhängig davon, daß der Finanzier, die Bundesregierung, knapp überstimmt wurde, haben alle Beteiligten es versäumt, ein sachgerechtes Linienbestimmungsverfahren durchzuführen, in dem die Öffentlichkeit vor der politischen Entscheidung beteiligt und die Alternativkonzeptionen inklusive der Nullvarianten überprüft, gegenübergestellt und bewertet werden. [...] Das Pilzkonzept wurde – aus Kostengrün-

den – noch weiter abgespeckt: Auf den Ausbau der nördlichen Radiale nach Rostock mußte ebenso verzichtet werden wie auf den Ausbau der südlichen nach Dresden. Während die Finanzierung der Strecken durch die dramatische Haushaltslage des Bundes gefährdet ist, sind die geplanten Fernbahnhöfe ungewiß, weil sie durch die Vermarktung des Bahnhofsumfeldes bezahlt werden sollen, was angesichts des Überangebotes an Handels- und Büroflächen und dementsprechend niedriger Preise derzeit nicht möglich ist. So wurde der wunderschöne Entwurf des Architekten Calatrava für einen neuen Fernbahnhof Berlin-Spandau durch eine Billigvariante ersetzt, die Planung für einen Fernbahnhof Berlin-Gesundbrunnen konnte nur mit Mühe aufrechterhalten werden, und wann das Mietniveau in Berlin wieder so hoch ist, daß der Zentralbahnhof und der Bahnhof Papestraße finanziert werden können, ist vollkommen offen.

In Berlin gibt es mit den Bahnhöfen Zoologischer Garten für den Westteil, Friedrichstraße für das Zentrum und Hauptbahnhof für den Ostteil der Stadt drei wichtige Verkehrsknotenpunkte, wo Fern- und Nahverkehr zusammentreffen. Sie sind alle auf der Stadtbahn gelegen, die in Ost-West-Richtung die ganze Stadt durchquert. Zusätzlich weisen Zoo und Friedrichstraße aber nicht nur günstige Umsteigerelationen zu den parallel zum Fernverkehr auf der Stadtbahn verkehrenden fünf S-Bahn-Linien auf, sondern auch zu den zahl-

reich kreuzenden U-, S- und Straßenbahnlinien.

Der Hauptbahnhof [1998 wieder in Ostbahnhof umbenannt – E. P.], der derzeit größte Bahnhof Berlins und wichtigster Fernbahnhof für den Ostteil der Stadt, wird gegenwärtig nur von den fünf in Ost-West-Richtung verlaufenden S-Bahn-Linien auf der Stadtbahn und einigen Buslinien erschlossen. Er soll aber an das 180 Kilometer große Straßenbahnnetz angebunden werden.

Den legendären Bahnhof Friedrichstraße kreuzen in Nord-Süd-Richtung nicht nur die S-Bahn-Linien S 1, S 2 und S 25, sondern auch die U-Bahn-Linie 6. Im Gegensatz zum Lehrter Zentralbahnhof können die Fahrgäste am Bahnhof Friedrichstraße schon heute in Nord-Süd-Richtung 51 S-Bahn-Stationen und 28 U-Bahn-Stationen direkt und ohne umsteigen erreichen. Außerdem wird er in unmittelbarer Zukunft wieder an das Straßenbahnnetz angebunden. Diese Maßnahme ist notwendig, weil die SED in den 60er Jahren wegen ihrer autofixierten Stadtplanung die Straßenbahnanbindung an den Bahnhof Friedrichstraße unterbrochen hatte.

Im Konzept des Senats soll der Bahnhof Friedrichstraße für den InterCity-Verkehr keine Bedeutung mehr haben. Statt dessen ist ein neuer Verkehrsknoten ‚aus der Retorte‘, der Lehrter Zentralbahnhof, geplant. Da dieser Bahnhof mit der Stadtbahn schienenmäßig nur in Ost-West-Richtung erschlossen ist, sollen dort in Nord-Süd-Richtung zwei Fernbahn- und zwei Regionalbahngleise in Tieflage gebaut werden. Außerdem sollte für den Nahverkehr eine neue S-Bahn-Linie, die S 21, die Erschließung dieses Bahnhofs in Nord-Süd-Richtung ebenso ermöglichen wie die Verlängerung der U 5 vom Alexanderplatz über den Lehrter Zentralbahnhof zum S-/U-Bahnhof Jungfernheide.

Im Gegensatz zu anderen großen Metropolen hat Berlin eine dezentrale Stadtstruktur, die viele Vorteile mit sich bringt. Deshalb wären im Eisenbahnfernverkehr auch eher Konzepte notwendig, die die Dezentralität betonen, anstatt künstlich einen Zentralbahnhof in eine dezentrale Stadtstruktur zu implantieren. Im Gegensatz zu Paris beispielsweise hat Berlin nicht nur einen Eisenbahn-Innenring mit zwei Fern- und zwei S-Bahn-Gleisen, sondern auch noch eine Ost-West-Verbindung, die Stadtbahn, mit dem ,Regierungsbahnhof' Friedrichstraße, der in unmittelbarer Nähe des Reichstags liegt. Auch die Stadtbahn ist mit zwei Fern- und zwei S-Bahn-Gleisen ausgestattet. Sie wird gegenwärtig für 1,5 Milliarden Mark saniert und elektrifiziert. Notwendig wäre deshalb zur Betonung der Dezentralität die Ansiedelung neuer Bahnhöfe auf dem Ring und nicht in der City. [...]

Berlin ist so groß wie das Ruhrgebiet von Düsseldorf bis Gelsenkirchen beziehungsweise von Hamborn bis Bochum. Wie dort existieren auch in Berlin sechs InterCity-Bahnhöfe. Während allerdings im Ruhrgebiet niemand auf die Idee käme, Wanne-Eickel zum Beispiel zum

Zentralbahnhof auszubauen, soll in Berlin ein riesiger Kreuzungsbahnhof an der Stelle gebaut werden, wo die geplante – unterirdische – Nord-Süd-Achse die bestehende Ost-West-Achse kreuzt, ansonsten aber kein dem Zentralbahnhof angemessenes Umfeld vorhanden und auch nur eingeschränkt realisierbar ist. [...]

Begründet wird der Kreuzungsbahnhof Lehrter Zentralbahnhof immer damit, daß ein Reisen durch Berlin mit Umsteigen ermöglicht werden soll. Dabei wird allerdings übersehen, daß vor dem Krieg 97 Prozent aller Bahnreisen in Berlin begannen beziehungsweise endeten und auch die Deutsche Bahn AG in Zukunft nur mit fünf Prozent Durchreisenden rechnet. Diese können ebensogut über den Berliner Innenring oder den Außenring fahren. [...]

Entgegen der früheren Behauptung des Senats, daß die Regierungsbauten mit den Verkehrsanlagen bautechnisch in enger Verbindung stehen, wird dieses neuerdings definitiv ausgeschlossen. Die einzige Begründung für den zeitgleichen Bau der Tiergarten-Tunnel und der Regierungsbauten liegt darin, daß das Regierungsviertel später nicht durch eine Baugrube in Mitleidenschaft gezogen werden soll. Von daher wäre es auch heute noch möglich, auf die gesamten Verkehrsanlagen zu verzichten, ohne die Zukunft zu verbauen. Man könnte also die Konzentration zunächst auf die Wiederherstellung der bestehenden Anlagen richten – das war

auch ursprünglich die einvernehmliche Position aller Beteiligten – und die ausgewählte Nord-Süd-Trasse erst später bauen oder lediglich für zukünftige Generationen freihalten, wenn sie sich als notwendig erweisen und die Finanzmittel zur Verfügung stehen sollten. Dann wäre es sogar möglich, pünktlich zum Umzug durch eine Straßenbahnlinie das Parlaments- und Regierungsviertel an das bestehende Schienennetz anzubinden und durch eine Verlängerung der Bahnsteige den ,Regierungsbahnhof' Friedrichstraße ICE-tauglich zu präsentieren. Der Umbau des Bahnhofs Friedrichstraße zum ICE-tauglichen ,Regierungsbahnhof' ist auch deshalb notwendig, weil Deutsche Bahn AG und Bundesregierung einräumen mußten, daß wegen Finanzierungs- und Planungsschwierigkeiten der Tiergarten-Tunnel nicht 2000 – wie seit Jahren behauptet – sondern frühestens im Jahr 2004 von Zügen durchfahren werden kann. Damit das Parlaments- und Regierungsviertel nicht jahrelang vom Eisenbahnfernverkehr abgekoppelt wird, muß deshalb bei der Sanierung der Stadtbahn die Verlängerung der Bahnsteige auf das ICE-Maß realisiert werden. [...]«

Aus: Michael Cramer: Der Tunnelbau zu Babel. In: Frankfurter Rundschau, Frankfurt am Main, vom 31. Januar 1996

Auch wenn's jetzt noch etwas abstrakt aussieht:
Berlins Schienennetz wird ein Meisterwerk.

Freie Bahn für Berlin. DB

Ein sympathischer Maulwurf begleitete die Berliner mit mehr oder weniger sinnigen Sprüchen durch die Vielzahl der Baustellen und Ärgernisse. Hier lobt sich die Deutsche Bahn selbst.

Foto: Emersleben

lang der Grenze zum Brandenburger Tor sollte sich nach Süden, zum Anhalter Bahnhof, und nach Norden, zum Lehrter Bahnhof, verzweigen. Während sich Bausenator Wolfgang Nagel gegen das Achsenkreuz aussprach (der Tunnelbau behindere die Regierungsbauten, der Bau nahe dem Parlament ziehe den Autoverkehr, Nachtclubs, das Rotlicht-Milieu, Taschendiebe und Landstreicher an), wollte der Senator für Stadtentwicklung, Volker Hassemer, die Entscheidung zu den Vorschlägen und Ablehnungen dem von ihm gebildeten »Stadtforum« überlassen. Zum Schluss waren im Planfeststellungsverfahren rund 18.000 Einwände von Bürgern zu beachten.

Was aber hielt die Bundesregierung von den Plänen in Berlin? Die residierte noch in Bonn und war entschieden dagegen. Verkehrssenator Herwig Haase fuhr zu Verkehrsminister Günther Krause, damit endlich entschieden werde, wie das Berliner Eisenbahnnetz verbessert werden könne und wie diese Veränderungen finanziert werden sollten. Aus Steuermitteln wurden bereits 10,7 Milliarden Mark für den Ausbau des S-Bahn-Ringes bereitgestellt.

Die Bauministerin Irmgard Schwätzer (FDP) war besorgt um die Regierungsbauten, deren Ausbau der Tunnel behindere. Den Zentralbahnhof wollte man ohnehin nicht

haben. Der SPD-Bundestagsabgeordnete Peter Conradi äußerte sich dahingehend, dass man die neue Station später unabhängig vom Regierungsviertel bauen könne, vielleicht 2010. Das Bundesverkehrsministerium bestellte ein Gutachten zur »technischen Machbarkeit des Friedrichstraßentunnels«.

Im Frühjahr 1992 kamen die ersten Nachrichten, der Bau werde sich verzögern. Die Bundesregierung wollte das Achsenkreuz nicht auf einmal finanzieren, sondern es bis zum Jahr 2007 hinausschieben. Peter Radunski, Senator für Bundesangelegenheiten, brachte am 4. März 1992 aus Bonn die Ansicht der Bundesregierung mit, die

Verkehrsströme sollten über die Ringverbindungen um Berlin herum geleitet werden. Um Berlin herum konnte das aber nur der Außenring, da die Ringbahn in der Stadt liegt und zum damaligen Zeitpunkt der Sanierung bedurfte. Es äußerten sich einige Politiker und so genannte »Fachleute«, die sich bis dahin mit dem Eisenbahnverkehr in Berlin noch nie beschäftigt hatten und allenfalls als Kinder mit der Eisenbahn gefahren waren.

Der Senat diskutierte intern, ob vielleicht der Zentralbahnhof im Süden an der Papestraße gebaut werden könne. Heinz Dürr, Vorstandsvorsitzer von Bundes- und Reichsbahn, überlegte, ob man die Tunnel auf Vorrat bauen solle, ohne sie sofort zu nutzen, und ob man mit zwei statt vier Gleisen in der Nord-Süd-Richtung auskäme.

ENDLICH EIN BESCHLUSS

Dann endlich, am 15. Juni 1992, gab die Bundesregierung grünes Licht für die Bauvorhaben, als sie – nicht ohne Zutun des CDU/SPD-Senats – das Pilzkonzept und der Bundestag am 15. Juli 1992 den Bundesverkehrswegeplan beschlossen. Damit waren die Weichen auch für den neuen Lehrter Bahnhof gestellt. Für ihn sah ein Betriebskonzept

- 5 Intercity-Linien
- 7 Interregio-Linien und
- 12 Linien des Regionalverkehrs vor.

Das waren täglich 746 Züge, davon 251 durch den Tunnel.

In dieser Auseinandersetzung der Jahre 1990 bis 1993 um eines der größten Eisenbahnprojekte in Berlin fielen viele Namen, die bis 2005 vergessen sind. Nur einer wurde mit seiner kritischen Haltung bis zur Eröff-

nung des Kreuzungsbahnhofs immer wieder zitiert: der Abgeordnete Michael Cramer, Verkehrssprecher von Bündnis 90/Die Grünen, zuletzt Abgeordneter im Europa-Parlament. Er hielt das Pilzkonzept schon damals für Unsinn, und er wird sich 2005/2006 auch gegen die Abwertung des Bahnhofs Zoologischer Garten wenden, auf die noch zurückzukommen ist.

Einer Dokumentation in der Frankfurter Rundschau vom 31. Januar 1996 konnte man Cramers Standpunkt entnehmen, aber auch die Zusammenhänge, die zum Pilzkonzept führten (siehe Text der Seiten 18-19).

Die Fraktion von Bündnis 90/Die Grünen im Abgeordnetenhaus lehnte die »gigantomanische Planung« ab und sprach sich für das bereits erwähnte Ring-Konzept aus. Dass die von Cramer genannten Zusammenhänge kaum bekannt und schnell vergessen wurden, hängt auch damit zusammen, dass es in Berlin kaum eine öffentliche Diskussion über die Verkehrsbauten gegeben hat. Das war eine Angelegenheit für einen eng begrenzten Kreis von Fachleuten.

MAHNUNG ZUR BESCHEIDENHEIT

Unter diesen Fachleuten von Stadtplanern und so genannten Verkehrspolitikern fehlte, zumindest wenn sie aus Berlin kamen, der Sachverstand. Der West-Berliner Politiker hatte die Eisenbahn kaum benutzt, weil sie von der Deutschen Reichsbahn betrieben worden war und gegenüber dem Pkw und dem Flugzeug als überholt galt. Ihm war der Flughafen Tegel näher als der Bahnhof Zoo. Aber jetzt redete und entschied er, was die Eisenbahn kann und soll. Die Überlegungen wurden außerdem von der Euphorie über die Entwicklung der vereinigten Millionen-

stadt und ihrer Wiedergeburt als Regierungssitz getragen. Dem fehlte genauso gut die Vorstellung, was man braucht, wenn der Aufschwung nicht so steil ausfallen wird. Werner Remmert, Präsident der Reichsbahndirektion Berlin, mahnte Stadtentwicklungssenator Volker Hassemer im April 1993 zu mehr Bescheidenheit bei neuen Bahnhöfen: »Die Architekten können natürlich so schön entwerfen, wie es ihnen und uns gefällt, aber ohne Wirtschaftlichkeit bleiben die Projekte nur Papier.« Die Worte verhallten, auch bei Heinz Dürr, der zugleich Vorstandsvorsitzer von Deutscher Bundes- und Reichsbahn und damit für die Eisenbahnbauten in Berlin zuständig war.

Erst im Jahr 2005, als das Betriebsprogramm (siehe Kapitel 9) bekannt und man gewahr wurde, dass man außer dem Hauptbahnhof die anderen Bahnhöfe eigentlich nicht brauche, rührten sich die Politiker der Stadt und die Öffentlichkeit. Doch da war es zu spät.

Werner Remmert mahnte zur Bescheidenheit.
Foto: Erich Preuß

Der Lehrter Bahnhof und seine Umgebung

2

Pferdebahnen auf der Moltkebrücke (um 1892). Der Rundbau links enthielt das Marinepanorama und wurde zum Deutschen Kolonialmuseum, rechts steht der Lehrter Bahnhof.   Slg. Landesarchiv B

Sollte der Lehrter Bahnhof wie ein Phönix aus der Asche auferstehen? Einiges sprach im Jahr 1990 dafür. Er hatte als Kopfbahnhof mitten in Berlin gelegen und war dank dem daneben liegenden Stadtbahnhof mit der Ost-West-Verbindung verknüpft. Er war jedoch kein Umsteigepunkt, wie er es nun werden sollte. Dafür fehlte die Nord-Süd-Verbindung und hielten auf dem Stadtbahnhof auch keine Fernzüge. Er lag dort, wo sich Fuchs und Hase gute Nacht sagten, wie früher schon die Berliner Journalisten bemerkten.

Die 239,3 km lange von der Magdeburg-Halberstädter Eisenbahn gebaute Strecke von Berlin nach Lehrte (damals ein Dorf zwischen Braunschweig und Hannover) wurde am 1. November 1871 eröffnet. Wie es üblich war, erhielt die Bahn den Namen des Endpunktes der Strecke. Die Züge fuhren zwar bis nach Hannover, doch das letzte Stück gehörte zu der bereits vorhandenen Strecke Braunschweig–Hannover. Der Anfang in Berlin nannte sich amtlich »Bahnhof der Lehrter Bahn in Berlin«, wurde aber nur kurz als Lehrter Bahnhof bezeichnet.

Die Strecke über Stendal und Gardelegen stand bis zu ihrer Verstaatlichung am 1. Januar 1886 in Konkurrenz zur Berlin-Potsdam-Magdeburger Eisenbahn. Sie war die Rennstrecke, zumal die Züge nicht in Magdeburg und in Braunschweig Kopf machen also die Fahrtrichtung wechseln mussten, wie es damals nötig war.

Für die Bahnhofsbauten der Lehrter Bahn in Berlin hatte der Staat das Gelände Pulvermühle westlich des Humboldthafens bereitgestellt, wobei der preußische König Wilhelm I. wünschte, man möge wegen der Ästhetik das Empfangsgebäude mit der Hauptachse parallel zum Ufer des Hum-

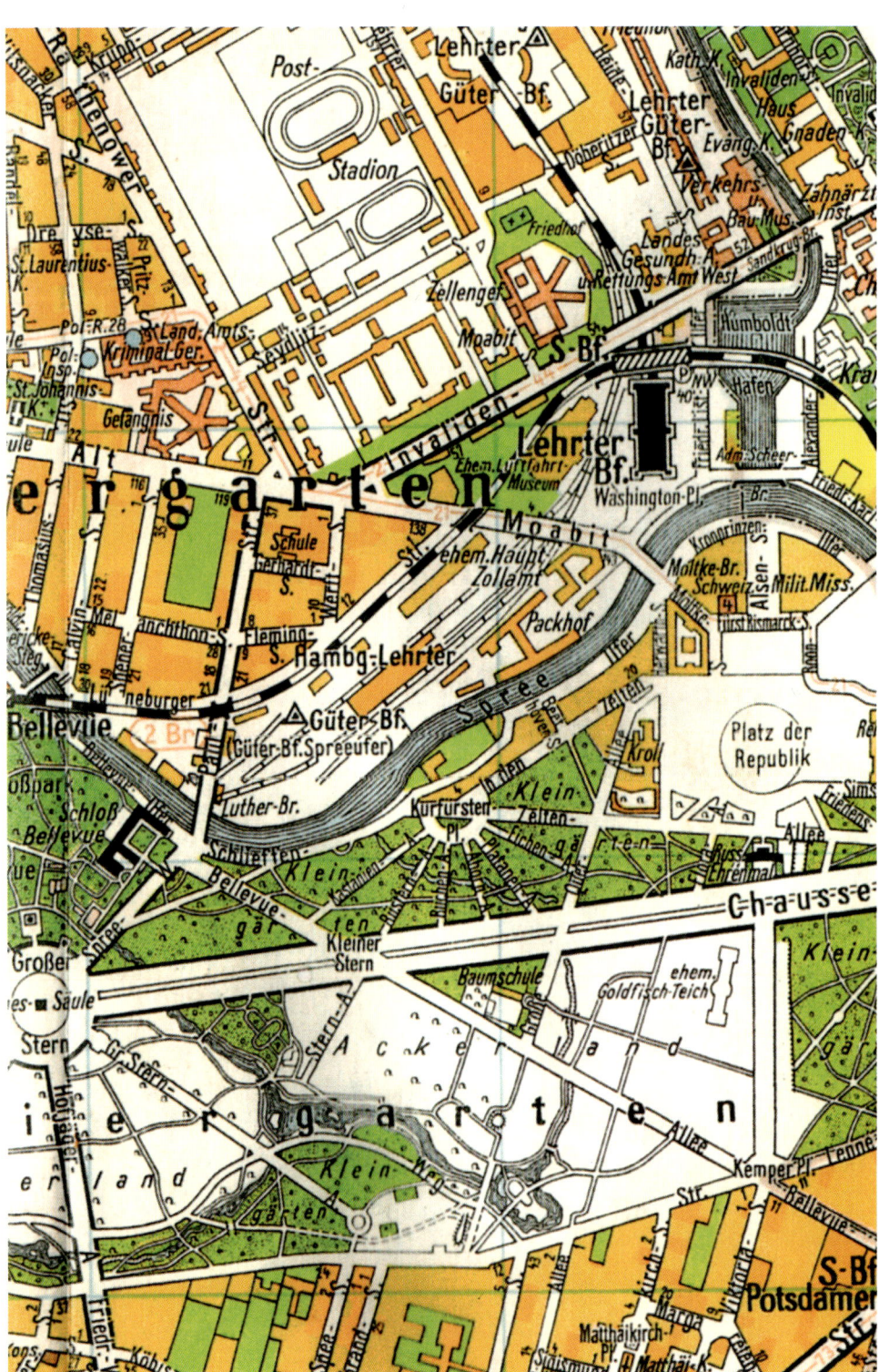

■ Der Bahnhof war eingekeilt von Spree- und Humboldthafen und anderen Staatsbauten. Stadtplan von 1940

S. 25: Die Bahnhofshalle enthielt nur einen Mittel- und zwei Seitenbahnsteige (1879). Slg. Landesarchiv Berlin

boldthafens anordnen. Die Strecke sollte in Richtung Westen durch Moabit geführt werden. Für ihren Güterverkehr – vornehmlich Massengüter – benötigte die Bahn ein großes Gelände. Das Gebiet zwischen der Heidestraße und dem Zellengefängnis nördlich der Invalidenstraße erschien ihr geeignet, doch war dort der Umschlag auf die Schiffe nicht möglich, und die Anlagen hätten nicht erweitert werden können.

Stattdessen wurde das Gelände zwischen den Spreewiesen und der damaligen Birkenallee (heute Straße Alt-Moabit) genutzt, das man in den dreißiger Jahren des 20. Jahrhunderts als Güterbahnhof Spreeufer bezeichnen sollte. Damit man die Anlagen des Güterbahnhofs vom Tiergarten und vom linken Spreeufer aus nicht sehen konnte, musste die Uferstraße längs des Güterbahnhofs mit Bäumen bepflanzt und ein Landstreifen für die Bebauung durch Privatgrundstücke entlang der geplanten Straße vorbehalten werden. Andere als für den Personenbahnhof nicht notwendige Anlagen wurden auf dem Gelände zwischen Birkenallee, Spree, Humboldthafen und Invalidenstraße nicht zugelassen.

Alfred Lent, B. Scholz und Richard La Pierre waren die Architekten des Empfangsgebäudes, das an die italienische Hochrenaissance erinnern sollte. Die Wände waren in Quader gegliedert und mit hellem Zement verputzt, geschmückt von Terrakotten, Sandstein und allegorischen Figuren. Die nördlichen Risalite zu beiden Seiten der Halle enthielten Betriebsräume, die südlichen Verwaltungsräume und an der Abfahrtsseite die Königszimmer. Am »Abfahrtsflur« befand sich eine glasbedeckte Unterfahrt, hinter diesem lagen die Gepäckannahme, beiderseits Warteräume

Die Wenigsten schritten durch das Portal, meist lief man an der Seite zu oder von den Bahnsteigen (1942). Slg. Landesarchiv Berlin

Zum Verwechseln ähnlich: der Ostbahnhof in Budapest, keleti pu. Slg. Kubinszky

und Aborte. Auf der Ankunftsseite waren dem »Ankunftsflur« die Gepäckausgabe und ein Wartesaal zugeordnet. Aus der Ankunftshalle gelangten die Reisenden wettergeschützt in seitlich vorgekragte geräumige Droschkenhallen. Am Bahnhofsgebäude beeindruckte vor allem der große Torbogen vor der 188 m langen, 38 m hohen und im Scheitel 27 m hohen Halle.

Manche meinten, der Lehrter Bahnhof sei die vornehmste Adresse unter den Berliner Bahnhöfen gewesen. Doch diesen Schein verdankte er einer Täuschung. Hinter dem triumphbogenartigen Hallenabschluss verbarg sich eine schlichte Hallenkonstruktion. Die Fassadenteile bestanden aus Ziegeln und Formsteinen, täuschten aber durch Putz und Anstrich die Werkstein-

architektur vor. Nur die mehr beanspruchten Gesimse und Säulen waren aus gebranntem Ton oder aus Sandstein gefertigt worden. Das Dach bestand aus schnödem Wellblech. Trotzdem: den Torbogen finden wir am Budapester Westbahnhof (Keleti palyar udvar) wieder, denn für Julius Rochlitz, den Architekten des dort 1884 errichteten Bauwerks, war der Lehrter Bahnhof in Berlin das Vorbild.

PROMINENZ UND »FLIEGENDER HAMBURGER«

Den Bahnhof in Berlin eröffnete Kaiser Wilhelm I. am 27. November 1871. Er stieg in einen Sonderzug und fuhr zur Jagd nach Letzlingen. Der reguläre Reisever-

kehr begann am 1. Dezember 1871. Die Königlich Preußischen Staatseisenbahnen beschlossen den Personenverkehr des Hamburger und des Lehrter Bahnhofs neu zu ordnen. Sie verlegten am 15. Oktober 1884 auch die Reisezüge des Hamburger Bahnhofs zum Lehrter Bahnhof.

Er wurde nun zum Ausgangspunkt der Züge nach Norden und eines Teils der Züge nach dem Westen. Die Fahrplangestalter verteilten die Züge in Richtung Hannover auf die Stadtbahn mit den Abfahrtsstellen Schlesischer Bahnhof, Friedrichstraße, Zoologischer Garten und Charlottenburg sowie auf den Lehrter Bahnhof.

Wie fast alle Berliner Bahnhöfe sah auch der Lehrter die Prominenz. Hier stieg Reichskanzler Otto Fürst von Bismarck nach seiner

ABFAHRT DER ZÜGE VOM LEHRTER BAHNHOF VOM 3. JULI 1944 AN

Abfahrt	Zugnummer	nach	Bahnsteig
5.17	196	Rathenow - Stendal - Hannover	A
W 5.37	202	Neustadt (Dosse) - Wittenberge	A
7.26	SFR 1093	Wittenberge - Ludwigslust - Hamburg-Altona, sonntags nur für Wehrmacht	A
W 8.39	D 102	Rathenow - Stendal - Uelzen - Bremen - Oldenburg - Wilhelmshaven	A
W 8.57	DmW 64	Wittenberge - Ludwigslust - Hagenow Land - Lübeck - Kiel	B
9.16	204	Wittenberge - Hamburg - Hamburg-Altona	A
W 10.06	EmW 4	Neustadt (Dosse) - Wittenberge - Hamburg-Altona	A
W a vor S 12.02	706	Spandau West - Nauen - Neustadt (Dosse)	B
S und vor S 13.52	1118	Nauen - Neustadt (Dosse) - Pritzwalk - Seestadt Rostock	B
14.27	224	Rathenow - Stendal Oebisfelde Lehrte Hannover	A
W 15.06	D 8	Wittenberge - Ludwigslust - Hagenow Land - Hamburg-Altona	A
15.52	198	Wittenberge - Hamburg-Altona	A
W 16.46	852	Wustermark - Rathenow - Stendal	B, vor S A
W 18.09	D 106	Rathenow - Stendal - Uelzen Bremen - Oldenburg - Wilhelmshaven	A
S 18.16	870	Spandau West - Nauen - Neustadt (Dosse) - Pritzwalk - Mayenburg	C
W 18.27	DmW	Wittenberge - Ludwigslust - Hagenow Land - Lübeck - Kiel	B
W 18.56	DmW 10	Wittenberge - Ludwigslust - Hamburg-Altona	A
19.20	210	Neustadt (Dosse) - Wittenberge	A
20.36	232	Rathenow - Stendal	
22.51	206	Wittenberge - Ludwigslust - Hagenow Land - Hamburg-Altona	A

W = werktags, S = Sonntags, DmW = Schnellzug mit Wehrmachtsabteil. EmW = Eilzug mit Wehrmachtsabteil, SFR = Schnellzug für Fronturlauber

Abdankung 1890 in den Zug, um sich in Friedrichsruh im Sachsenwald bei Hamburg zurückzuziehen. Hier kam von einem Nordseehafen die China-Expedition unter Paul Lettow-Vorbeck zurück, 1913 trafen die Gäste zur Hochzeit der Kaisertochter Viktoria Luise mit dem Prinzen von Braunschweig ein. Auch die Kieler Matrosen kamen im November 1918 hier an, bevor sie zum Schloss marschierten. Im März 1928 besuchte der afghanische König Asmanullah Berlin. Zu seinem Empfang war der Bahnhof mit Tannengrün geschmückt. Er und seine Nebenfrauen waren im wahrsten Sinne des Wortes verschnupft, denn in dem deutschen Sonderzug war die Heizung ausgefallen. Hitler gab 1937 auf dem Bahnhof dem italienischen Diktator Benito Mussolini einen pompösen Abschied. Weitere Staatsgäste, die auf dem Lehrter Bahnhof begrüßt wurden, waren der englische König Georg V. und der ägyptische König Faud.

Am 31. Dezember 1932 beendete in der Station der legendäre Schnelltriebwagen VT 877, besser bekannt als »Fliegender Hamburger«, seine Vorführfahrt. Vom 15. Mai 1933 an wurde der Lehrter Bahnhof zum Abgangsbahnhof des nun regelmäßig verkehrenden Dieseltriebwagens, der mit 160 km/h Höchstgeschwindigkeit in nur 2 Stunden und 18 Minuten beide Metropolen miteinander verband.

Trotzdem verblasste der Lehrter Bahnhof gegenüber dem Rang, den man dem Anhalter Bahnhof zusprach, oder dem Betrieb auf der Stadtbahn. Nur etwa 30 Züge verzeichnete die Abfahrtafel. Zu den wenigen Fernzügen kam der rege Vorortverkehr mit dampflokomotivbespannten Zügen. Im 20-Minuten-Takt verkehrten sie nach Nauen und ebenfalls im 20-Minuten-Takt nach

Die Gleisverbindung vom Bahnhof Spreeufer unter der Stadtbahn hindurch zum Hamburger und Lehrter Güterbahnhof (1961).
Foto: Zentrale Bildsteller der DR

Der verlassene Ortsgüterbahnhof Spreeufer (1961).
Foto: Zentrale Bildstelle der DR

Der Krieg hat über den Bahnhof Tod und Verderben gebracht (1953). Slg. Landesarchiv Berlin

Wustermark selbst dann noch, als die meisten Vorortstrecken bereits elektrifiziert worden waren.

Die Freiladegleise und der Zollbahnhof lagen westlich des Bahnhofsgebäudes, eines Tages als Spreeufer bezeichnet. Die anderen Güterlade- und Rangiergleise und zwei Güterschuppen hatten nördlich der später gebauten Stadtbahn neben den nach Spandau führenden Hauptgleisen ihren Platz. Diese Anlagen vereinigte man am 1. Mai 1893 mit dem »Rangier- und Produktenbahnhof der Berlin-Hamburger Eisen-

bahn« zum Hamburger und Lehrter Güterbahnhof. Die korrekte Bezeichnung lautete »Berlin Hamburger u Lehrter Gbf«, abgekürzt »Berlin H u L«, allerdings sagte der Berliner nur: »HuL«. Der Betriebsbahnhof mit dem 20-ständigen Lokomotivschuppen, drei 41-ständigen Wagenschuppen und einer Werkstatt hatte seinen Platz zwischen dem Exerzierplatz des Garde-Ulanen-Regiments und der Lehrter Straße.

Ehe der Hamburger Bahnhof für den Personenverkehr geschlossen worden und frei für den Güterverkehr war, hatte die Eisen-

bahndirektion Berlin die Güterzüge nach Gutarten – Wagenladungen, Zollgut, Milch, Stückgut – auf die einzelnen Bahnhofsteile aufgeteilt. »HuL« war hinsichtlich der Gutmenge einer der wichtigsten Berliner Bahnhöfe. Zwischen dem Lehrter Stadtbahnhof und der Invalidenstraße lag noch die Postladeanlage des Fernbahnhofs.

Im Jahr 1938 schien es, als habe das letzte Stündlein des Lehrter Bahnhofs geschlagen. Die Reichsbahnbaudirektion hatte bestimmt, dass das Empfangsgebäude zwischen dem 1. Januar und dem 1. April

■ Die erste Sprengung des Lehrter Bahnhofs am 9. Juli 1957.   Slg. Landesarchiv Berlin

1940 abgerissen und die beiden Seitenbahnsteige zum 1. Januar 1940 stillgelegt werden
sollten. Im Zusammenhang mit den gigantischen Eisenbahnplänen in der deutschen
Reichshauptstadt und ihrer Umgebung war
vorgesehen, sämtliche Fernzüge auf die
Stadtbahn zu verlegen und die bisher mit
Dampflokomotiven bespannten Vorortzüge
als elektrische S-Bahn-Züge zu führen.

Dem Lehrter Bahnhof wären vorübergehend, solange die Mittelbahnsteige benutzt
werden konnten, die Vorortzüge nach Wustermark geblieben und die abgestellten

Fernzüge, die im öffentlichen Verkehr
bereits in Zoologischer Garten enden sollten. Für diese Leerzüge sollte eine neue
Gleisverbindung zum Lehrter Güterbahnhof
(Spreeufer) geschaffen werden. Übrigens
kam die Deutsche Bundesbahn in den siebzi-
ger Jahren auf die Idee zurück und wollte hier
Intercity-Züge abstellen. Die DDR und ihre
Reichsbahn ließen sich aber weder auf die
Intercity-Verbindung aus dem Westen noch
auf die Abstellanlage ein. So blieb dieser Vorschlag nichts als eine weitere Episode in der
wechselvollen Geschichte des Bahnhofs.

DAS ENDE KOMMT DOCH

Die während des »Dritten Reiches« entworfenen Pläne, die das Ende des Lehrter
Bahnhofs bedeutet hätten, wurden lediglich
außerhalb Berlins umgesetzt, aber das Ende
des Fernbahnhofs kam dann doch, wenn
auch über einen längeren Zeitraum. Bereits
während der zahlreichen Luftangriffe auf
Berlin waren Gebäude und Anlagen schwer
beschädigt worden. Vom 15. Juni 1945
an setzten bereits wieder auf dem Lehrter
Bahnhof Vorortzüge nach Spandau West,

Nauen bzw. Wustermark ein. Der Fernverkehr begann ebenfalls zu dieser Zeit, wenn es auch erst ein Zug bis Rathenow war.

Von der kontinuierlichen Abschnürung West-Berlins vom Fernreise- und Ferngüterverkehr blieb keiner der Kopfbahnhöfe, der Lehrter Bahnhof auch nicht, verschont. Die Deutsche Reichsbahn dünnte den Zugverkehr immer mehr aus, bis dem Bahnhof auf der Strecke nach Hamburg und nach Stendal nur je ein Fernzug sowie zwei Vorortzüge blieben. Am 29. August 1951 stellte die DR den Reisezugverkehr schließlich ein und baute die Personenzuggleise bis Jungfernheide ab. Zwischen 1957 und 1959 riss man die Ruine des Empfangsgebäudes und der Bahnhofshalle ab. Der wichtigste Grund für den Abriss sollen die Wünsche nach Ziegelsplitt gewesen sein.

Der Lehrter Güterbahnhof wurde schließlich zum 1. November 1980 stillgelegt. Erhalten blieb aber das 1935 errichtete Gebäude, das seit 1992 inmitten einer Wohnanlage für Bundesbedienstete (»die Schlange«) steht. Daneben liegt ein Platz, auf dem nach 1960 Bauschutt lagerte. Seit 2000 sollen hier Autobusse der Berlin-Besucher abgestellt werden.

Die Erinnerung an den Lehrter Bahnhof blieb durch den Stadtbahnhof und durch die Abkürzung »H u L«. H u L erhielt 1972 eine zweigeschossige Güterabfertigung und den Containerumschlagplatz, der in den Stadtbezirk Tempelhof verlegt werden sollte. Wollte doch die Deutsche Reichsbahn den Güterverkehr in West-Berlin auf den Güterbahnhof Süd konzentrieren. Die Öffnung der Grenze durchkreuzte diese Pläne. Deshalb wurde der Containerumschlag auf dem H u L bis 1992 erweitert, jedoch am 31. Dezember 2003 eingestellt. Dafür ste-

hen die Güterverkehrszentren in Großbeeren und Wustermark bereit. Ein Teil der Fläche des Güterbahnhofs wurde für die den Hauptbahnhof anschließenden Bauten benutzt, der andere Teil sollte verkauft werden. Noch 2006 schlug die Linkspartei/PDS vor, hier den Bundesnachrichtendienst anzusiedeln, was dieser ablehnte. Auch las man, dass ein Riesenrad aufgestellt werden soll, wozu es jedoch nicht kommt.

Nordöstlich vom Lehrter Bahnhof befanden sich die Anlagen des Hamburger Bahnhofs. Neben dem Gebäude an der Invalidenstraße stand der Lokomotivschuppen, dahinter lagen weitere Lade- und Abstellgleise und zum Schluss vor der Perleberger Brücke stand das Stellwerk »Lwt«.

Vier Gleise des Personenverkehrs lagen in der Bahnhofshalle des Hamburger Bahnhofs, zu beiden Seiten die Bahnsteige A und C mit den Gleisen 1 bzw. 5 und in der Mitte der Bahnsteig B, beiderseits mit den Gleisen 2 und 4. Gleis 3 endete vor der Invalidenstraße.

Das 1845 bis 1847 nach Plänen von Friedrich Neuhaus unter Leitung des Baumeisters Arnold errichtete spätklassizistische Empfangsgebäude gehörte mit seinen wohlabgewogenen Proportionen und seiner schlichten architektonischen Komposition zu den schönsten Bahnhofsbauten Berlins.

Obwohl der Mittelteil nur um Gesimshöhe geringfügig erhöht war und aus der Gebäudeflucht hervortrat, verliehen ihm die beiden vorgezogenen Türme zusammen mit den gut aufeinander abgestimmten Bogenstellungen der Durchfahrt und der darüber liegenden offenen Galerie eindrucksvoll die beherrschende Stellung.[1]

1 Vgl.: Manfred Berger, Historische Bahnhofsbauten I, Berlin 1980, S. 177.

■ 1972 war in HuL ein Containerterminal errichtet und dieses 1992 erweitert worden (1991). Foto: Erich Preuß

■ Journalisten erwarten in HuL am 6. Juli 1999 das erste Umzugsgut aus Bonn. Foto: Erich Preuß

■ S. 32/33: Aus Lotto- und aus Mitteln des ehemaligen Reichsbahnvermögens hatte die Stadt Berlin 1987 zu ihrem 750-Jährigen Jubiläum das Gebäude restaurieren lassen.
Foto: Erich Preuß

DER BAHNHOF ALS MUSEUM

Bereits Ende des 19. Jahrhunderts benötigten die Preußischen Staatseisenbahnen die Gebäude des Hamburger Bahnhofs nicht mehr. Die Bahnsteighalle, die Bahnsteige, die Gleise und Toiletten wurden abgerissen. An ihrer Stelle entstand ein Innenhof und in diesem eine Grünanlage. Das Gebäude wurde von 1886 an für Verwaltungs- und Wohnzwecke des Eisenbahnbetriebsamtes umgebaut.

Bereits 1879 gab es im Ministerium der Öffentlichen Arbeiten die Idee, ein Eisenbahnmuseum zu gründen. Sogar Minister Albert von Maybach hatte mit dem Sammeln von Ausstellungsstücken begonnen. Doch erst 1904 kam es nach langer Vorarbeit im Ministerium zu dem Beschluss, im Hamburger Bahnhof ein Museum einzurichten. Dafür wurde nach den Plänen von Schwartz und Doerge bis 1906 umgebaut. Zum Beispiel erhielt der Hof, den ursprünglich die Bahnsteighalle bedeckt hatte, eine neue stählerne Halle. Die Haupteingänge in den Seitenflügeln wurden in die ehemaligen Lokomotivdurchfahrten verlegt und im Bereich des Erdgeschosses die Ausstellungsräume eingeräumt.

Am 14. Dezember 1906 öffnete in Anwesenheit des Kaiserpaars das Verkehrs- und Baumuseum des Eisenbahn-, Wasserbau- und Hochbauwesens seine Pforten. Da das Museum schon bald aus allen Nähten platzte – es hatte auch Haarmanns berühmte Gleissammlung übernommen –, fügte man von 1910 bis 1916 dem Hauptbau zwei Seitenflügel an.

Bei einem Luftangriff wurde das Bahnhofsgebäude 1943 beschädigt, nicht jedoch der Hauptbau. So waren 1948/1949 ledig-

■ Für Aufregung sorgte 1998 der Ostflügel des Hamburger Bahnhofs. Angeblich sollte er zum Hotel der Deutschen Bahn werden.
Foto: Erich Preuß

■ Neben dem Hamburger Bahnhof steht das Gebäude des Sozialgerichts, früher Direktion der Berlin-Hamburger Eisenbahn (2005).
Foto: Erich Preuß

■ Die S-Bahn fährt vor dem Direktionsgebäude und dem des Hamburger Bahnhofs nach Friedrichstraße durch ein »Niemandsland«. Tatsächlich war die Brücke bis 1989 über dem Humboldthafen eine brisante Grenze.

Foto: Glöckner

lich Aufräumungs- und Sicherungsarbeiten notwendig. Das Museum blieb allerdings geschlossen, denn der Bahnhof lag im britischen Sektor. Zwar verwaltete die Reichsbahndirektion Berlin das Inventar, doch da die Deutsche Reichsbahn in West-Berlin nur die Betriebsrechte ausüben durfte, konnte sie das Museum nicht für den Publikumsverkehr öffnen.

Erst 1984 kam es zwischen dem Ministerium für Verkehrswesen der DDR und dem Senat von West-Berlin zu einer Vereinbarung, die es dem Senat erlaubte, das Gebäude nun als Museum zu nutzen. Vereinbart hatte man auch, dass sich das neue Museum für Verkehr und Technik in Berlin und das Verkehrsmuseum Dresden die Sammlungsstücke teilen sollten.

Anlässlich des Jubiläums »750 Jahre Berlin« ließ der Senat das Gebäude nach Plänen des Architekten Winnetou Kampmann renovieren, um über Räumlichkeiten für Sonderausstellungen zu verfügen. Nach weiterem Umbau und im Besitz der Stiftung Preußischer Kulturbesitz nach Plänen von Josef Paul Kleihues wurde es 1996 zum »Museum der Gegenwart« und

■ Vom Lehrter Bahnhof zum Stadtbahnhof war es nur ein kurzer Weg (1925). Hinter der dampfenden Lokomotive des Fernzuges auf der Stadtbahn steht die Postverladeanlage, links im Hintergrund weht vom Moabiter Zellengefängnis die Fahne.

Historische Sammlung der DB

■ 1927 wurde vor der Großen Elektrisierung die Halle des Stadtbahnhofs ausgewechselt und wegen der Streckensperrung am Ferngleis ein provisorischer Bahnsteig gebaut.

Slg. Landesarchiv Berlin

danach der Ausstellungsort für die »Kunst der Gegenwart«.

1998 kamen der Bahnhof und die Deutsche Bahn wegen des Hamburger Bahnhofs in die Schlagzeilen. Im Ostflügel hatte die Deutsche Bahn Gästezimmer einrichten wollen. Prominente Gäste des Vorstandes sollten – noch dazu nahe zum neuen Hauptbahnhof/Lehrter Bahnhof, dem Sitz der Konzernleitung – eine angemessene Bleibe finden. Diese Absicht ging auf einen vom Senat vorgeschlagenen Ringtausch zurück. Danach sollte die Deutsche Bahn ihrer Immobilientochter 26 Millionen Mark

für das Grundstück, auf dem das Bahnhofsgebäude steht, bezahlen, um es anschließend dem Land Berlin zu übertragen. Als Gegenleistung wollte die Landesregierung der Bahn erlauben, die so genannte Ehrenhofgalerie Ost als Gästehaus umzubauen. Die Berliner Medien erfuhren davon und entfachten eine Kampagne, die in dem Vorwurf gipfelte, die Deutsche Bahn wolle das Bahnhofsgebäude zum Hotel umbauen und das »Museum der Gegenwartskunst« vertreiben. Die öffentliche Empörung schwoll derart an, dass die Deutsche Bahn von

ihrem Vorhaben absah. Sie nutzt aber weiter den Ostflügel für Empfänge und Pressekonferenzen.

Die zweite Empörung traf nicht die Deutsche Bahn, sondern den Senat von Berlin, der die »Flick-Collection« zum Hamburger Bahnhof geholt hatte. Die berühmte, aber auch wegen der Vergangenheit der Familie Flick umstrittene Kunstsammlung kam in die dafür umgebauten Speditionshallen hinter dem Verwaltungsgebäude der Berlin-Hamburger Eisenbahn zwischen der Invaliden- und der Heidestraße. Letzteres wurde zum Sitz der Sozialgerichte.

Als 1984 die Berliner Verkehrsbetriebe (BVG) die Betriebsführung der S-Bahn übernahmen, lehnte die Deutschen Reichsbahn die Einfahrt des BVG-Personals in den Bahnhof Friedrichstraße ab. Folglich wechselte bis zum 31. Juli 1992 der Triebwagenführer auf dem Lehrter Stadtbahnhof. Am nächsten Tag übernahm die Deutsche Reichsbahn wieder die Betriebsführung zwischen dem Lehrter Stadtbahnhof und dem Bahnhof Griebnitzsee.

Aus Mitteln der »Verwaltung des ehemaligen Reichsbahnvermögens« war der Bahnhof zu den Jubiläumsfeierlichkeiten »750 Jahre Berlin« 1987 nach dem Erscheinungsbild von 1882 bzw. 1928 als typischer Stadtbahnhof renoviert und unter Denkmalschutz gestellt worden. Daran störte sich niemand, als der Architekt den Auftrag für den neuen Zentralbahnhof erhielt. Das heißt, es wurden keine Auflagen erteilt, ob und wie die Anlagen erhalten werden sollten. Dem neuen Projekt (siehe Kapitel 7) stand der Stadtbahnhof im Wege. Das Gebäude wurde bedenkenlos mit dem Hinweis geopfert, es blieben ja noch zwei typische Stadtbahngebäude bestehen: Hackescher Markt und Bellevue!

Um die Baufreiheit für das letzte Baufeld zu schaffen, verschwenkte man die Gleise in den neuen Bahnhof. Seit 4. Juli 2002 wurden die Gleise 213 und 214 für den S-Bahn-Verkehr im neuen Bahnhof benutzt und danach der Stadtbahnhof abgerissen.

STADTBAHNHOF STEHT IM WEG

Zwischen dem Stadtbahnhof und der Invalidenstraße lag noch die Postladeanlage des Fernbahnhofs. Quer vor die Halle des Bahnhofs und über seinem Gleisvorfeld war für die Stadtbahn der Bahnhof gebaut worden. Anfangs wurde er auch wie die unten liegende Anlage als Lehrter Bahnhof bezeichnet. Den Stadtbahnhof erreichte man vom Lehrter Bahnhof aus ziemlich unkompliziert über ein Treppensystem.

Auf der Konstruktion der Unterführung der unten liegenden Personenzuggleise stand die Halle für die Bahnsteige der Stadtbahn. In den Jahren 1926 und 1927 erneuerte die Deutsche Reichsbahn-Gesellschaft (DRG) die Bahnsteighalle und verlängerte gleichzeitig die Bahnsteige in Richtung Osten. Die DRG wandte dabei eine Technik an, um den Zugverkehr nicht zu unterbrechen, die bei der Sanierung der Stadtbahn 1993 wieder aufgegriffen wurde: Sie benutzte die Ferngleise 1 und 2 für den Stadtbahnverkehr.

Nach den Plänen der Nationalsozialisten für die Reichshauptstadt sollte der Bahnhof neben der »Großen Halle des Volkes« in »Stadtkreuz« umbenannt werden. Als Folge der Teilung der Stadt war er der erste Bahnhof im amerikanischen Sektor bzw. in West-Berlin, der kontinuierlich verfiel und dessen östlicher Zugang 1972 geschlossen wurde (1984 wiedereröffnet, 1995 abermals geschlossen).

Im Zentralen Bereich

■ Das nördliche Ende der Riesen-Baustelle im Zentralen Bereich (1998). Wir erkennen unten links die Schweizer Botschaft, darüber, hinter der Spree die Baustelle des künftigen Hauptbahnhofs und oben rechts den Hamburger Bahnhof und das Direktionsgebäude.
Foto: PVZB

Anfang des Jahres 1992 lagen die ersten Planungsstudien für das Pilzkonzept vor, Ende 1992 begann die Vorplanung der Verkehrsbauten als Voraussetzung für die Planfeststellung. Die lag bereits innerhalb von 17 Monaten vor. Im Klageverfahren gegen den am 12. September 1995 ergangenen Planfeststellungsbeschluss bestätigte das Bundesverwaltungsgericht die Richtigkeit dieses Vorgehens.

Nachdem man das Bauvorhaben der Nord-Süd-Verbindung, das nun »Verkehrsanlagen im Zentralen Bereich« hieß, ausgeschrieben hatte und die Finanzierung gesichert war, kam es am 13. Oktober 1995 vor dem Reichstag (ihn hatte Christos im Sommer verhüllt) zum Ersten Spatenstich. Bundeskanzler Helmuth Kohl griff zum Spaten, und Klaus-Dieter Mönnich, einer der Geschäftsführer der Projektgesellschaft für Verkehrsanlagen im Zentralen Bereich, gelobte, den vorgesehenen Fertigstellungstermin 30. September 2002 einzuhalten. Er sollte sich gründlich verrechnet haben und wird auch deswegen nach drei Jahren von der Großbaustelle verschwunden sein. Der Erste Rammschlag für den (Straßen-) Tiergartentunnel fand am 1. November 1995 in der Nähe der Stelle statt, an der heute das Kanzleramt steht. Dessen Bau hatte aber noch gar nicht begonnen.

Die ersten der insgesamt neun Baugruben mit einer Fläche von 90.000 m² wurden geöffnet. Zum Schluss wird man 1,5 Millionen m³ Boden ausgehoben und im Schiff vom Humboldthafen aus abtransportiert haben. Die tiefen, im Grundwasser liegenden Gruben konnten nur in der so genannten Wand-Sohle-Bauweise (siehe Seite 42) ausgehoben werden. Hinsichtlich ihrer Tiefe und Abmessungen, der Grundwasser- und

Bodenverhältnisse waren sie beispiellos. Es fehlten die Erfahrungen, wie man mit derartigen Verhältnissen zurecht kommt. Inmitten einer Schlammwüste mussten die Startgruben für die Tunnelbaumaschinen und die Betonbecken geschaffen werden. Außer Sand gab es jede Menge Wasser. Das Gemenge holten Pumpen nach oben, wo der Schlamm in feste und flüssige Teile getrennt wurde. Der Boden wurde nicht ausgebaggert, sondern ausgespült.

Während im Zentralen Bereich gebaut, gepumpt und gespült wurde, war das Sanieren und Bauen auch an anderen Stellen der Hauptstadt im Gange: im Nord-Süd-Tunnel der S-Bahn, auf der Stadtbahn zwischen dem Hauptbahnhof (1998 wieder in Ostbahnhof umbenannt) und dem Bahnhof Zoologischer Garten, auf dem nördlichen Innenring (Strecke Westkreuz–Spandau)

und der alten Lehrter Bahn, am neuen Nordkreuz sowie beim Umbau und Neubau des Bahnhofs Berlin-Spandau. So wie in Berlin gebaut wurde, ließ auch Heinz Dürr, Vorstandsvorsitzender der Deutschen Bahn, in seinem Unternehmen keinen Stein auf dem anderen.

Neben den Verkehrsbauten gingen gleichzeitig die ersten Veränderungen im Zentralen Bereich vor sich. Wo vor dem Zweiten Weltkrieg einst der Verkehr getost hatte, hatten Sektorengrenze und die Mauer 1961 eine Brache geschaffen. Nun regte sich neues Leben. Der Reichstag erhielt wieder eine Kuppel, die neuen Gebäude für Parlamentarier und Regierung einschließlich exklusiven Kindergartens und Hubschrauberlandeplatz entstanden. Am Potsdamer Platz reckten sich Rohbauten in die Höhe, wie es sie in Berlin noch nie gegeben

Heinz Dürr, Helmut Kohl und Eberhard Diepgen (v. l.) führen am 13. Oktober 1995 den Ersten Spatenstich für die Verkehrsanlagen im Zentralen Bereich aus, und Matthias Wissmann, der Bundesverkehrsminister, strahlt. Foto: Reichardt

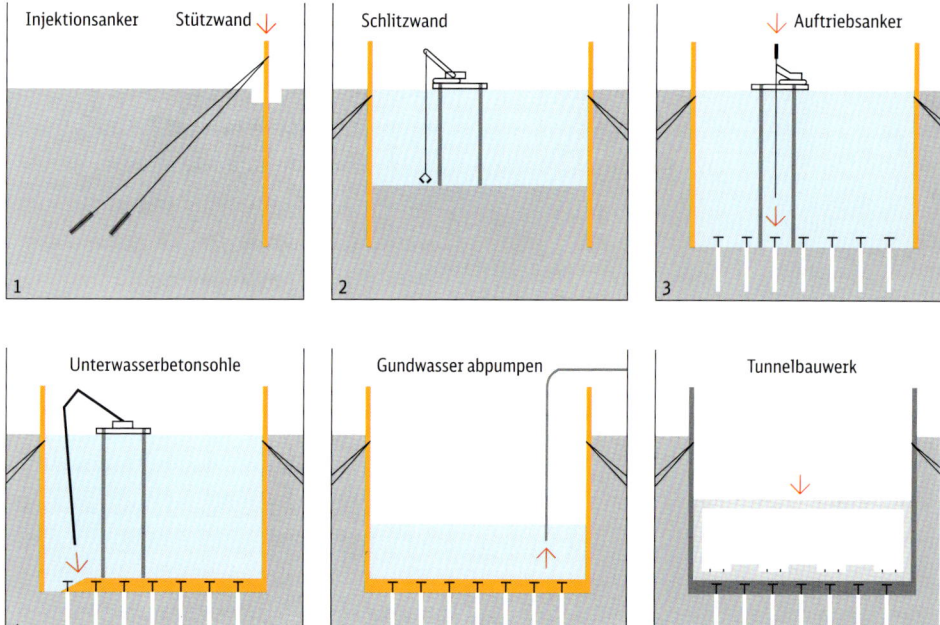

| Injektionsanker | Stützwand ↓ | Schlitzwand | | ↓ Auftriebsanker |
| 1 | | 2 | | 3 |

| Unterwasserbetonsohle | | Gundwasser abpumpen | | Tunnelbauwerk |
| 4 | | 5 | | 6 |

■ Die Wand-Sohle-Bauweise wurde in tiefen Baugruben angewandt. Wegen der Nähe des Tiergartens durfte das Grundwasser nicht abgesenkt werden. Deshalb mussten die unter der Erdoberfläche liegenden Teile in wasserundurchlässigen Baugruben gefertigt werden. Die Grafik zeigt das Sichern der Stützwand mit Hilfe von Injektionsankern (1), das Ausheben der Grube durch Schwimmbagger (2), den Einbau der Auftriebsanker (3), das Schütten des Betons (4), das Lenzen der Grube (5) und den Beginn des Bauwerks (6). Grafik: Designhaus Berlin

hatte. Ein touristischer Anziehungspunkt, ein wirtschaftliches und kulturelles Zentrum zeichneten sich ab. All diese Bauvorhaben bildeten einen konstruktiven, funktionalen und zeitlichen Zusammenhang.

Die Aufgaben der Eisenbahn wurden Anfang 1994, unmittelbar nach Gründung der Deutschen Bahn Aktiengesellschaft, in der Projektgesellschaft für Verkehrsanlagen im Zentralen Bereich Berlin (PVZB) gebündelt. Das war eine Gesellschaft für die Projektsteuerung, die im Auftrag der Deutschen Bahn und des Landes Berlin arbeitete und dabei bis zu 150 Architekten und Ingenieure anderer Gesellschaften beschäftigte. Spezialisierte Firmen übernahmen die eigentlichen Bauleistungen im Umfang von 4,3 Milliarden Mark.

Für die Projektgesellschaft Verkehrsbauvorhaben im Zentralen Bereich (PVZB) hatte Heinz Dürr den Düsseldorfer Tiefbauamtsleiter Fritz Vollrath nach Berlin geholt, den der DB-Aufsichtsrat zum Geschäftsführer der Projektgesellschaft bestellte. Dieter Funk kam von der Reichsbahndirektion Berlin, wo er bis 1990 Vizepräsident für Betrieb und Technik der Eisenbahnanlagen in West-Berlin war und anschließend Abteilungsleiter für Infrastrukturplanung. Der »Vater des Projekts« sprach von der »Krönung seiner Laufbahn«.

Für die einzelnen Bauabschnitte zuständig waren Hans-Jürgen Göhler (Baugrube Lehrter Bahnhof), Wolfgang Müller (Spreeunterquerung und Regionalbahnhof Potsdamer Platz), Klaus-Dieter Mönnich (Schildvortrieb).

GEGEN ZERSPLITTERUNG UND CHAOS

Im September 1996 wurde aus der Projektgesellschaft Zentraler Bereich Berlin und Teilen der bereits 1991 gegründeten Planungsgesellschaft Bahnbau Deutsche Einheit (PBDE) die 400 Mann starke Projektgesellschaft Knoten Berlin ohne Beteiligung des Senats gebildet. Sie war jetzt eine hundertprozentige Tochtergesellschaft der Deutschen Bahn und sollte die Zersplitterung in der Zuständigkeit für die Bauprojekte, insbesondere das Planungs-Chaos, beenden. An der Spitze stand als Sprecher der Geschäftsführung Horst K. Heller aus Passau. Bis 1996 war er Leiter des Einkaufsbereichs von Debis. Dr.-Ing. Klaus-Dieter Mönnich, vorübergehend Projektleiter des Nordkreuzes, kam aus Bochum und war »technisch-gesamtverantwortlich« für das Projekt. Und es gab Jürgen Wilms. Nach zwei Jahren implodierte die Projektgesellschaft. Die Deutsche Bahn trennte sich von Mönnich mit der Begründung, er sei an der Verzögerung beim Bau des Tiergartentunnels schuld. Auch Wilms fiel bald aus. Er war am 17. Oktober 1998 verhaftet worden mit dem Vorwurf, beim Bau der U-Bahn in Essen durch Preisabsprachen betrogen zu haben. Wilms erklärte sich für unschuldig, akzeptierte jedoch den Strafbefehl und blieb Berlin fern.

Das waren nicht die ersten und letzten Verluste unter den Managern der Berliner Bauvorhaben. Die Deutsche Bahn hatte bereits Ende 1994 dem ersten Geschäftsführer der PVZB gekündigt. Den Ingenieur, der den Umbau des Düsseldorfer Hauptbahnhofs in Rekordzeit gemeistert hatte, hatte Dürr überredet, nach Berlin zu kom-

In der knallroten Info-Box am Potsdamer Platz konnten sich die Besucher nicht nur an Modellen und Schautafeln unterrichten, was in der Nähe geschah, vom Balkon aus sah man alles (1997). Foto: Erich Preuß

men. Als dann noch der Dresdner Jürgen Göhler eingestellt wurde und für das Projekt Lehrter Bahnhof verantwortlich sein sollte, protestierte Fritz Vollrath im Aufsichtsrat der Gesellschaft, Göhler sei ungeeignet, habe fachliche Defizite, keine Erfahrungen im Bau von Großprojekten. Ohnehin hatte sich Vollrath mit seinen richtigen Bemerkungen zur falschen Zeit unbeliebt gemacht: So hatte er z.B. erklärt, der Baubeginn des Lehrter Bahnhofs verschiebe sich um unbestimmte Zeit. Das war Werner Remmert, dem vormaligen Präsidenten der Reichsbahndirektion Berlin und nun Vorsitzenden des Aufsichtsrates, zu viel. Er feuerte Vollrath, musste dann aber im Rechtsstreit vor dem Berliner Landgericht um die Höhe der Abfindung eine Schlappe einstecken. Remmert hatte »nur« eine halbe Million Mark angeboten. Das war Vollrath und

den Richtern zu wenig, zumal die Begründung der Kündigung kaum Hand und Fuß hatte.

Von der alten Projektgesellschaft blieb bei der neuen – sie nannte sich jetzt »DB-Projekt Knoten Berlin« – lediglich der kaufmännische Geschäftsführer Horst K. Heller übrig. Am 1. Februar 1999 übernahmen Siegfried Knüpfer (Sprecher) und Günter Haass (kaufmännisch) die Geschäfte in Personalunion mit der Projektgesellschaft Bahnbau Deutsche Einheit (PBDE). Zu den Hintergründen dieser Veränderungen verlor die Deutsche Bahn in der Öffentlichkeit kein Wort, sondern teilte nur mit, Heller werde »außerdem seine Aufgaben als Geschäftsführer in der Magnetbahn-Planungsgesellschaft und der Magnetbahn-Fahrweggesellschaft wahrnehmen.« Am 4. Juli 2000 führte die Deutsche Bahn, rückwirkend zum

1. Januar des Jahres, die Managementgesellschaften Projekt Knoten Berlin und Bahnbau Deutsche Einheit mit anderen »Knotengesellschaften« in Deutschland zur DB-Projektbau zusammen. Im April 2002 wurde Martin Bay Vorsitzender der Geschäftsführung. Er kam von Lahmeyer International in Bad Vilbel. In Berlin war von seinem Vorgänger Heller nichts mehr zu hören. Knüpfer verließ (nach rund 50 Dienstjahren als Eisenbahner!) 2003 aus gesundheitlichen Gründen die Projektgesellschaft. Für ihn rückte am 1. Januar 2004 Lothar Legler als Leiter und Sprecher der Niederlassung Ost nach. Er kam von DB-Netz, Niederlassung Ost.

Weitere Personalien standen im Zusammenhang mit der Baustelle im Zentralen Bereich. Der Aufsichtsrat der Deutschen Bahn störte sich nicht nur am Terminverzug, sondern auch am Planungswirrwarr und den dadurch bedingten Kostensteigerungen der Objekte in Berlin und der Hochgeschwindigkeitsstrecke Köln–Rhein/Main. Schlampereien sollen zu Mehrausgaben von bis zu 5 Milliarden Mark geführt haben.

Da mussten Schuldige gefunden werden. Einer davon konnte der Aufsichtsratsvorsitzende der DB-Projekt Knoten Berlin, Peter Münchschwander, sein. »Altershalber« trat der 62-jährige Vorstandsvorsitzende der DB-Netz am 1. September 2000 ab. Zum Jahresende 2000 verließ »im Einvernehmen mit der DB-Netz« ihr Finanzvorstand Christian-Oliver Simon die Deutsche Bahn. Man vermutete einen Zusammenhang mit mangelnder Kostenkontrolle.

An dieser Stelle sei ein Name genannt, der je näher der Inbetriebnahmetermin heranrückte, immer öfter genannt wurde: Hany Azer (siehe Kastentext auf Seite 100).

Projektlose
im Zentralen
Bereich Berlin

Projektlos 1
Lehrter Bahnhof
vom Nordring/Perleberger
Brücke bis Spreebogen
einschließlich Stadtbahn
Offene Bauweise

Projektlos 2
Spreebogen
Regierungsviertel
Spreequerung
Offene Bauweise

Projektlos 3 Nord
Tiergartentunnel
Schildvortrieb

Projektlos 4
Potsdamer Platz
Lenné-Dreieck
Senkkasten
Offene Bauweise

Projektlos 3 Süd
Schildvortrieb
Senkkasten

Projektlos 5
Bahnhof Papestraße
Oberirdische
Bahnstrecke
vom Gleisdreieck
bis Prellerweg

Nordring
Perleberger Straße
Heidestraße
Berliner Hauptbahnhof
Invalidenstraße
Stadtbahn
Straßentunnel
Fernbahntunnel
U-Bahn
U-Bf.Reichstag
Scheidemannstraße
Straße d.17. Juni
Tiergartenstraße
Lenné-Dreieck
U-Bahn
Regionalbahnhof
Potsdamer Platz
Potsdamer Str.
Schöneberger Ufer
Landwehrkanal
Gleisdreieck
Yorckstraße
Dudenstraße
Südring
Bf. Papestraße
A 100
Manteuffelstraße
Prellerweg
Anhalter Bahn
Dresdener Bahn

Die Verkehrsanlagen im Zentralen Bereich.

Grafik: Designhaus Berlin

ANLAGEN IM ZENTRALEN BEREICH

Der Zentrale Bereich umfasst folgende Verkehrsanlagen:

- die neue Nord-Süd-Strecke des Fern- und Regionalverkehrs mit dem 3,4 km langen Tunnel, oberirdischen Anschlussstrecken und drei neue Bahnhöfe (Papestraße, Potsdamer Platz und Lehrter Bahnhof);

- die neue Nord-Süd-S-Bahn-Strecke S 21, die zwischen Papestraße und dem Nördlichen Innenring eine Verbindung schaffen sollte, wie sie bereits zwischen Nordbahnhof und Anhalter Bahnhof besteht. Die S 21 war wegen der fraglichen Finanzierung vom Berliner Bausenator Wolfgang Nagel zu Gunsten der U-Bahn-Linie 5 zurückgestellt. Die Bundesregierung lehnte es ab, den Wiederaufbau der S-Bahn in Berlin und zugleich die neue S-Bahn-Strecke zu finanzieren. Nachdem die Länder Berlin und Brandenburg, die Deutsche Bahn und das Bundesministerium für Verkehr vereinbart hatten, auf den Bau der S 21 zu verzichten, steckte der Senat von Berlin in die »Option S 21« über 50 Millionen Euro, damit beim Wiederaufbau des S-Bahn-Rings nahe dem Bahnhof Gesundbrunnen die Über- und Unterführungen der neuen S-Bahn-Strecke mitgebaut werden konnten. Eines Tages wird die S-Bahn, vom Ring abzweigend, bis zum Hauptbahnhof und gegebenenfalls zum Potsdamer Platz fahren.

- die Ost-West-U-Bahn-Strecke U 5 als Verbindung zwischen dem Regierungsviertel und dem Alexanderplatz entlang der Straße Unter den Linden sowie über den

An versteckter Stelle in Moabit begann am 13. Oktober 2000 die »Vorsorgemaßnahme« für die S-Bahn-Linie 21, zu Ende gebaut wird sie nach 2007 – vielleicht.　　　Foto: Erich Preuß

Lehrter Bahnhof hinaus in Richtung Turmstraße und
• der Straßentunnel.

An diese »Gesamtmaßnahme« sollte man sich erinnern, denn in den folgenden Jahren wurde manches zurückgestellt, nicht mehr erwähnt, und im Jahr 2006 war Vieles vergessen.

Um das Parlaments- und Regierungsviertel nicht zu stören, mussten die Verkehrsanlagen in der Tiefe gebaut werden. Die Oberflächensituation sowie die Boden- und Grundwasserverhältnisse bestimmten die Bauverfahren. Die Absenkung des Grundwassers, wie sonst praktiziert, schied aus. Man hätte etwa 300 Millionen m³, die vier- bis fünffache Menge des Müggelsees, abpumpen müssen. Unter dem Schlagwort Grundwassermanagement sollte dafür gesorgt werden, dass 80 Prozent des entnommenen Grundwassers wieder versickern. Von dieser Forderung rückte die Senatsumweltverwaltung ab, weil der Grundwasserspiegel unter dem Tiergarten höher war als erwartet und das zusätzliche Wasser den Bäumen mehr geschadet als genutzt hätte.

Während Bau- und Wasserfachleute sich über ein Optimum von Baufortschritt und Umweltschutz Gedanken machten, ging es dem Bundesland Berlin anscheinend um das Abkassieren. Es verlangte von der Deutsche Bahn 5,5 Millionen Euro als Gebühr für das Abpumpen des Grundwassers, so wie jeder Bauherr für die Entnahme von Grundwasser zu bezahlen hatte. Die Deutsche Bahn wollte nicht glauben, dass sie tatsächlich zur Ader gelassen werden sollte und klagte gegen diese Forderung. Das Verwaltungsgericht wies die Klage am 29. Oktober 2004 ab, die Bahn musste zahlen.

■ Vor dem Stadtbahnhof ist die Spree verlegt worden (Januar 1997).

Foto: Erich Preuß

Die von allen Seiten umschlossenen, wasserdichten Baugruben sind nach dem Wand-Sohle-Verfahren mit Hilfe von Schlitzwänden dort gegraben worden, wo die unterirdischen Bauwerksteile entstehen sollten. Zunächst wurden die rund 30 m tiefen und bis zu 1,5 m dicken Seitenwände, die so genannten Schlitzwände, in einem ausgehobenen Schlitz errichtet und mit Schrägankern gesichert. Weil das Grundwasser sehr hoch stand, bildete sich sogleich ein See. Nach einem Unterwasser-Aushub in bis zu 20 m Tiefe wurden bis zu 27 m lange Verankerungen in den Boden getrieben. Danach konnte die 1,5 m dicke Betonsohle unter Wasser hergestellt werden.

Die Anker bewirkten einen Schutz der Betonsohle gegen den gewaltigen Auftrieb des Grundwassers, das abgepumpt wurde, damit in der trockenen, zumindest nahezu wasserundurchlässigen Baugrube gebaut werden konnte.[1]

Dieses Verfahren kam allerdings für den Fernbahntunnel unter dem Tiergarten zwischen der Scheidemannstraße und dem Bahnhof Potsdamer Platz (900 m) sowie von diesem zum Landwehrkanal/Schöneberger Ufer (550 m) wegen der irreparablen Schäden nicht in Frage. Hier musste statt des in

Berlin beliebten Verfahrens der offenen Baugruben das doppelt so teure Schildvortriebverfahren gewählt werden. Das hatte jedoch den Vorteil, dass weder der Straßenverkehr umgeleitet noch Leitungen im Boden neu verlegt werden mussten. Der Einsatz der aufwändigen Technologie war aber nur dort möglich, wo kreisförmige Tunnelröhren genügten, und nicht dort, wo die Gleise geneigt und Weichen verlegt werden mussten. Die im Spreebogen in einem Tunnelbauwerk zusammengefassten vier Fernbahngleise wurden in vier einzelne kreisförmige Tunnelröhren von 9,5 m Durchmesser verlegt, die 10 bis 15 m unter der Erdoberfläche liegen.

---

1 Vgl. Hany Azer, Martin Bay: Berlin Hauptbahnhof – ingenieurtechnisch anspruchsvoll vom Konzept bis zur Realisierung. In: Glasers Annalen, Hamburg 1/2/2006, S. 30 f.

DAS SENKKASTEN-VERFAHREN

Am Gleisdreieck, südlich des Landwehrkanals, wurde im Anschluss an den bergmännisch hergestellten Tunnel auf 230 m Länge des Rampenbauwerks (wo die Gleise wieder an das Tageslicht kommen) das besonders umweltschonende Senkkasten-Verfahren angewandt. Oberirdisch wurden sechs Senkkästen von bis zu 60 m Breite, 38 m Länge, 16 m Höhe und einem Gewicht von etwa 28.000 t in einem Abstand von 1,5 m hergestellt und in eine Tiefe von bis zu 23 m abgesenkt.

Bei diesem Bauverfahren ging man in folgenden Schritten vor:

- Beseitigung der Restbebauung, Aushub des Bodens,
- Herstellung des Erdmodells für die Arbeitskammern, Betonarbeiten (Decke, Wände),
- Schließen der Stirnwände der offenen Stahlbetonkörper, Herstellung der Flügelwände oberhalb der Stirnwände zwischen den Senkkästen, um die Baugruben zu begrenzen,
- Ausrüsten der Senkkästen mit Schleusen, Pumpen und Wasserkanonen,
- Absenken der Senkkästen, indem der Boden abgesaugt wurde. Dabei lösten Arbeiter in einer Kammer unter dem Bauteil mit Hilfe eines Wasserstrahls das Erdreich. Die gelöste Erde wurde abgepumpt, sodass sich die vier Röhren senkten, täglich bis zu einem Meter. Überdruck von höchstens 2,9 bar verhinderte das Eindringen des Grundwassers in den Hohlraum. Die Arbeiter mussten wegen der Druckunterschiede bis zu vier

Stunden in einer Depressionskammer ausharren, mit deren Hilfe der Druck ausgeglichen wurde.

- Ausbetonieren der Arbeitskammern, nachdem die Endtiefe erreicht war,
- Demontage der Senkkästenausrüstung und Injektionen zwischen den Sohlen und Wänden. Der nördlichste Senkkasten hatte vier Brillenwandöffnungen, die zum anschließenden Tunnel passten. Von ihm aus wurden die Schildvortriebe aufgefahren.

TIEF UND UNTER DER SPREE

Die Schienenwege und die Straße mussten nicht nur tief, sondern zugleich unter die Spree geführt werden. Die geschlossene Bauweise war nicht möglich wegen der geringen Überdeckung von nur einem Meter bis zur Spreesohle, aber auch wegen der Weichen im Südkopf des Lehrter Bahnhofs. Eine französische Firma schuf der Spree ein neues Bett von 200 m Länge, 60 m Breite und 3,5 m Tiefe und verschob es um etwa 70 m nach Norden. Diese Verlegung war am 2. August 1996 abgeschlossen. Der Abfluss des Wassers und der Schiffsverkehr, wenn auch nur jeweils in eine Richtung, waren weiter möglich, aber nicht für Schiffe mit mehr als 67 m Länge. Die Tiefe der Tunnel (seine Höhe befand sich 1,2 m unter der Spreesohle) und eine Stahlplatte zwischen Spree und Tunneldecke werden Havarien infolge Ankerwurfs oder Baggerarbeiten vermeiden. Anders beim Landwehrkanal, denn unter ihm gibt es in ausreichender Tiefe nur die Tunnelröhren. Deshalb konnte hier die geschlossene Bauweise angewendet werden.

Als die Tunnel fertiggestellt waren, kam die Spree am 14. Juli 1998 wieder in ihr altes Flussbett zurück. Das ursprüngliche 100 m lange Stück Spree wurde geflutet, das heißt, Arbeiter zogen drei Stöpsel aus der Baugrubenwand. Nachdem der Wasserspiegel seinen Stand von 3 m erreicht hatte, beseitigte man die Sandwälle, zersägte die Betonwände, die die Tunnelbaustelle abgeschottet hatten, und hob sie aus dem Flussbett.

Im Mai des Jahres 1993 ging die Koordinierungsgruppe Verkehrsanlagen im Zentralen Bereich von Berlin noch davon aus, dass der Bau des Tunnels im Spreebogen bis Ende 1997 beendet wäre und im Jahr 2000 die ersten Fern- und S-Bahn-Züge hindurchfahren würden. Man hatte sich gründlich verrechnet. 1998 waren die Rohbauten der Tunnelblöcke in den Baugruben fertig, die Schildvortriebsmaschinen hatten den Potsdamer Platz erreicht.

Zu dieser Zeit mussten für die Bauvorhaben im Zentralen Bereich 18 Millionen t Bodenaushub und Bauabfälle abtransportiert werden. Diese Menge auf Lkw verladen, hätte eine Kolonne von 7.000 km Länge ergeben. Allein für die Tunnel mussten 8 Millionen t Beton aus 7 Millionen t Kies und 1 Million t Zement gemischt werden. Abgesehen von weiterem Material und weiterer Ausrüstung sollte der massenweise Lkw-Transport durch die Berliner Stadtzentren vermieden werden. Hierfür nutzte man Schienen- und Wasserwege. Aus diesem Grund wurde ein System von Baustraßen eingerichtet, über den Landwehrkanal eine Brücke gelegt und auf dem Gelände des früheren Potsdamer Bahnhofs das Baulogistikzentrum Süd errichtet. Hier wurden Bodenaushub (Schutt) und Baumaterial von Eisenbahnwagen auf Lkw und umgekehrt

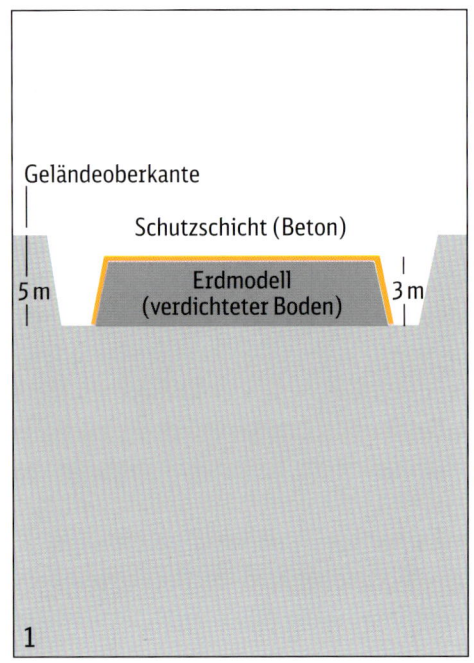

Geländeoberkante

Schutzschicht (Beton)

Erdmodell
(verdichteter Boden)

5 m

3 m

1

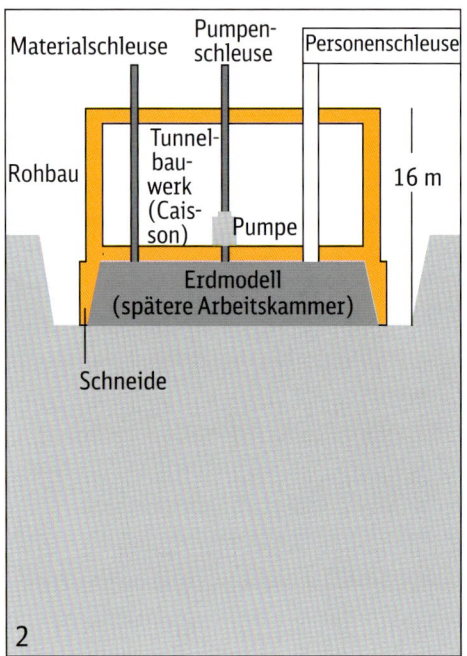

Materialschleuse

Pumpen-
schleuse

Personenschleuse

Rohbau

Tunnel-
bau-
werk
(Cais-
son)

Pumpe

16 m

Erdmodell
(spätere Arbeitskammer)

Schneide

2

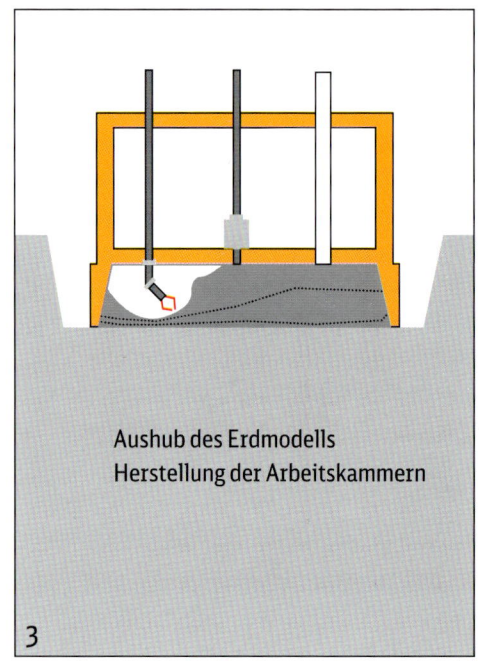

Aushub des Erdmodells
Herstellung der Arbeitskammern

3

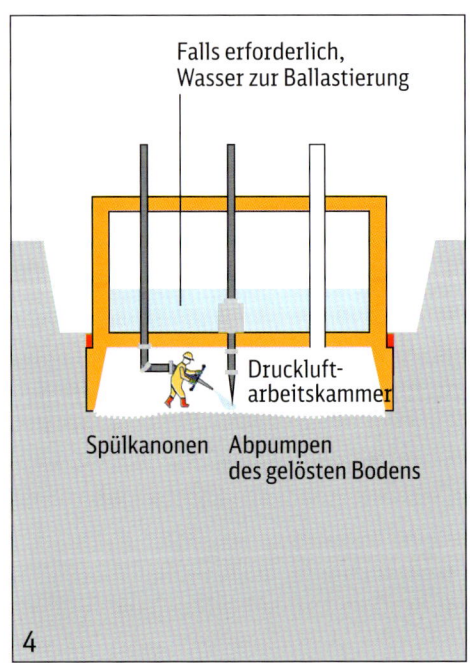

Falls erforderlich,
Wasser zur Ballastierung

Druckluft-
arbeitskammer

Spülkanonen   Abpumpen
des gelösten Bodens

4

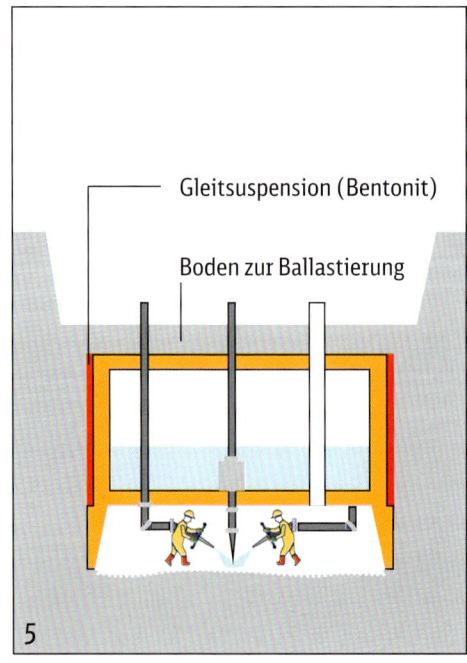

Gleitsuspension (Bentonit)

Boden zur Ballastierung

5

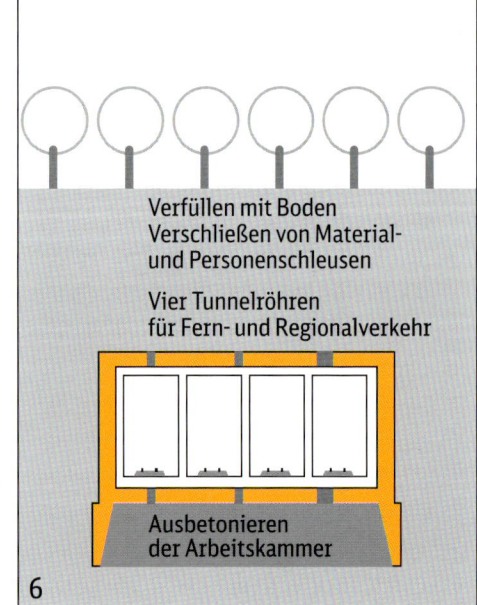

Verfüllen mit Boden
Verschließen von Material-
und Personenschleusen

Vier Tunnelröhren
für Fern- und Regionalverkehr

Ausbetonieren
der Arbeitskammer

6

■ Beim Senkkastenverfahren wurde der Betonboden unter Wasser eingebracht.

Grafik: Designhaus Berlin

umgeschlagen. Am 21. Juli 1994 verließ der erste Zug mit Bodenaushub den Platz des Logistikzentrums nach Lübbenau Süd. Von dort aus wurden Tagebaulöcher aufgefüllt. Leider überdauerte die vorbildliche Baulogistik die Baustellen Tiergartentunnel und Lehrter Bahnhof nicht. Sie scheiterte am Unwillen der Investoren, sich bestimmten Spielregeln unterzuordnen.

WEITERE VORHABEN

Zum Bauen im Zentralen Bereich gehören außer den Eisenbahnobjekten auch die des städtischen Nahverkehrs zum Hauptbahnhof und des Straßenverkehrs, um das nach 1961 geschaffene Provisorium »Entlastungsstraße«, ein Abschnitt der Bundesstraße 96, durch den Tiergarten abzulösen. Das gelang nur unvollkommen.

Ein Durcheinander in der Planung war für den Verkehrssprecher von Bündnis 90/Die Grünen, Michael Cramer, die Ursache dafür, dass der Hauptbahnhof weder einen Straßenbahn- noch einen U-Bahn-Anschluss erhalte. Auch zur S-Bahn-Verbindung vom Nordring (Linie 21) hatte der Senat von Berlin Ende 2002 keinen Auftrag für den Bau des S-Bahnhofs erteilt. Das Genehmigungsverfahren war noch nicht abgeschlossen und die Anlage in den Plänen des Hauptbahnhofs nicht berücksichtigt.

Zu dieser Zeit fehlte die Finanzierungsvereinbarung zwischen dem Senat und der Deutschen Bahn, denn die Neubaustrecke gehört nicht zum von der Bundesregierung finanzierten Wiederaufbauprogramm (Kosten 150 Millionen Euro). Den Baubeginn – die Über- und Unterführungen am Nordring – hatte der Senat vorfinanziert. Im

Sommer 2005 entschied die Bundesregierung, diese S-Bahn-Strecke zu finanzieren. Der Zuschuss wurde aber derart gestreckt, dass die S-Bahn-Linie erst zwischen 2011 bis 2013 fertig wird. Die großzügige Anbindung des Hauptbahnhofs an das S-Bahn-Netz nach Norden und Süden sowie an die U-Bahn zum Alexanderplatz rückte damit in weite Ferne.

In der Ansicht, wie der Hauptbahnhof vom städtischen Nahverkehr erschlossen werden soll, kam es zwischendurch zu einer scheinbaren Volte in der Senatsbauverwaltung. Tatsächlich wechselten dort die Politiker mit unterschiedlichen Parteibüchern und anderer Auffassung. Für die Erschließung des Zentralbahnhofs spielte nach alter West-Berliner Denkart die S-Bahn keine Rolle – sie war über Jahrzehnte von der Deutschen Reichsbahn der DDR betrieben worden –, wohl aber die U-Bahn. Folglich wurde die U-Bahn-Linie 5 Alexanderplatz–Lehrter Bahnhof vorgesehen. Nachdem 200 Millionen Euro verbaut worden waren und ein neuer Senator erschien, wurde der U-Bahn-Bau angehalten und wieder die S-Bahn bevorzugt, die wegen fehlender Mittel aber nicht in Richtung Süden, sondern nur noch nach Norden führen soll.

Dank dieser Verzögerung mussten die Projektunterlagen für den Bau des Hauptbahnhofs nicht geändert und die Arbeiten an der letzten Baugrube auch nicht unterbrochen werden. Durch sie verläuft der Tunnel für die Bundesstraße 96, der Ende 2004 in Betrieb gehen sollte, dessen Inbetriebnahme dann aber ebenfalls ständig verschoben wurde.

Dass der Bau einer 2,4 km langen Stra-

ßenbahnstrecke nicht bis zur Eröffnung des Hauptbahnhofs möglich ist, liegt an den Plänen des einstigen Stadtentwicklungssenators Peter Strieder, der im Genehmigungsverfahren nicht nur eine Straßenbahn, sondern den Ausbau der Invalidenstraße wollte. Sie sollte auf 12,30 m verbreitert, die Fußsteige schmaler werden, vor dem Museum für Naturkunde und dem Bundesverkehrsministerium Gehwege ganz entfallen und 86 Bäume gefällt werden. Statt die Straßenbahn zu bauen, sollte der Autoverkehr gefördert werden. Dagegen wandten sich verschiedene Bürgerinitiativen. Die Straßenbahn wird nicht vor 2009 zum Hauptbahnhof fahren. Noch 2006 wurde gestritten, wie die Invalidenstraße ausgebaut werden soll.

Auch um den Straßentunnel rankt sich eine Berliner Spezialität. Er kostete knapp 4 Millionen Euro, die von der Bundesregierung bezahlt worden wären, hätte nicht innerhalb der Großen Senats-Koalition die SPD darauf gedrängt, keinesfalls den Autobahn-Standard anzuwenden. So kam es zu einem Schmalspur-Tunnel mit nur einer Fahrspur je Richtung zwischen Landwehrkanal und Kemperplatz, der aus Mitteln des Landes Berlin bezahlt werden musste. Einen Autobahntunnel wäre aus Bundesmitteln finanziert worden.

Die Tunnelfahrer müssen sich an Neues gewöhnen: Die Ein- und Ausfahrten am Kemperplatz und an der Invalidenstraße liegen jeweils zwischen den Tunnelröhren, was eine ungewöhnliche Verkehrsführung erfordert. Im Tunnel kommen die einbiegenden Fahrzeuge von links statt von rechts. Wer den Tunnel verlassen möchte, muss sich links einordnen.

Stadtbahn: die Ost-West-Verbindung

4

Alt und neu: Der IC fährt am Stadtbahnhof vorbei (links), während rechts die neue Trasse durch den neuen Hauptbahnhof wächst

Foto: Jazbec

Von der ursprünglichen Anlage des Lehrter Bahnhofs war nur die Ost-West-Verbindung intakt geblieben, genauer: die Stadtbahn mit dem Lehrter Stadtbahnhof. Dieses Stück wurde, vollständig erneuert und in anderer Lage, der obere Bereich im Zentralbahnhof.

Was ist unter der »Stadtbahn« zu verstehen? Sie ist der 12,145 km lange Abschnitt von einem Punkt 312 m östlich der Straße der Pariser Kommune (ehemals Fruchtstraße) am Ostkopf des Bahnhofs Schlesischer Bahnhof/Ostbahnhof/Hauptbahnhof/wieder Ostbahnhof bis zum Westende des Bahnhofs Charlottenburg. Die Ost-West-Verbindung besteht aus gemauerten Bögen, stählernen Brücken, Haltepunkten und Bahnhöfen. Der Steinviadukt aus 700 Gewölbebögen ist 6 m hoch und 15,5 m breit. Er hatte sich dem öffentlichen Grundbesitz anzupassen, die Strecke ist deshalb sehr bogenreich mit Halbessern von teilweise nur 300 m.

Die herausragende Bedeutung hatte die Stadtbahn für die S-Bahn, aber auch für ein Drittel der in Berlin beginnenden Fern- und Nahverkehrszüge. Dabei galt vor 1945 das Prinzip: Züge in Richtung Osten beginnen auf dem Bahnhof Charlottenburg, Züge in Richtung Westen auf dem Schlesischen Bahnhof. Nun wurde die Stadtbahn Bestandteil des Achsenkreuzmodells bzw. des Pilzkonzeptes. Unabhängig von den neuen Eisenbahnplänen bedurfte sie einer grundlegenden Sanierung.

1903 ließ die Eisenbahndirektion Berlin den Lastenzug A mit 17 t Achslast zu, die Deutsche Reichsbahn im Jahr 1923 nach einer gründlichen Instandsetzung den Lastenzug N mit 25 t Achsdruck. Nach den Zerstörungen des Zweiten Weltkrieges wurden

Die von den CD geliehene Zweisystemlokomotive 371 001 fährt mit dem Berlin-Warschau-Express auf dem verbreiterten Westkopf des Berliner Ostbahnhofs ein (2005).   Foto: Emersleben

die baulichen Anlagen der Stadtbahn nur in einfachster Form wieder aufgebaut. Die Instandhaltung und Modernisierung blieb auf ein Mindestmaß beschränkt.

Nachdem 1993 die Streckenelektrifizierung den Bahnhof Zoologischer Garten erreicht hatte, die Stadtbahn zwischen Zoologischer Garten und Charlottenburg mit konventionellem Schotteroberbau saniert worden war und der Intercity-Express zum Ostbahnhof und in das neue Werk in Berlin-Rummelsburg fahren sollte, musste der

anfälligste Abschnitt der Stadtbahn, der zwischen Hauptbahnhof (dem am 24. Mai 1998 wieder zurück benannten Ostbahnhof) und Zoologischer Garten, für etwa 2 Milliarden Mark saniert werden. Das »Denkmal unter Funktion« sollte erhalten und dennoch die Strecke dem Stand der Technik angepasst werden. Die Führung der Trasse über diesen traditionell genutzten Streckenabschnitt verschaffte die baurechtliche Sicherstellung, so dass ziemlich rasch mit den Bauarbeiten begonnen werden konnte.

■ Die Feste Fahrbahn ist bis zum Ostkopf des Bahnhofs Zoologischer Garten verlegt worden, und links steht noch auch das Stellwerk »Zoo« (Juni 1996)   Foto: Erich Preuß

Die Sanierung der Viaduktstrecke begann mit dem Aufbau einer lastverteilenden Stahlbetonplatte, einer langlebigen Abdichtung, einer umweltgerechten Entwässerung und der Elektrifizierung der Fernbahn. 25 Brücken mussten gebaut und 27 Brücken instandgesetzt werden. Konnte auf der bestehenden Trasse saniert werden, so mussten in Hauptbahnhof/Ostbahnhof und Zoologischer Garten für die von den ICE beanspruchten mindestens 400 m langen Bahnsteige neue Flächen gefunden werden. Auf dem Hauptbahnhof/Ostbahnhof wurde das westliche Gleisfeld in Richtung Alexan-

derplatz erweitert und um bis zu 35 m verbreitert. Dadurch entstand auf 425 m Länge zwischen Koppenstraße und Holzmarktstraße ein rund 12.000 m² großes Ingenieurbauwerk, der umfangreichste Brückenneubau der Stadtbahntrasse. Im Bahnhof Zoologischer Garten wurde für die zusätzliche Bahnsteiglänge der Ostkopf verändert: Man riss das Stellwerk »Zoo« ab und verbreitete das Gleisfeld um etwa 16 m.

Für die erste Bauphase wurde am 3. Oktober 1994 zwischen Berlin Hbf und Zoologischer Garten der Fernverkehr eingestellt. Am 17. Oktober 1994, dem folgenden

Wochenende, wurde der S-Bahn-Verkehr auf die Ferngleise zwischen Hauptbahnhof und Lehrter Stadtbahnhof verlegt, am 31. Oktober 1994 auch zwischen Lehrter Stadtbahnhof und Zoologischer Garten. Auf diesen beiden Abschnitten pendelten nun die S-Bahn-Züge. Bei der Verlegung des Zugbetriebs bzw. dessen wenigstens teilweiser Aufrechterhaltung bediente man sich eines 1927 angewandten Verfahrens, als die Bahnsteighalle des Lehrter Stadtbahnhofs ausgewechselt werden musste.

FERNGLEISE FÜR DIE S-BAHN

Im Jahr 1994 richtete man ebenfalls die Fernbahngleise für den S-Bahn-Betrieb ein. Das bedeutete in der Praxis:

- Bauweichenverbindungen,
- Profilfreimachung,
- Einbau von Bauweichen,
- Aufbau der Stromschienen,
- Behelfsbahnsteig im Haltepunkt Hackescher Markt für die West-Ost-Richtung,
- am Haltepunkt Bellevue fuhren die S-Bahn-Züge ohne Aus- oder Zustiegsmöglichkeit vorbei.

Am 26. August 1996 konnte zwischen Lehrter Stadtbahnhof und Zoologischer Garten sowie am 21. Oktober 1996 zwischen Ostbahnhof und Lehrter Stadtbahnhof die S-Bahn wieder auf ihre, die nördliche Seite zurück. Hier war, abgesehen von der Instandsetzung der Viaduktbogen ein neuer Oberbau entstanden, die feste Fahrbahn des Typs Rheda-Berlin, einer leichten Variante des Typs Rheda.

Diese Betonfahrbahn liegt auf einer 25 cm starken und etwa 18 m breiten Betonplatte, die sich über die gesamte Strecke Ostbahnhof–Zoologischer Garten erstreckt. Diese bewehrte Platte mit Randbalken an den Kanten sorgt für eine gleichmäßige Verteilung der Achslasten. Eine leichte Neigung (1,5 Prozent Dachgefälle) von der Viaduktmitte zu den Außenkanten hin bewirkt, dass das Regenwasser über Abläufe am Rand in die außen an jedem Pfeiler angebrachten Fallrohre abfließt. Neue Sammelleitungen sind unterirdisch beiderseits der Stadtbahn verlegt worden.

Der linke S-Bahn-Zug fährt auf dem Ferngleis, der rechte steht im Haltepunkt Bellevue und ist nur für die Besichtigung der Journalisten in das gesperrte Gleis gefahren (Juni 1996).
Foto: Erich Preuß

Lediglich der Haltepunkt Hackescher Markt erhielt während der Stadtbahn-Sperrung einen Behelfsbahnsteig am Ferngleis und nur für die Richtung Friedrichstraße – Alexanderplatz (1996).
Foto: Hafner

Die Betonplatte überragt beidseitig den Rumpf des Viadukts und trägt die neuen Kabelkanäle sowie den Wartungsweg. An der Betonplatte wurden die Signalausleger und Oberleitungsmasten für den elektrischen Fernverkehr befestigt. Die Verbreiterung der Trasse sorgte für einen Abstand von 4 m zwischen den Fernbahngleisen und den S-Bahn-Gleisen, wie es die Eisenbahn-Bau- und Betriebsordnung verlangt.

Nachdem man bis zum April 1996 die zeitweiligen S-Bahn-Gleise und ihre Ausrüstung abgebaut hatte, wurden bis zum Oktober auf der Südseite die durchgehende Fahrbahnplatte gebaut sowie die Brücken saniert oder neu errichtet. Erst am 24. Mai 1998 konnte der Regionalverkehr auf der Stadtbahntrasse fahren, zunächst mit Halt nur auf den Bahnhöfen Ostbahnhof und Alexanderplatz, im Dezember 1998 auch in Friedrichstraße. Hier fuhr die S-Bahn auch nicht mehr vom Bahnsteig B ab, sondern nur noch vom Bahnsteig C, denn der zweite S-Bahnsteig, auf dem man 1961 den West-Berlin-Verkehr separiert hatte, wurde für die Fern- und Regionalzüge benötigt.

Durch die Sanierung der Stadtbahn ging viel von der Architektur der Gründerzeit verloren, insbesondere durch die neuen Brücken. Den stählernen Neubauten mussten die gusseisernen, reich verzierten Konstruktionen weichen. Die älteste Brücke war die über die Spree von 1882 westlich des Bahnhofs Friedrichstraße. Insbesondere der mittlere Bogen war nicht mehr ausreichend tragfähig, ein Neubau schien unvermeidlich. Eine zweite Studie, die auch die denkmalpflegerischen Gesichtspunkte berücksichtigte, führte zu einem Kompromiss. So werden die beiden äußeren, vom Reichstag sichtbaren Bögen I und II mit nur einer Gleislage betrieblich genutzt. Für die anderen drei Gleise musste hingenommen werden, dass nur ein Brückenneubau in Frage kam. Die beiden denkmalgeschützten Bögen I und II sind konstruktiv als Zwillingsbögen durch eine Trennfuge so von der übrigen Brückenkonstruktion abgetrennt, dass sie trotz schrägwinklig geführter Gleistrasse nur von dem südlichsten Gleis belastet werden. Dieser Neubau führte dazu, dass auf der Stadtbahn nicht 1997, als die Gleise fertig waren, sondern erst am 24. Mai 1998 der Regelfernverkehr wieder aufgenommen werden konnte.

Mit der 240 m langen Brücke über den Humboldthafen aus dem Jahr 1907 ging man zunächst weniger sensibel um. Sie umfasste sieben im Bogen verlaufende Einzeltragwerke, fünf zweigleisige und zwei eingleisige. Die Brücke weitete sich mit ihren auslaufenden Bahnsteigen im Lehrter Bahnhof von Ost (Breite 39 m) nach West (66 m) trompetenförmig auf.

Beim Neubau wäre es statt der filigranen Brücke, wie sie schließlich errichtet wurde, fast zu einer ungeschlachten Betonbrücke gekommen, deren Pfeiler wie eine riesige Wand gewirkt hätten, nur weil der Gegenentwurf 14 Millionen Mark billiger war als die 60 Millionen Mark, die Professor Jörg Schlaich und sein Büro für ihren Entwurf veranschlagt hatten. Als sich Proteste gegen die Betonbrücke regten, entschied sich die Deutsche Bahn für den Entwurf aus dem Stuttgarter Büro Schlaich, Bergermann und Partner. Jörg Schlaich ist ein entschiedener

HUMBOLDTHAFENBRÜCKE

Sechsgleisiges Bauwerk	
Länge	etwa 240 m
Breite: westlicher Teil	etwa 66 m mit trompetenförmiger Aufweitung
Breite: östlicher Teil	etwa 39 m
Höhe	etwa 8 m
Bahnanlagen	4 Gleise (Fernbahn), 2 Gleise (S-Bahn)
Konstruktion	Spannbeton-Stabbogenbrücke, bestehend aus vier nebeneinander geführten Teilbrücken
Unterbauten	8 Stützenreihen, 1 Widerlager
Gründung	Tiefengründung über 35 m tiefe Schlitzwände
Besonderheiten	Erstmals Eisenbahnbrücke als Kombination von Stahlgussknoten und gewalzten Stahlröhren. Getrennte Hauptbögen aus Stahl, in der Mitte unterbrochen. Zur Wartung auswechselbare Bodenlager

Kein Beton! Schlaich entwarf Filigranes für die Brücke über der Zufahrt zum Humboldthafen (1999).

Foto: DB-Projekt

Gegner der standardisierten Stabbogenbrücken. Er hatte auch die Havelbrücke am Bahnhof Berlin-Spandau entworfen. Berlin erhielt hier weder eine Orgie aus Beton noch die Modeerscheinung, die inzwischen vorherrschende Stabbogenbrücke. Eine solche wäre im Umfeld von Zentralbahnhof und Hafen nicht nur konventionell und ohne ästhetischen Reiz gewesen, sondern sie hätte auch das Ortsbild verschandelt und als Betonbrücke die Berliner Sprayer-Szene angezogen.

Der Humboldthafen wird von einem äußerlich als Stabbogen in Stahlrohr- und Gussknotenkonstruktion erscheinenden Tragwerk überspannt. Auf der Bogenkonstruktion ist der Spannbeton-Plattenbalkenquerschnitt aufgeständert. Eine österreichischen Firma führte die im Grundriss gekrümmte Stabbogenkonstruktion mit Spannbetonüberbauten aus, wobei die Stabbögen aus Stahlrohren und Stahlgussteilen bestehen.

Die bei den deutschen Eisenbahnen einzigartige Brücke passte zum Entwurf des Zentralbahnhofs aus dem Büro von Gerkan, Marg und Partner. Damals, man schrieb das Jahr 1996, fiel der Deutschen Bahn – noch unter der Leitung von Heinz Dürr – die Entscheidung für das Anspruchsvolle nicht so schwer wie im Jahr 2005, als es um die Gestaltung der unteren Bahnsteiganlage des Zentralbahnhofs ging. Denn die Deutsche Bahn präsentierte sich im Jahr 1996 unter dem Titel »Renaissance der Bahnhöfe« zur Architektur-Biennale in Venedig, um den Erneuerungswillen des Unternehmens zu bezeugen. Auch Schlaich war mit seinem Brückenmodell vertreten. Da fühlte sich der Bauherr noch verpflichtet.

■ Ein berühmter Gussknoten an der Brücke zum Humboldthafen (1998). Foto: DB-Projekt

WELTWEIT EINMALIGE TEILE

Die Brücke über den Humboldthafen hatte ihre Besonderheiten: Vor allem bei den bis zu 70 cm dicken Gussknoten wurden neue Wege beschritten. Dermaßen große Gussstahlteile waren bislang weltweit nicht hergestellt worden. Die Kraft an den Übergängen Stahlrohr-Gussteil wird über geschweißte Kontaktstöße übertragen. Die Gussformstücke wurden mit Hilfe eines speziell für dieses Bauwerk entwickelten Berechnungskonzeptes, die Finit-Element-Methode, nachgewiesen. Die Detailberechnung der Formstücke ergab, dass im Bereich der Gießereitechnik und bei den Prüfverfahren der Gussteile neue Wege beschritten werden mussten. Die bisher üblichen Messmethoden waren wegen der großen Wandstärken in Verbindung mit der doppelt konkaven

Geometrie an die Grenze des Machbaren gelangt. Mit Hilfe eigens geschaffener Modellkörper wurden die Untersuchungsgeräte neu geeicht, um auch in diesem speziellen Fall einwandfreie Prüfergebnisse liefern zu können.

Ende August 2001 war die Brücke fertiggestellt. Mit Hilfe eines Schwimmkrans wurden bis Ende November 2002 die vorherige Brückenkonstruktion aus dem Wasser gehoben und in Schuten verladen; anschließend entfernte man die alten Pfeiler. Der Abriss der Brücke kostete noch einmal rund 1,5 Millionen Euro, ein Klacks bei den Gesamtkosten von Tunnel und Bahnhof, die mit 500 bis 700 Millionen Euro geschätzt wurden.

Für den Zentralen Bereich hatte die Brücke insofern Bedeutung, dass sie zum Baufortschritt in der Nord-Süd-Verbindung gehörte, wenn auch nur indirekt. Denn es

konnte nicht zu Ende gebaut werden, solange der Lehrter Stadtbahnhof stand. Erst nach dessen Abriss konnte man die Gleise der Stadtbahn verschwenken und an die durch die obere Bahnhofshalle verlegten Gleis in entsprechender Höhenlage anschließen. Nach dem Abschluss dieser Arbeiten konnte das Baufeld B eröffnet werden.

Dort, wo der neue Zentralbahnhof entstehen sollte, musste man ein »technologisches Loch« lassen. Denn die Gleise durch bzw. neben dem Stadtbahnhof wurden noch gebraucht. Man konnte sie nicht durch den neuen Bahnhof verlegen, weil der noch nicht stand, und auch die Bahnsteighalle war noch nicht begonnen, geschweige denn fertiggestellt. So blieb am Stadtbahnhof ein Schwenk mit Buckel, bis vom 21. Juni 2002 an die Gleise in die neue, endgültige Lage verschwenkt werden konnten.

■ Während die Züge um den künftigen Bahnhof noch auf alter Stadtbahntrasse fahren, wurde der neue Fahrweg (rechts) vorgeschoben (2000).　Foto: Emersleben

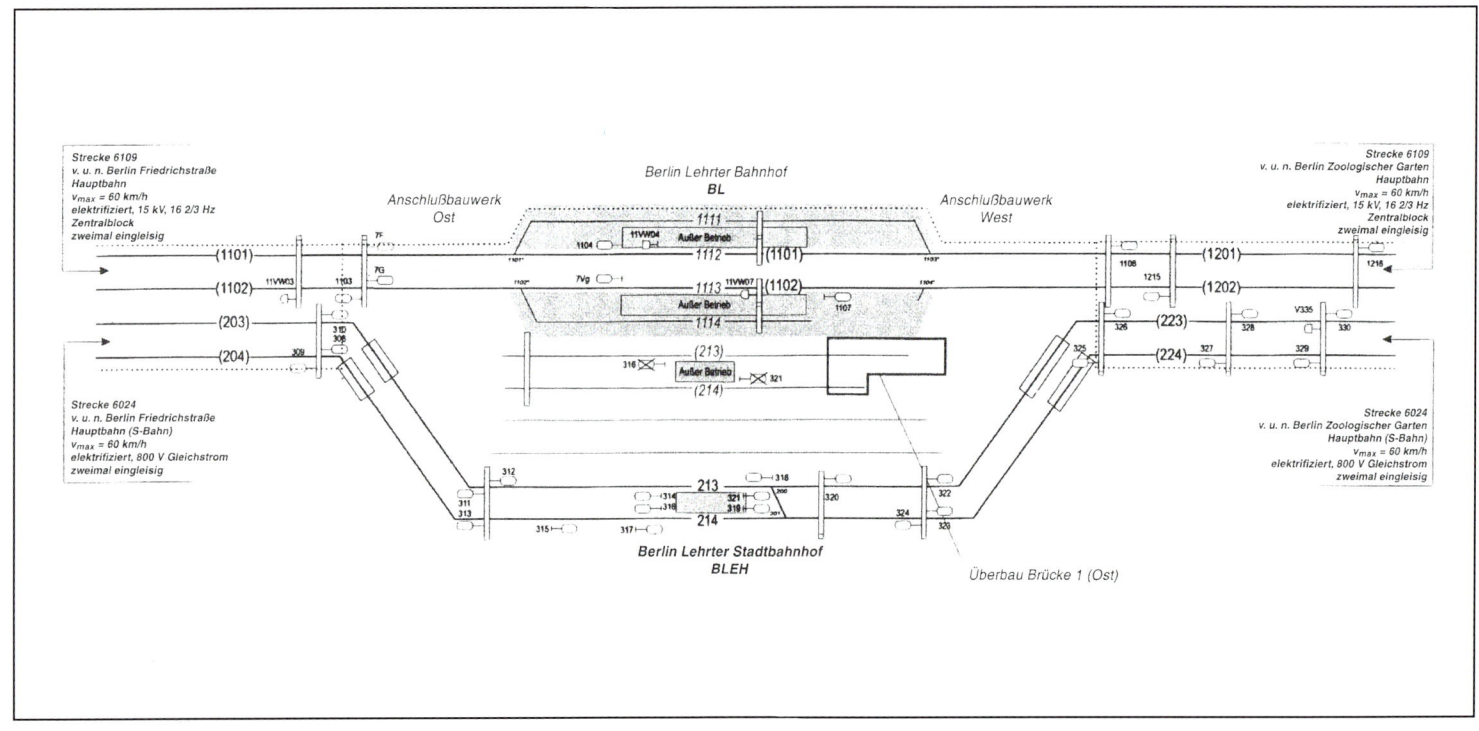

Lageplan des Hauptbahnhofs (oben), als die S-Bahn noch durch den Stadtbahnhof fuhr (2002). Zeichnung: DB-Netz

Die Reisenden mussten wegen der Gleisverschwenkungen über mehrere Wochen und Wochenenden einen vollständig gesperrten Streckenabschnitt mit Pendelverkehr und hinnehmen. Auch der Fernverkehr war davon betroffen, so wurde z.B. Berlin-Lichtenberg ein willkommener Ersatzbahnhof für abgeleitete Fernzüge.

Die S-Bahn-Haltepunkte Bellevue und Tiergarten hatten sich seit ihrer Eröffnung im Jahr 1882 bzw. 1885 zwar äußerlich verändert, die Substanz war jedoch erhalten geblieben. Zunächst war nur eine einfache Instandsetzung der Haltepunkte geplant. Die Bausubstanz zwang jedoch zu einem weitgehenden Abriss bis auf das tragende Mauerwerk. Die gesamte Bahnsteigkonstruktion, die Bahnsteigdächer und -aufbauten sowie die Treppenanlagen waren komplett zu erneuern. Bei der Ausführung wurden alle denkmalpflegerischen Vorgaben berücksichtigt, so dass das Bild von dem historischen Ensemble bestimmt wird.

An den S-Bahn-Haltepunkten Jannowitzbrücke und Hackescher Markt wurden die Bahnsteige erneuert, die Bahnhofshallen vollständig restauriert und die Aufsichtsgebäude neu gestaltet.

Im Bahnhof Friedrichstraße wurden die Gleise 1 und 4 der Fernbahn zum Fahrplanwechsel am 24. Mai 1998 in Betrieb genommen, die Bögen II a bis IV »durchgestreckt«, sodass die Gleise 2 und 3 im Dezember 1998 in Betrieb gehen konnten. Gleichzeitig waren von der Stadtbahn alle Stellwerke verschwunden. Die Fernbahnzüge werden von der Betriebszentrale in Berlin-Pankow aus geregelt, die S-Bahn-Züge von der Betriebszentrale zwischen Westkreuz und Halensee.

Die Fernbahn besteht aus zwei eingleisigen Strecken mit Zentralblock und einer zulässigen Geschwindigkeit von 60 km/h, die S-Bahn ebenfalls aus zwei eingleisigen Strecken mit einer zulässigen Geschwindigkeit von 60 km/h. Im Hauptbahnhof werden die S-Bahn-Gleise mit 213 und 214 nummeriert, die Fernbahngleise erhielten die Nummern 1111 bis 1114. Zwischen ihnen liegen drei Bahnsteige.

Zum Fahrplanwechsel am 30. Mai 1999 waren die Bauarbeiten abgeschlossen.[1]

1 Vgl.: Jürgen Wilms: Die Ost-West-Trasse für den ICE durch Berlin. In: Edition ETR. Bahnreport ʼ98, Darmstadt 1998S. 53 ff.

■ An den Anschlussstellen zwischen altem und neuem Fahrweg war ein Buckel, eine Steilrampe entstanden (2000).   Foto: Erich Preuß

■ Seite 60/61: Der Nachtzug von München rollt langsam über die Steilrampe, dem westlichen Anschluss von neuem und altem Fahrweg (1999).   Foto: Emersleben

Der Tunnel: die Nord-Süd-Verbindung

Das Kernstück der gesamten Nord-Süd-Verbindung sind die Tunnel zwischen dem Landwehrkanal und dem Zentralbahnhof:

- 3600 m viergleisiger Eisenbahntunnel,
- 500 m Tunnel der U-Bahn-Linie 5 mit dem Bahnhof Reichstag am Paul-Löbe-Haus,
- 2400 m Straßentunnel der Bundesstraße 96 unterhalb der Schweizer Botschaft.

Die folgenden Ausführungen konzentrieren sich auf die vier Röhren des von Tunnelportal zu Tunnelportal 3,6 km langen Eisenbahntunnels für die Fern- (Gleise 1 und 2) und die Regionalbahn (Gleise 3 und 4), der in unterschiedlicher Bautechnik entstanden ist, und zwar von Nord nach Süd betrachtet (Maße nach Unterlagen von DB-Netz):

- Bahnhofsanlage in einer tiefen offenen Baugrube und 250 m Rechtecktunnel südlich des Hauptbahnhofs im Spreebogen;
- 620 m Rechtecktunnel, Unterquerung der Spree in offener Baugrube mit Hilfe der aufwändigen Umleitung des Flusses;
- 700 m (705 m nach Baubeschreibung) Röhrentunnel zwischen Hauptbahnhof und Startbaugrube vor dem Reichstag;
- 180 m Rechtecktunnel, Bahnhof Potsdamer Platz, in offener Bauweise, jedoch ein Tunnelblock als Senkkasten;
- 560 m (nach Baubeschreibung 574 m) Röhrentunnel zwischen Potsdamer Platz und Landwehrkanal in der Bauweise des Schildvortriebs, Rampenstrecke für die Schildvortriebsmaschine mit Hilfe von sechs Senkkästen;
- 500 m Rechtecktunnel.

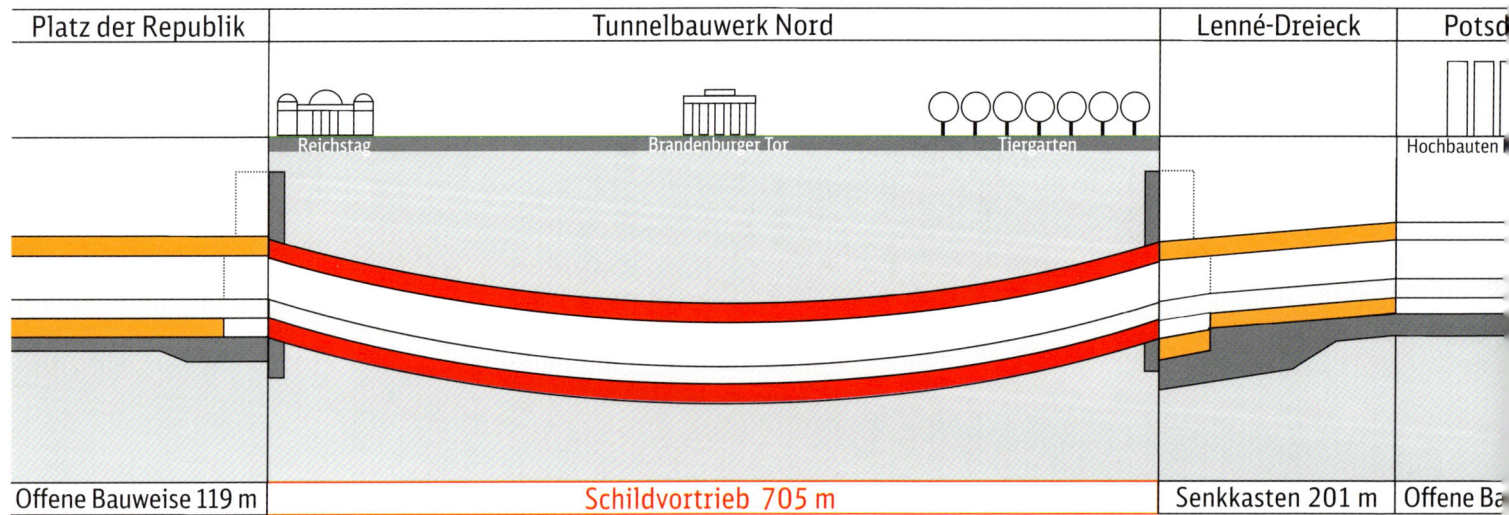

Die Tunnelbauwerke Nord und Süd wurden in bergmännischer Bauweise hergestellt.

Grafik: Designhaus Berlin

Einige zweifelten immer wieder, ob das Projekt im Zentralen Bereich, sofern es die Eisenbahnanlage betraf (über den Straßentunnel gingen die Meinungen kaum auseinander), überdimensioniert sei. Heinz Dürr, 1993 noch Vorstandsvorsitzer von Bundes- und Reichsbahn, dem mitunter Realitätsferne bei der Wirtschaftlichkeit von Objekten nachgesagt wurde, soll oft gefragt haben: »Was kostet's, was bringt's?« Wundern brauchte man sich nicht, denn Dürr ist einer der sparsamen Schwaben, der auf die »wirtschaftliche Optimierung der Projekte« drang. So wurde geprüft, ob man statt der vier Tunnel mit zwei Gleisen auskäme.

Doch die Bahn wollte nicht riskieren, dass für den Fall einer Betriebsstörung der Nord-Süd-Verbindung ihr übriges Netz empfindlich betroffen wird. Genauso musste sie den Vorschlag ablehnen, auf die doppelte Verschalung der Tunnel zu verzichten. Eine einfache Betonschale erleichtert das Ein-

dringen von Wasser. Absurd war auch das Gedankenspiel der Bundesbauministerin Irmgard Schwaetzer (FDP) auf den Tiergartentunnel nebst Bahnhöfen ganz zu verzichten. Darauf ließ sich niemand ein, denn im Jahr 1993 hatte man sich bereits auf das Pilzkonzept festgelegt.

Trotzdem wurde gespart. Das zeigte sich auch am Hauptbahnhof und an den tangierenden Vorhaben (siehe Kapitel 6). Gespart wurde zum Beispiel auch an der Fertigstellung der U-Bahn-Linie 5 – im Volksmund »Kanzler-U-Bahn« genannt – vom Hauptbahnhof zum Alexanderplatz und der S-Bahn-Linie S 21 zwischen Gesundbrunnen, Hauptbahnhof und Potsdamer Platz. Am 30. Januar 1995 stand nach einem Beschluss des Abgeordnetenhauses von Berlin bereits fest, dass die 6 km lange und 24 Millionen Mark teure Verbindung nicht gebaut, aber die Trasse für die S 21 freigehalten wird. Ebenso wenig kam es zur Wie-

dereinrichtung der »Stammbahn« Potsdam–Südring–Lehrter Bahnhof, die die Stadtbahn entlasten sollte.

Da es bei der unterirdischen Nord-Süd-Verbindung bleiben sollte, schon um die Parlaments- und Regierungsbauten nicht zu stören, kam man um die Tunnel nicht herum. Bei den Tunneln »Tiergarten« und »Landwehrkanal«, so die Arbeitsbezeichnung, halfen bei der bergmännischen Bauweise zwei Schildvortriebsmaschinen mit flüssigkeitsgestützter Ortsbrust und hydraulischer Förderung.

Das Schneidrad bestand aus einem fünfarmigen Felgenrad, bestückt mit hartmetallverstärkten Schälmessern und Disken. Dieser Steinbrecher vermochte größere Steine und Findlinge derart zu zermahlen, dass sie hydraulisch beseitigt werden konnten. Gleichzeitig wurden verschiedene Vorkehrungen getroffen, damit das Grundwasser die Baugrube nicht gefährdete.

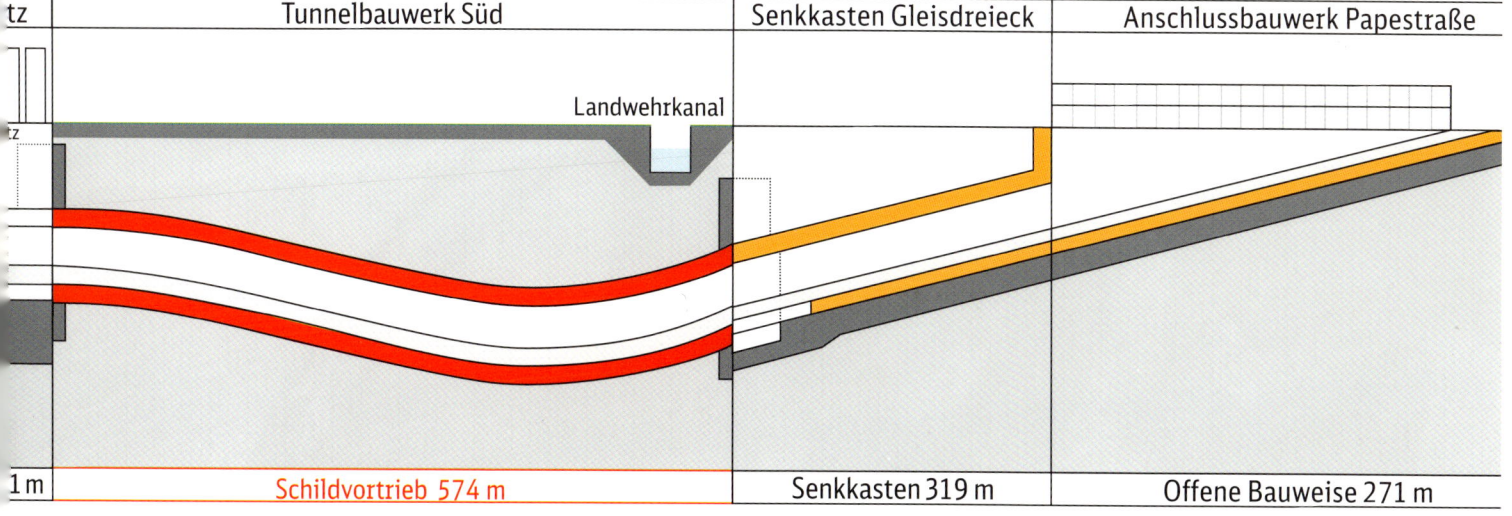

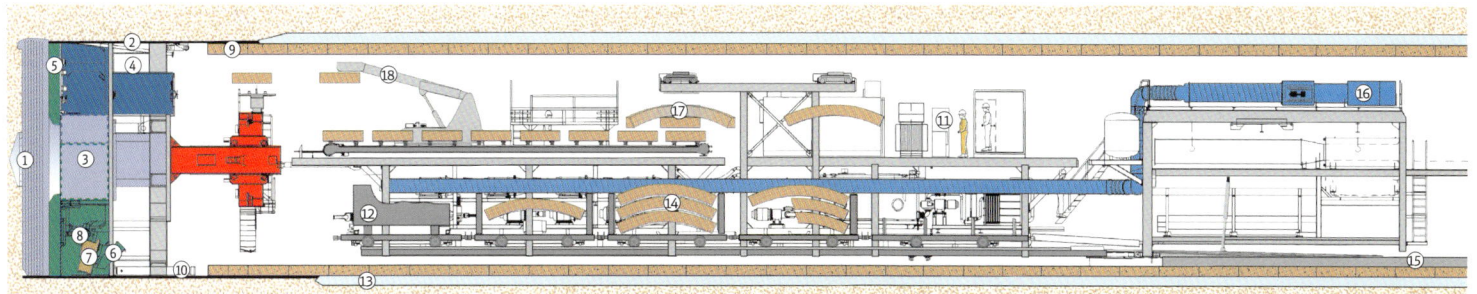

■ Die Ausrüstung der Schildvortriebsmaschinen. Es bedeuten: 1 Schneidrad, 2 Schild, 3 Druckwand, 4 Druckluftpolster, 5 Tauchwand, 6 Rohr zum Abpumpen der Suspension, 7 Steinbrecher, 8 Tübbings, 9 Tübbingerektor, 10 Hydraulikpressen, 11 Steuerstand, 12 Wagen für den Verpressmörtel, 13 Verpressmörtel, 14 Wagen für die Tübbings, 15 Feldbahngleis, 16 Frischluftversorgung, 18 Tübbing-Übergabekran.   Grafik: Designhaus Berlin

■ Schildkopf und –schwanz. Erläuterungen siehe Bild oben.   Grafik: Designhaus Berlin

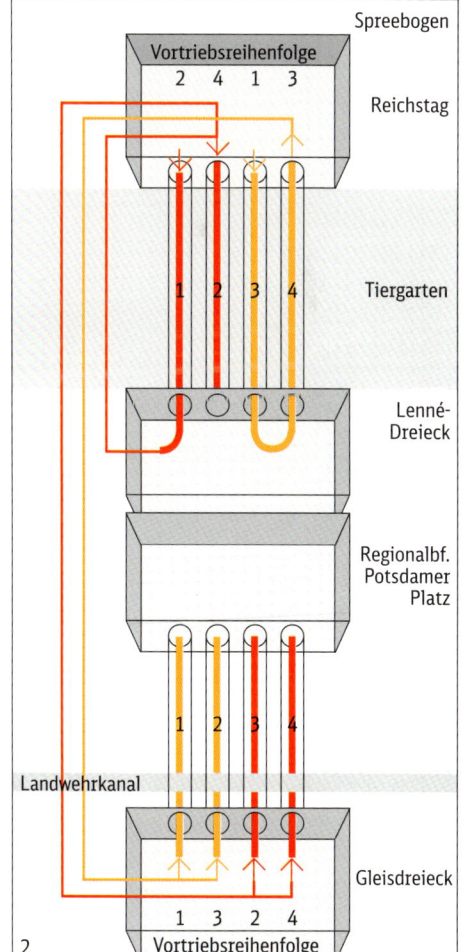

■ Die Reihenfolge der Tunnelbohrungen. Dabei bezeichnen die mittleren Zahlenreihen die Tunnel.   Grafik: Designhaus Berlin

■ Links: Das Schneidrad von 9 m Durchmesser, bestückt mit Schälmessern und Meißeln.   Foto: DB

BOHREN DER HANNELORE-TUNNEL

Peter Neumann beschrieb in der »Berliner Zeitung« den Riesen-Maulwurf so anschaulich, dass jeder Leser sich den Giganten vorstellen konnte: »Er hat das Gewicht von 70 Doppeldecker-Bussen, die Höhe eines dreistöckigen Hauses und die Länge von drei S-Bahn-Wagen.« Nüchtern erklärt: Die Schildvortriebsmaschine war 800 t schwer, 8,98 m hoch und 54 m lang. Der erste Abschnitt, durch den sich die Vortriebsmaschine fraß, war 705 m lang. Er reichte bis in 25 m Tiefe von der Scheidemannstraße am Reichstag bis zur Lennéstraße und wurde »Hannelore III« genannt. Hannelore Kohl, Ehefrau des damaligen Bundeskanzlers, hatte den Tunnel getauft. Sie war sozusagen die Stellvertreterin der Heiligen Barbara, der Schutzpatronin der Tunnelbauleute.

Wer die Aufsätze über das Tunnelbohren nachliest, kann verwirrt sein, weil sie meist nur die Röhrentunnel betreffen, aber die Beschreibungen sich obendrein mal auf die eine, mal auf die andere von vier Röhren beziehen. Deshalb zur Erläuterung: Die erste Tunnelbohrmaschine war vom November 1997 bis zum Juli 1999 am nördlichen Tunnelstück tätig, zuerst mit der Röhre für das Gleis 3, danach mit der Röhre für das Gleis 4. Vom Juli 1998 bis in das Jahr 1999 half dort die zweite Maschine, zuerst mit der Röhre für das Gleis 1, danach mit der Röhre für das Gleis 2.

Anschließend wurden die Maschinen zum südlichen Tunnelteil gebracht, wo sie vom November 1999 bis zum April 2001 die Röhren 1 und 2 sowie 3 und 4 bohrten. Ein Projektleiter erläuterte den Vorgang es

■ Eine der letzten Aufgaben des Rangierbahnhofs Berlin-Schöneweide: Die Tübbinge für den Tunnel sind abgestellt (1998).
Foto: Emersleben

Bis zum großen Durchbruch heißt es noch eine Weile durchhalten.

Freie Bahn für Berlin. DB

■ Der Berliner sah nicht viel vom Tunnelbohren (1999). Foto: Emersleben

Schildvortriebs: »Die erste Schildfahrt begann nördlich des Tiergartens unmittelbar vor dem Reichstag in der 19 m tiefen Startgrube auf dem Platz der Republik. Sie führte mit 6 bis 20 m Tagesleistung zum neuen Regionalbahnhof Potsdamer Platz und dauerte von November 1997 bis Juli 1998. Am 24. August 1998 wurde die rund 705 m lange Tunnelröhre für das künftige Gleis 3 zwischen Reichstag und Lenné-Dreieck - als erstes für den Fernbahntunnel in Schildbauweise aufgefahrenes Tunnelstück – im Rohbau der Öffentlichkeit vorgestellt.

Danach wurde die Schildvortriebsmaschine vom Nachläufer getrennt und auf Luftkissen in der Baugrube gewendet, um in Richtung Reichstag die Tunnelröhre für das künftige Gleis 4 (Tunnel »Hannelore IV«) aufzufahren. Am 12. Juli 1999 war die dritte Tunnelröhre im Rohbau fertiggestellt. Für den 705 m langen Abschnitt zwischen Lenné-Dreieck und Reichstag benötigte die Schildvortriebsmaschine etwa fünf Monate; dabei wurden 470 Tunnelringe eingebaut.«[1]

Was war mit dem Nachläufer gemeint, von dem die Schildvortriebsmaschine für das Wenden getrennt wurde? Die Maschine schleppte einen Wagen mit, der eine Maschine trug, die automatisch die im Betonwerk Berlin-Köpenick hergestellten Fertigteile aus Beton zur Tunnelröhre formte. Dadurch war es möglich, die täglich entstandene Höhle von 6 bis 20 m Länge sofort durch acht ineinander verschraubte Beton-Kreissegmente von 7,85 m Innendurchmesser, den so genannten Tübbingen, auszubauen. Insgesamt waren es 27.300 Teile. Die dem Wagen folgenden Rohrleger liefer-

1 Vgl.: Gunther Brux: Tunnelbau im Zentralen Bereich Berlin. In: Eisenbahningenieur, Hamburg 11/99, S. 27 f.

Die Rampe zur Tunneleinfahrt an der Nordseite des Hauptbahnhofs (2003). Foto: DB-Projektbau

■ Die Stützen tragen im künftigen Hauptbahnhof die Nullebene (21. Oktober 1999). Foto: Erich Preuß

ten Wasser nach vorn, damit das Erdreich vor dem Schneidrad nicht zu trocken war, und sie sorgten dafür, dass das Gemenge aus Boden und Wasser an die Erdoberfläche gelangte.

Die zweite Schildvortriebsmaschine sollte ursprünglich die vier Tunnelröhren der 574 m langen Schildstrecke 2 aus dem Tunnelteilstück über dem Senkkasten 1 als Startbaugrube auffahren. Das war unmög-

lich, weil diese Startbaugrube infolge eines Wassereinbruchs am 9. Juli 1997 geflutet (siehe Seite 70) werden musste. Deshalb wurde die zweite Maschine von Juli bis Oktober 1998 in der Schildstrecke 1 von der Startbaugrube auf dem Platz der Republik bis zum Lenné-Dreieck verwendet, wo sie die Tunnelröhren für die künftigen Gleise 1 und 2 auffuhr. Danach wurde sie in Einzelteile zerlegt, auf Tiefladern zum Westhafen

gebracht, umgerüstet und Anfang Februar 1999 wieder zur Startbaugrube am Potsdamer Platz transportiert, wo sie von Mitte 1999 an bis Ende 1999 die Tunnelröhre des künftigen Gleises 2 auffuhr. Der südliche Tunnelmund entstand übrigens dort, wo einmal der Lokomotivschuppen des Bahnbetriebswerks Berlin Potsdamer Gbf seinen Platz hatte. Hier waren Anfang 1992 waren noch Fragmente davon zu sehen.

■ Blick aus dem U-Bahnfenster. Am Gleisdreieck liegt der südliche Tunnelmund (2005).

Foto: Reiner Preuß

Folgen wir wieder der Beschreibung des Tunnelbohrens: »Die umgerüstete Schildvortriebsmaschine ist jetzt so beschaffen, daß der Schildmantel im Zielschacht am Lenné-Dreieck in der Tunnelröhre verbleiben kann. Der übrige Teil der Schildmaschine wird rückwärts zur Startbaugrube am Platz der Republik gezogen und dort demontiert. Durch diesen Bauablauf läßt sich parallel

zum Vortrieb der vierten und letzten Tunnelröhre der Schildstrecke 1 der Rohbau in der Baugrube Lenné-Dreieck durchführen«[2]

Nachdem die Tunnelröhren zwischen dem Platz der Republik und dem Lenné-Dreieck fertiggestellt waren, konnten beide Schildvortriebsmaschinen zum Gleisdreieck umgesetzt werden. Hier begannen sie am

2 Ebd., S. 28

24. November 1999 die 574 m langen Tunnel »Hannelore I« und »Hannelore II« zwischen Gleisdreieck und Bahnhof Potsdamer Platz zu bohren. Bei der Unterquerung des Landwehrkanals hatten sie im Abstand von 80 cm eine Fernwärmeleitung zu unterfahren, zu deren Sicherheit eine Brückenkonstruktion eingebaut worden war.

DER MAULWURF FRASS SICH DURCH DIE ERDE

Das Verfahren war das gleiche wie beim Kanaltunnel zwischen Großbritannien und Frankreich. Das über neun Meter im Durchmesser große Schneiderad fraß sich durch die Erde, ohne die darüber liegenden Flächen zu beeinträchtigen. Die Arbeit des »Maulwurfs« wurde am Schildkopf durch künstlich erzeugten hohen Luftdruck unterstützt. Er verhinderte, dass der Stollen einstürzte. Man erinnert sich an den Autobus, der 1994 in München in das Erdloch fiel, als im Schildvortrieb ein U-Bahn-Tunnel gegraben wurde.

Als in Berlin die Schildvortriebsmaschinen 1997 mit ihrer Wühlarbeit begannen, stand bereits fest, dass die Baustelle Tiergartentunnel und Zentralbahnhof nicht wie geplant fertiggestellt werden. Bahnchef Heinz Dürr redete noch von 2002 als dem Jahr der Vollendung, aber in Regierungskreisen rechnete man mit 2003/2004, auch weil nicht genügend Geld für die Riesen-Investition zur Verfügung stand.

Das Unheil, das die Termine in Frage stellte, kam jedoch hauptsächlich aus dem Boden: Am 9. Juli 1997 drang plötzlich Grundwasser in einen Abschnitt der unterirdischen Baustelle am Landwehrkanal ein und beschädigte den Betonkasten. Weil Auftraggeber (Deutsche Bahn) und Auftragnehmer (Hochtief) sogleich unqualifizierte Arbeit vermuteten bzw. zurückwiesen, wurde ein Gutachter aus Darmstadt eingesetzt, der im Sommer 1998 zu dem Ergebnis kam: keine Pflichtverletzungen! Das Grundwasser war dank seiner in Berlin berüchtigten Strömung durch einen 5 m dicken Betonblock gedrungen. Er sollte die nörd-

liche Ausfahrt des Tunnelabschnitts verschließen. Sofort wurde Wasser in das Tunnelsegment geleitet, um den Druck des eindringenden Grundwassers abzufangen. Noch gab man sich optimistisch. Horst K. Heller, einer der drei Geschäftsführer von DB-Projekt Knoten Berlin, sagte unverdrossen: »In sechs bis acht Wochen haben wir den Schaden behoben. Mitte Oktober beginnt die zweite Tunnelbohrmaschine am Gleisdreieck. So können wir die Zeitverzögerung auffangen. 2002 fährt der erste Zug!«

Auch er sollte sich verrechnet haben. Nicht Wochen, sondern anderthalb Jahre ruhte die Baustelle am Gleisdreieck. Jetzt waren für die anderen Abschnitte des Tunnels neue Vorkehrungen zu treffen, um zu verhindern, dass auch dort Wasser einbricht. Übrigens mussten die Maßnahmen zur Sicherheit im Tunnel mehrmals verändert werden, zum Beispiel nach den Brandkatastrophen in Autotunneln. Das waren die zusätzliche Verkapselung entflammbarer Kabel, Löschwasserkavernen, Löschwasserleitungen und Hydranten, eine Betonschicht auf den Stahl in den Tunnelwänden und breite Fluchtwege neben den Gleisen.

Damit von 1999 an weiter gebaut werden konnte, wurde das Erdreich zwischen dem Gleisdreieck und dem Landwehrkanal auf Empfehlung des Gutachters Rolf Katzenbach aus Darmstadt zu einer Art Eiswürfel gefroren. Die Essener Firma Deutsche Montan-Technologie (DMT) bohrte vor dem Senkkasten 219 je 25 m tiefe Löcher, in die Stahlrohre gelegt wurden, die auch einen Kühlkreislauf ermöglichten. In sie wurde eine auf $-35\,°C$ gekühlte Kalziumchlorid-Sole eingefüllt, die im Erdreich den Eisblock entstehen ließ. Er band das Wasser und den Sand. Nach einem Monat, im Dezember

1998, herrschten im Untergrund $-10\,°C$. Die Rohre wurden aus dem Boden gezogen. Das Wasser im Senkkasten konnte abgepumpt werden, so dass Platz für die Montage der zweiten Tunnelvortriebmaschine war.

Offiziell hieß es im Jahr 2002, der Tunnelbau verzögere sich wegen des unerwartet schwierigen Baugrundes. Außerdem hielten sich einige Firmen nicht an die Termine. Zu dieser Zeit stellten Abgeordnete des Berliner Abgeordnetenhauses wie Michael Cramer, Sprecher der Grünen, der die Bauarbeiten kritisch beobachtete, ein heilloses Planungsdurcheinander fest.

Ziemlich marginal erschienen dagegen solch kleine Pannen wie die Mitte April 2001, als am Bahnhof Potsdamer Platz die letzte der vier Tunnelröhren ausgekleidet wurde! Christina Rau, Ehefrau des Bundespräsidenten, sollte am 23. April 2001 mit einem Knopfdruck das Schneidrad der Tunnelvortriebmaschine anhalten. Das misslang, weil ein falscher Knopfdruck bereits vor dem symbolischen Akt zu einem Kurzschluss geführt und das Rad angehalten hatte. Jetzt wurde improvisiert. Man schaltete die Sicherung wieder ein, das Rad lief an, und Frau Rau konnte die Drehung unterbrechen.

Neben ihr stand Hartmut Mehdorn, der dritte Vorstandsvorsitzende der Deutschen Bahn. Dürr war nicht mehr da, und sein Nachfolger Johannes Ludewig, dem wenig Glück beschieden war, zog sich von der Deutschen Bahn – vorerst – zurück. Der am 16. Dezember 1999 als Vorstandsvorsitzender angetretene Hartmut Mehdorn verbreitete Optimismus: Die Tunnelarbeiten blieben unfallfrei und konnten neun Monate vor dem Zeitplan beendet werden. Er meinte damit keineswegs das Gesamtvorhaben, das sich arg verspätet hatte, sondern nur die Zeit

An der Nordausfahrt beginnt eine Steigung von 26 Promille (2006).

Foto: Emersleben

für den Tunnelbau. Da die Planer für die sich dem Tunnelbau anschließenden Abschnitt mit vier Jahren rechneten, konnte der Hauptbahnhof erst im Jahr 2007 fertig sein. Fünf Jahre später als ursprünglich vorgesehen! Doch Bahnchef Mehdorn wird das noch ändern.

Am 31. August 2001 war die letzte Lücke im Tunnel geschlossen und die Baufläche am Lenné-Dreieck beim Potsdamer Platz den Investoren für die Hochbauten übergeben worden. Die Tunnelbauer zogen sich zurück, verließen Berlin und reisten zu anderen Baustellen. Nun betrat ein neuer Projektleiter die Bühne, der Projektleiter für den Zentralbahnhof: Hany Azer, der hauptsächlich beim Bau des Hauptbahnhofs an die Öffentlichkeit treten sollte (siehe Kapitel 7).

PANKOW STEUERT DEN TUNNEL

Die Nord-Süd-Verbindung wurde am 31. Januar 2006, 4 Uhr, inoffiziell eröffnet, als die Unterzentrale Papestraße des elektronischen Stellwerks, der Stellrechner Lehrter Bahnhof und die Strecke Berlin-Moabit/Abzweigstelle Wedding–Teltow in Betrieb gesetzt wurden. Der örtlich zuständige Fahrdienstleiter steuert die Anlage von der Betriebszentrale Berlin Fernbahn in Berlin-Pankow aus. Stillgelegt wurde zur selben Zeit das Stellwerk »Tfw« im ehemaligen Rangierbahnhof Berlin-Tempelhof.

Seit 2. Februar 2006, 6 Uhr, steht die Oberleitung bzw. Stromschiene zwischen den Bahnhöfen Papestraße und Hauptbahnhof unter Strom. Die Oberleitung der Abschnitte auf dem nördlichen Innenring zwischen Pankow, Gesundbrunnen, Jungfernheide, Ruhleben und Grunewald sowie dem Hauptbahnhof waren bereits am

8. November 2005 eingeschaltet worden.

Für die neue Anlage im Zentralen Bereich erhielten rund 800 Lokomotivführer den 36 Seiten umfassenden Sonderdruck des Verzeichnisses der vorübergehenden Langsamfahrstellen und anderen Besonderheiten (La) nebst Anlagen, sodass die Belehrungsfahrten zum Erwerb der Streckenkunde konnten beginnen. Außerdem sind dem »örtlich zuständige Fahrdienstleiter Papestraße« und den Triebfahrzeugführern, die den Nord-Süd-Tunnel befahren, die Richtlinie »Örtliche Betriebsdurchführung Berlin-Rummelsburg« vom 19. Januar 2006 zugeteilt worden.

Hierzu etwas Anekdotisches am Rande: Der Hauptbahnhof und der Tunnel gehören zum Netzbezirk Berlin-Grunewald, der sich jedoch »Örtliche Betriebsdurchführung Berlin-Rummelsburg« nennt. Auch wird bei der DB-Netz AG der Hauptbahnhof weiter als Lehrter Bahnhof bezeichnet – eine Verwirrung, wie sie sich ein Geheimdienst ausgedacht haben könnte!

Die zuvor genannte Richtlinie enthält die Maßnahmen im Brandfall. Als Prinzip gilt: Anhalten, aber nicht im Tunnel! Möglichst die Bahnsteige erreichen! Ist das nicht möglich, sind die Reisenden zu den Notausstiegen Scheidemannstraße (km 3,11), Lenné-Dreieck (km 3,86) bzw. Landwehrkanal (km 4,89) zu führen.

Die von DB-Regio Berlin/Brandenburg eingesetzten Lokomotiven der Baureihe 112 erhielten im Werk Dessau und 16 Doppelstock-Steuerwagen der Bauart 760 und 48 Mittelwagen der Bauart 747 im Werk Wittenberge eine Notbremsüberbrückung sowie die Lokomotive eine elektropneumatische Bremsausrüstung, damit sie im Nord-Süd-Tunnel eingesetzt werden dürfen. Der

reguläre Probebetrieb, nachdem seit Januar die Oberleitung bzw. Stromschienen im Tunnel geprüft wurden, begann am 1. April 2006. Dazu gehörten auch Versuche mit angenommenen Störfällen. Fällt zum Beispiel die Hälfte der Antriebsleistung aus, kann dann der ICE auf dem Gleis nach Gesundbrunnen noch anfahren oder muss er abgeschleppt werden? Denn dieses Gleis liegt in einer Neigung von 26 Promille.

Laut Regelplan fahren von der ICE-Familie vom 28. Mai 2006 an nur die ICE-T durch den Tunnel. Ein neuer Fahrplan kann aber auch andere ICE in den Tunnel bringen, bei Störungen im Netz ohnehin, wenn die Züge von der Stadtbahn umgeleitet werden. Auf den Neubaugleisen bestehen in dieser Hinsicht drei neuralgische Punkte: nördliche Ausfahrt nach Berlin-Spandau auf 400 m, nördliche Ausfahrt nach Berlin Gesundbrunnen auf 950 m sowie südliche Ausfahrt, die auf 750 m mit 26 Promille geneigt ist. Geprüft wurde auch, wie lange ein liegengebliebener Zug angebremst stehen bleibt bzw. wann die Druckluft in den Bremsleitungen derart geschwächt ist, dass der Zug abrollt.

Für die Nord-Süd-Strecke gilt folgende Betriebsführung:

- Berlin-Moabit–Berlin Hbf (unten)–Berlin Papestraße (Südkreuz) zwei eingleisige Strecken;
- Abzweigstelle Wedding–Berlin Hbf (unten)–Berlin Papestraße (Südkreuz)–Teltow zwei eingleisige Strecken;
- Berlin-Tempelhof–Abzweigstelle Mariendorf eingleisige Strecke;
- Anschlussgleis Berlin Papestraße (Südkreuz)–Deutsches Technikmuseum, Gleis 14, vom Gleis 18 ausgehend.

Gültig ab 31.01.2006 - 04:00 Uhr

S. 73-75: Gleise und Signale zwischen Gesundbrunnen/
Moabit und Papestraße (Südkreuz)   Quelle: DB-Netz

Anschluss Blatt 2

Tunnelröhren-
abschnitt

Sonder-La

zur lbn ESTW-UZ Bf. Berlin-Papestraße (BPAP)
Abschnitt ESTW-A BL
Lehrter Bahnhof
Blatt 1

Legende

Ks-Mehrabschnittssignal	
Ks-Vorsignal bzw. Vorsignalwiederholer	
Ks-Hauptsignal	
Lsp-Signal	
So 8-Signal (H-Tafel)	
Lf 6 - Ankündigung Geschwindigkeitsbegrenzung	
Lf 7 - Geschwindigkeitsbegrenzung	
Geschwindigkeitsvoranzeiger (Zs 3)	
Notausstieg	

Bf. Berlin-Lehrter Bahnhof (Hbf)
unterer Bahnhof
Kennzahl 51

Rampe

Stellrechnergrenze   ESTW-A BL

ESTW-A BBOF

v. u. n. Berlin-
Gesundbrunnen
Strecke 6171
La 420

ESTW-A BL   Stellrechnergrenze

ESTW-UZ BMOA

v. u. n. Berlin-
Moabit
Strecke 6107
La 517

La 517 a

La 517 b

La 420 a

La 420 b

km 1.7

km 1.4

km 3.1

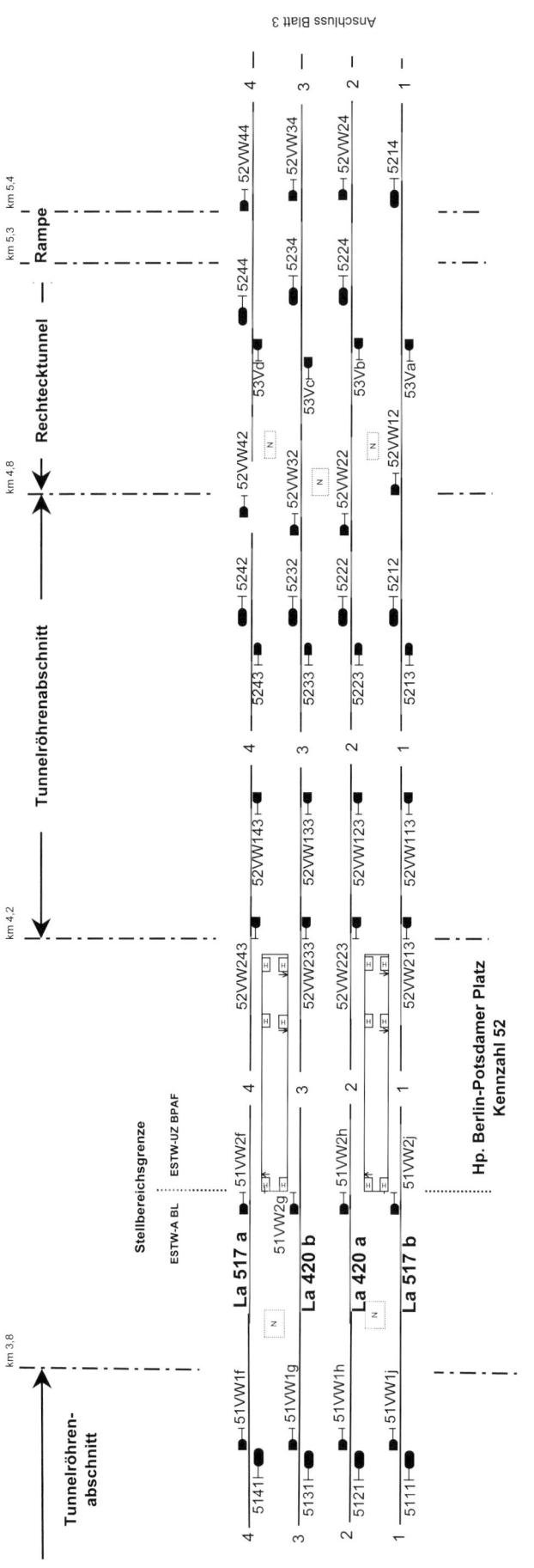

Gültig ab 31.01.2006 - 04:00 Uhr

Sonder-La

zur Ibn ESTW-UZ Bf. Berlin-Papestraße (BPAP)
Abschnitt BL - BPAF
Tunnelabschnitt
Blatt 2

Legende

Ks-Mehrabschnittssignal
Ks-Vorsignal bzw. Vorsignalwiederholer
Ks-Hauptsignal
Lsp-Signal
So 8-Signal (H-Tafel)
Lf 6 - Ankündigung Geschwindigkeitsbegrenzung
Lf 7 - Geschwindigkeitsbegrenzung
Geschwindigkeitsvoranzeiger (Zs 3)
Notausstieg

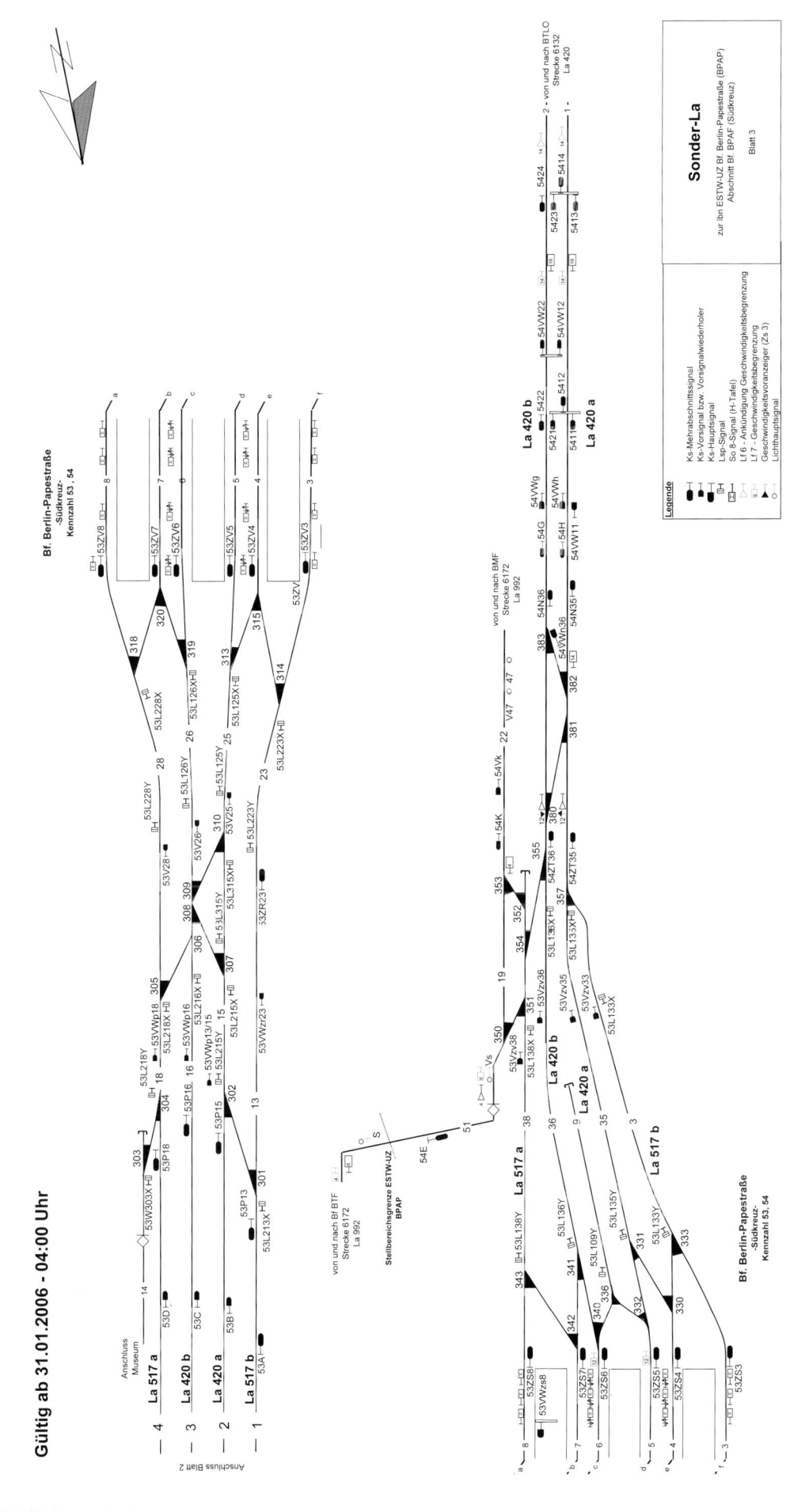

Gültig ab 31.01.2006 - 04:00 Uhr

Bf. Berlin-Papestraße
-Südkreuz-
Kennzahl 53, 54

Sonder-La

zur lbn ESTW-UZ Bf Berlin-Papestraße (BPAP)
Abschnitt Bf BPAF (Südkreuz)

Blatt 3

Legende

Ks-Mehrabschnittssignal
Ks-Vorsignal bzw. Vorsignalwiederholer
Ks-Hauptsignal
Lsp-Signal
So 8-Signal (H-Tafel)
Lf 6 - Ankündigung Geschwindigkeitsbegrenzung
Lf 7 - Geschwindigkeitsbegrenzung
Geschwindigkeitsvoranzeiger (Zs 3)
Lichthauptsignal

75

6 Neue Anlagen um den Hauptbahnhof

Der Bahnhof Berlin-Spandau wird für die Aufnahme der Hochgeschwindigkeitszüge zurecht gemacht (15. Juni 1998).

Foto: Erich Preuß

Baustellen seit 1990 in Berlin, wohin man sieht, auch bei der Eisenbahn. Nicht alle standen (und stehen) im Zusammenhang mit den Verkehrsanlagen um den Hauptbahnhof. Einige sind der ohnehin fälligen Instandsetzung geschuldet. Aber ein großer Teil von ihnen, mag er auch etwas abseits liegen, gehört zu dem veränderten Betriebssystem, das mit der Eröffnung des Hauptbahnhofs und der Inbetriebnahme der neuen Nord-Süd-Verbindung den Eisenbahnverkehr in Berlin verändert.

DAS S-BAHN-PROGRAMM

Das S-Bahn-Netz komplettiert zwar das Pilzkonzept durch die Übergangsmöglichkeiten auf dem Hauptbahnhof, in Gesundbrunnen, Potsdamer Platz, Südkreuz und Lichterfelde Ost, die Bauarbeiten dieses, auch aus Bundesmitteln finanzierten Programms gehören jedoch zur Wiederherstellung des Netzes, wie es bis zum 13. August 1961 bestand. Allerdings wurden bisher nicht alle Strecken berücksichtigt, nicht die von Jungfernheide nach Berlin-Gartenfeld, nicht die von Berlin-Wannsee nach Stahnsdorf (die legendäre Friedhofsbahn), nicht die von Spandau West nach Falkensee und nach Staaken und auch nicht die von Zehlendorf nach Düppel und Kleinmachnow.

Wo aber die S-Bahn wieder fährt, mussten Bau und Instandsetzung dem Stand der Technik sowie den veränderten Bedürfnissen der Zeit nach 1990 und später entsprechen. So wurde auf allen Strecken das Signalsystem umgestellt. Auf das S-Bahn-Programm soll jedoch nicht weiter eingegangen werden.

BERLIN-SPANDAU

Nachdem seit Sommer 1990 der Personen- und Güterverkehr von West-Berlin ins Umland und zu ferneren Zielen allmählich in Gang kam, entschied der Senat von Berlin im Sommer 1991, im Stadtbezirk Spandau an der Klosterstraße einen neuen Bahnhof für den Fern- und Vorortverkehr zu bauen, und zwar an der Stelle des Bahnhofs Spandau West. 1992 begannen die Bauarbeiten. Seit 26. Mai 1995 fahren die Fernzüge Berlin–Hamburg von Berlin-Spandau nach Nauen auf der alten Trasse und nicht mehr über Staaken–Wustermark. Fast gleichzeitig wurde die Strecke Wustermark–Nauen am 27. Mai 1995 stillgelegt. Dem Fernverkehr folgte insbesondere seit 1998 ein dichter Regionalzugverkehr.

Dass Spandau mit der gläsernen Bahnhofshalle einen markanten Bahnhof erhielt, war nicht so selbstverständlich. Denn nach den ersten Vorstellungen einer Transitschnellbahn zwischen dem Bundesgebiet und West-Berlin – sie stammten noch aus Vor-Wende-Zeiten – war für diese Züge ein spezieller Fernbahnhof vorgesehen. Die Wende 1990 überholte diese Planung. Am 29. Mai 1991 wurde ein Ideenwettbewerb ausgelobt. Das Preisgericht vergab am 27. September 1991 den ersten Preis für den Entwurf des in Zürich ansässigen spanischen Architekten Santiago Calatrava. Er wollte das Gelände des Güterbahnhofs für den ICE-Bahnhof nutzen. In der Begründung des Preisgerichts hieß es unter anderem: »Der Entwurf schlägt die Verlängerung des Münsinger Parkes unter einer brückenförmigen Überspannung vor. Gefasst wird dieser Park durch zwei sechsgeschossige Galeriegebäude mit Läden, Hotel und Büros. Beeindruckend ist die transparente Konstruktion der Bahnhofsüberdachung auf baumartigen Stelzen und deren große räumliche Ausstrahlung auf das Umfeld des Bahnhofs.« Als unzulänglich galten dagegen die Dimensionierung der Vorfahrten und das Flächenangebot für ergänzende Nutzungen. Der damalige Senator für Stadtentwicklung, Volker Hassemer, war vom »architektonischen und ingenieurtechnischen Kunstwerk« begeistert. Die ziemlich verwirrende Glas-Stahl-Konstruktion als Überdachung sollte dem Fernbahnhof eine unverwechselbare Identität im Ensemble der Berliner Verkehrsbauten geben. Die Ergebnisse des Wettbewerbs »Fernbahnhof Spandau« wurden im Herbst 1991 sowohl im »Forum für Stadtentwicklung« neben dem Bahnhof Zoologischer Garten als auch in der Säulenhalle des Spandauer Rathauses ausgestellt. Berliner Politiker erwarteten jetzt von der Deutschen Reichsbahn, sie möge sich in den nächsten Monaten endgültig entscheiden.

Die entschied aber nicht so schnell, weder zu Gunsten des Calatrava-Entwurfs noch zu Gunsten des zweiten Preisträgers, des Schweizers Fabio Reinhardt. Sie wollte das Bauwerk angeblich nicht so üppig, zumal es über zwei Milliarden Mark kosten sollte. Inzwischen bestimmte ein Anderer, was gut und richtig ist: Heinz Dürr mit seinem Vorstand, der sich Führungsgesellschaft deutsche Eisenbahnen nannte. Dürr ließ vom Hamburger Architektenbüro Gerkan, Marg & Partner (gmp) Calatravas Entwurf überarbeiten. Von ihm blieb nur das Merkmal »viel Glas«. Nach diesem Entwurf wurde gebaut.

Erneuerte Gleise der Strecke Berlin – Halle für 200 km/h Höchstgeschwindigkeit. Vor dem Außenring fädeln sich die Züge auf dem linken Gleis von Dresden ein (2005). Foto: Reiner Preuß

Der neue Bahnhof Berlin-Spandau mit zwei etwa 400 m langen Zwischenbahnsteigen für den Fern- und Regionalverkehr sowie einem 160 m langen Zwischenbahnsteig für die S-Bahn setzte im Zentrum dieses Berliner Bezirks mit rund 200.000 Einwohnern einen städtebaulichen Akzent. In einem DB-Prospekt von 1996 heißt es: »Das ‚i-Tüpfelchen' am zukünftigen Bahnhof Spandau setzt seine Architektur. Eine filigrane Stahl-Glas-Konstruktion wird die Bahnsteige als Halle umschließen. Aus demselben Material werden die Wände der darunterliegenden Bahnhofshalle sein. Außergewöhnlich sind die Pläne, die Decke der 68 m langen Halle und der Vordächer durch Metallverkleidungen und Lichteffekte in Wellenform zu gestalten.«

Die große Halle wird über zwei Zugänge erschlossen. Von der Seegefelder Straße betritt man eine 16 m breite Haupthalle unter den Gleisen. Die Bahnsteige erreicht man auf der einen Seite über Treppen, auf der anderen über Rolltreppen oder einen der drei Aufzüge in Hallenmitte. Nur ein Minimum von fünf Läden und einem Reisezentrum belebt die Halle. Wände und Böden sind mit einem indischen Naturstein ausgekleidet. Ein einfacher Fußgängertunnel am Ende der S-Bahnsteige dient als zweiter Zugang. Die Bahnhofshalle wird als kalt und zugig, die Versorgung der Reisenden als trostlos empfunden. Der Widerspruch zwischen äußerem Schein und der Funktion eines Empfangsgebäudes ist eklatant.

Die neuen Gleis- und Sicherungsanlagen gehörten zum Projekt Schnellbahn Hannover–Berlin. Das neue Bahnhofsgebäude wurde mit vorerst nur einem Bahnsteig am 21. Mai 1997 für die Züge von und nach Hamburg in Betrieb genommen. An dem Tag begann auch der elektrische Zugbetrieb Berlin-Charlottenburg–Falkensee. Auch als am 15. September 1998 der Hochgeschwindigkeitsverkehr Berlin–Hannover feierlich eingeweiht und am 27. September 1998 der Regelbetrieb aufgenommen wurde, waren noch nicht alle Bahnsteige und die Reiseverkehrsanlagen fertig. Seit 30. Dezember 1998 fahren auch die S-Bahn-Züge bis Spandau. Aber offiziell ist das Bahnhofsgebäude nie eingeweiht worden.

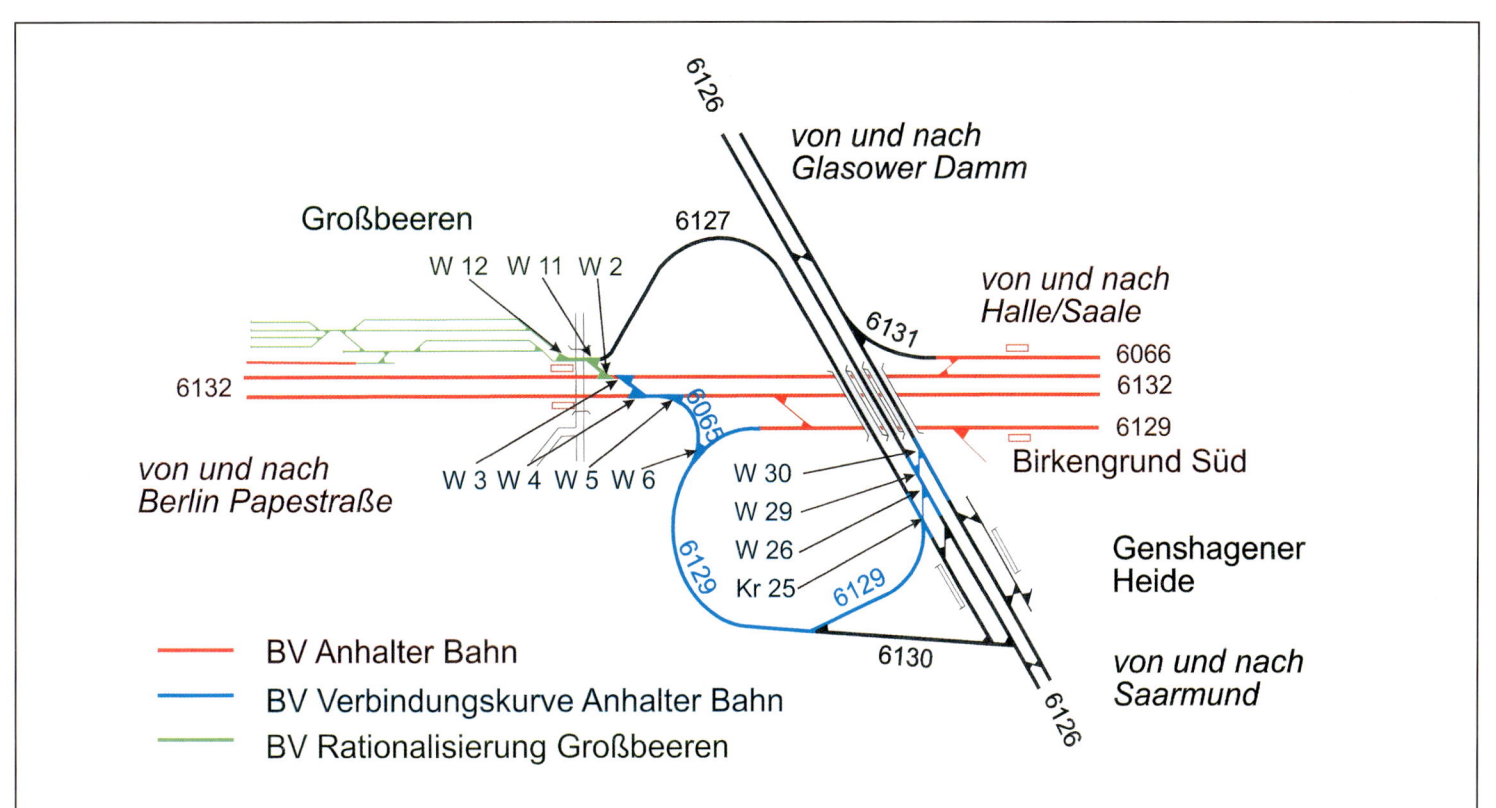

Großbeeren

6126

von und nach
Glasower Damm

6127

W 12   W 11   W 2

von und nach
Halle/Saale

6131

6066

6132

6132

6129

6065

von und nach
Berlin Papestraße

W 3 W 4 W 5 W 6

Birkengrund Süd

W 30

W 29

W 26

Kr 25

6129

6129

6129

Genshagener
Heide

6130

von und nach
Saarmund

6126

—— BV Anhalter Bahn

—— BV Verbindungskurve Anhalter Bahn

—— BV Rationalisierung Großbeeren

Am Betriebskreuz Großbeeren/Genshagener Heide: Gleis 6065 wurde gebaut, um eine Verbindung von der Anhalter Bahn aus Berlin Papestraße (Südkreuz) nach Glasower Damm (Berlin-Schönefeld Flughafen und – Dresden) zu schaffen.
Zeichnung: DB

DRESDNER BAHN

Die direkte Strecke Berlin–Dresden, Dresdner Bahn genannt, beginnt südlich des Bahnhofs Papestraße. Sie hatte als Ausgangspunkt in Berlin ursprünglich einen eigenen, wenn auch provisorischen Kopfbahnhof. 1880, nach der Verstaatlichung der Berlin-Potsdam-Magdeburger Eisenbahn, sollten die Züge nach Dresden auf dem Potsdamer Bahnhof beginnen, wofür eine Verbindungsbahn angelegt, aber nicht in Betrieb genommen wurde. Stattdessen entstand 1882 eine neue Verbindungsstrecke zum Anhalter Bahnhof, und die Züge begannen hier. Der Dresdner Bahnhof wurde 1884 abgerissen.[1]

Seit 1952 wurden in Berlin die Gleise vom Anhalter Bahnhof bzw. von der Abzweigung in Papestraße nicht mehr benutzt. Die Deutsche Reichsbahn lenkte ihre Züge von den Bahnhöfen Friedrichstraße und Ostbahnhof auf den Berliner Südlichen Außenring, wo sie an der Abzweigstelle Glasower Damm auf die ursprüngliche Strecke nach Zossen und Dresden übergingen.

Nach der Wiedervereinigung sollte auch die Dresdner Bahn zwischen Papestraße und Blankenfelde auf 14,2 km Länge wieder zweigleisig aufgebaut und elektrifiziert werden. Über sie sollte der Airport-Express direkt vom Hauptbahnhof zum Flughafen Schönefeld fahren. Das Vorhaben musste

aufgeschoben werden. Denn seit 1998 wehrten sich die Anwohner von Lichtenrade gegen den Wiederaufbau der Strecke. Sie verlangten, die Gleise sollten in einem Tunnel verlegt werden. Auch der Regierende Bürgermeister Klaus Wowereit unterstützte dieses Begehren in seinem Wahlkreis. Über mehrere Jahre ruhte das Genehmigungsverfahren, blockiert vom Senator für Stadtentwicklung, Peter Strieder. Deutsche Bahn und Bundesverkehrsministerium waren nicht bereit, die Kosten für den Tunnel zu tragen. Stattdessen entschloss sich die Deutsche Bahn zu einer Zwischenlösung. Recht aufwändig legte sie eine Verbindungskurve von der Abzweigstelle Genshagener Heide zum Südlichen Außenring, so

1 Vgl.: Peter Bley: 150 Jahre Berlin-Anhaltische Eisenbahn, Düsseldorf 1990.

■ Nördliche Einfahrt in den Bahnhof Südkreuz (Papestraße). Links die S-Bahn von Friedrichstraße, rechts liegen die Gleise der so genannten Anhalter Bahn (16. Januar 2006). Foto: Emersleben

dass die Züge nach Dresden und zum Flughafen Berlin-Schönefeld über die Anhalter Bahn fahren können. Das bedeutet für die Züge einen Umweg und Zeitverlust und führte auch dazu, dass die Intercity-Züge Dresden–Hamburg vom 28. Mai 2006 an bis Genshagener Heide über den Außenring und erst dann durch den Nord-Süd-Tunnel fahren.

Die 13,5 Millionen Euro für den Tunnelbau (sowie neue S-Bahnhöfe Kolonnenstraße und Buch Süd), die der Senat von Berlin zurückgestellt hatte, sollen für die Anbindung des geplanten Flughafens Berlin-Brandenburg International ausgegeben werden – nicht in Berlin, sondern in Brandenburg!

ANHALTER BAHN

Die Nord-Süd-Strecke ist eigentlich die logische Fortsetzung der Anhalter Bahn, benannt nach ihrem Ursprung, der 1841 eröffneten Berlin-Anhaltischen Eisenbahn. Südwärts wurden nach Ludwigsfelde 16,9 km Strecke wieder aufgebaut. Dort schließen sich die Strecke über Jüterbog nach Halle und der in Bitterfeld abzweigende Abschnitt nach Leipzig an. Diese Strecken wurden entsprechend dem Verkehrsprojekt Bahnbau Deutsche Einheit Nummer 8 für Geschwindigkeiten bis zu 200 km/h modernisiert. Sie war auch die Versuchsstrecke für das neuartige Sicherungssystem European

Train Control (ETCS). Das Zugpaar IC 2519/2518 waren am 6. Dezember 2005 die ersten Regel-Reisezüge der Deutschen Bahn, die mit diesem System fuhren.

Seit 1952 war der Abschnitt vom Anhalter Bahnhof nach Ludwigsfelde stillgelegt. Die Deutsche Reichsbahn umging West-Berlin, indem die Züge in Richtung Halle vom Stadtzentrum der Hauptstadt bis zur Abzweigstelle Genshagener Heide den Südlichen Berliner Außenring benutzten.

Die »neue« Nord-Süd-Strecke ist zweigleisig, elektrifiziert und besitzt neue oder modernisierte Verkehrsanlagen für die Regionalzüge in Berlin-Lichterfelde Ost, Teltow, Großbeeren und Birkengrund Süd.

■ Der Bahnhof Papestraße wird zum Fernbahnhof ausgebaut (2005).   Foto: DB

Bereits 1997 sollte in Lichterfelde Süd ein Übergang zwischen der S-Bahn und der Regionalbahn hergestellt werden. Man hat dann aber von solch einem »Vorlaufbetrieb« abgesehen. Die Strecke Papestraße–Ludwigsfelde wurde am 9. Januar 2006 in Betrieb genommen.

BAHNHOF PAPESTRASSE/SÜDKREUZ

Der Bahnhof war, wie in Berlin vorherrschend, nach der anliegenden Straße benannt, die wiederum nach dem preußischen General Alexander August Wilhelm von Pape hieß. Bis 2002 schien es, als ändere

sich an diesem Knotenpunkt der S-Bahn nichts, zu dem von 1927 bis 1992 (von 1980 bis 1992 von den Berliner Verkehrsbetrieben genutzt) auch ein Bahnbetriebswerk gehörte.

Den Umbau des Bahnhofs verschob der Vorstand der Deutschen Bahn auf die Zeit nach 2010, weil sich der Bau des Tiergartentunnels und der Hochgeschwindigkeitsstrecke Köln–Rhein/Main enorm verteuert hatten und man in Berlin mit den Verkehrsbauten finanziell von der Hand in den Mund lebte. Wer wusste, ob sich ein neuer Fernbahnhof rentieren oder der Hauptbahnhof so viele Fahrgäste abziehen wird, dass für Papestraße/Südkreuz nicht genügend Fahr-

gäste übrig bleiben? Der Bahnhof Berlin-Spandau mit täglich allenfalls 35.000 Besuchern gab zu denken.

In der ersten Euphorie, wie sich der Berliner Schienenverkehr entwickeln werde, erwartete man in Papestraße täglich 120.000 bis 200.000 Fahrgäste, davon 85.000 Umsteiger. Man sprach von einem »Einzugspotenzial, das dem Münchner Hauptbahnhof entspricht«, vom zweitwichtigsten Bahnhof in Berlin, von der »ersten Adresse im Süden Berlins«! Wegen seiner Nähe zur Stadtautobahn wurden zwei Parkhäuser mit 2.671 Plätzen vorgesehen, den Bahnhof hatte man bereits als Auto-Bahnhof apostrophiert...

DER NEUBAU DES BAHNHOFS PAPESTRASSE

»[...] Die Bahnsteige sind nahezu vollständig – auf insgesamt 380 m – überdacht. Die Dachkonstruktion ist ein Rost aus Metallprofilen, in das Glas und unter den Ringbahnbrücken sowie unter den Platten der Parkhäuser – Akustikdämmplatten eingebaut werden. Durch die Verglasung in den Bereichen zwischen der Ringbahn-Halle und dem nördlichen sowie südlichen Parkhaus (jeweils 22 bzw. 32 Meter) sowie durch die Dachverglasung im Bereich der Lichthöfe der Parkhäuser gelangt ebenso Tageslicht auf die Bahnsteige wie durch die nach Westen und Osten hin offenen Seiten des Bahnhofes. Die Parkhaus-Platten werden von schmalen Betonstützen getragen.

Die Eingangshallen nutzen den Raum unter den Ringbahnbrücken. Die Eingangshallen gewährleisten einen Zugang aus allen vier umliegenden Stadtquartieren in den Bahnhof. Verglaste Dachkonstruktionen sorgen für Tageslicht in den Eingangsbereichen. Hier wird man Fahrkarten erwerben,

Auskünfte einholen, einen Tee trinken und Reiseproviant kaufen können.

Über den Gleisen und Bahnsteigen der Nord-SüdStrecken sind zwei Parkhäuser – nördlich und südlich der Ringbahnstrecke – geplant. Zufahrten wird es für das nördliche Parkhaus an der General-Pape-Straße und für das südliche Parkhaus am Sachsendamm im Bereich der Naumannstraße geben. Beide Parkhäuser werden auf einer Stahlbetonplatte über den Bahnsteigen der Nord-Süd-Strecken errichtet. In vier Parkhausebenen sind Stellplätze für 2.671 Kraftfahrzeuge vorgesehen. [...] Die Bahn errichtet bis zur Inbetriebnahme des Bahnhofs die Stahlbetonplatten für die Parkhäuser, den Bau der weiteren Parkhausebenen übernimmt ein Investor.

An der Naumannstraße und am Werner-Voß-Damm entstehen neue Bahnhofsvorplätze. Auf den Vorplätzen sind Taxistellplätze, Bushaltestellen sowie Kurzzeitparkplätze vorgesehen.«

Aus: Drehscheibe Berlin. Bahnhof Papestraße, Berlin 1992, S. 21 f.

Im Oktober 2002 reagierte der Vorstand auf die Proteste der Lokalpolitiker, die nicht hinnehmen wollten, dass der Umbau von Papestraße zurückgestellt wird. Nun begann am 16. Dezember 2003 im Hau-Ruck-Verfahren der Umbau zum Fern- und Regionalbahnhof. Zuerst wurden provisorisch neue Bahnsteige für die S-Bahn-Züge der Nord-Süd-Strecke errichtet. Baufreiheit war bereits vom 9. Dezember 2002 an geschaffen worden, indem die S-Bahn-Züge der Ringstrecke aus Richtung Schöneberg, vom 7. April 2003 an auch die aus Richtung Tempelhof die Brücken des Güterzuggleises benutzten und zwei außen liegende Behelfsbahnsteige errichtet werden konnten.

Danach wurden die Anlagen der Ringbahn abgebrochen, aber auch das nach Entwürfen von Carl Cornelius und Waldemar Suadicani von 1898 bis 1901 gebaute Bahnhofsgebäude. Es wurde »als Kleinod in den Formen der märkischen Backsteingotik« bezeichnet und stand unter Denkmalschutz. Das Landesdenkmalamt zeigte sich ohnmächtig, als 1998 bekannt wurde, dass in den Planungen der Deutschen Bahn kein Platz für das »kleine Schloss« war. Abermals verschwand ein für die Berliner Vorortstrecken typisches Bahnhofsgebäude. Halensee, Gesundbrunnen und Schönhauser Allee waren bereits geschleift. Mit dem neuen Eisenbahnkonzept wurden zwei weitere historisch wertvolle Bahnhofsgebäude (Papestraße und Lehrter Stadtbahnhof) geopfert.

Nachdem zwei Brücken für die Gleise der Ringbahn und neue Bahnsteige für die S-Bahn-Züge in der Nord-Süd-Richtung – im unteren Bahnhofsteil – benutzt werden konnten, hatte man Baufreiheit für die

RINGBAHN SÜDKREUZ (PAPESTRASSE)

	Ringbahnhalle	Ringbahnbrücke
Länge [m]	183	272
Breite [m]	47	47
Höhe über dem Bahnsteig [m]	10	
Stahlkonstruktion [t]	2.400	4.024
Beton [m³]		24.900
Glasfassade [m³]	3.700	
Fahrtreppen	16	
Aufzüge	7	

daneben liegenden künftigen Bahnsteige der Fernbahn.

Anschließend entstand in der zweiten Etage der neue Bahnsteig der Ringbahn mit einer 150 m langen, mehr als 30 m breiten und 9 m hohen Bahnsteighalle, allerdings vereinfacht gegenüber der zuerst projektierten Konstruktion: kein Wellen-, sondern ein Flachdach. Mit den Entwürfen hatte es ohnehin Ärger gegeben. 1995 hatte die Deutsche Bahn ohne Ausschreibung das Büro JSK mit dem Projekt beauftragt. Ein Realisierungswettbewerb kam erst nach Protesten des Senats von Berlin und der Architektenkammer zu Stande. Die Jury wählte 1999 den Entwurf des Berliner Architekten Max Dudler aus. Nicht die von Dudler erdachten Turmbauten wurden gebaut, der Entwurf von JSK blieb in einer Variante gültig, die statt der 300 Millionen Euro nur noch die Hälfte kostete.

Im August 2003 begann der Neubau des Bahnhofs (siehe Kasten). Weder zeigte sich das Land Berlin bereit, die Vorplatzgestaltung zu übernehmen, noch fanden sich Investoren für die Parkhäuser. Wenigstens wurde die südliche Deckenplatte als Parkdeck für 220 Pkw genutzt.

Den Bahnhofsbau traf eine Erscheinung, die in dieser Zeit nicht gerade selten ist: der Insolvenz. Am 1. Februar 2005 musste der Generalunternehmer, die Firma Walter-Bau, die Arbeit einstellen. Die Deutsche Bahn hatte den Vertrag gekündigt, um den »termingerechten Baufortschritt zu gewährleisten.« In den Firmen Freytag und Echterhoff fand die Deutsche Bahn Unternehmen, die nach zwei Wochen Baupause das Projekt zu Ende brachten.

Am 4. April 2005 hielten die S-Bahn-Züge in der neuen Ringbahnhalle, am

In dem denkmalgeschützten Bahnhofsgebäude war zuletzt der Bundesgrenzschutz untergebracht (1998).   Foto: Erich Preuß

Baufreiheit für den Bau des Fernbahnhofs entstand im Februar 2002, als die S-Bahn-Gleise verlegt wurden. Foto: Erich Preuß

Im Frühjahr 2006 wurden ohne Zeremoniell die neuen Schilder »Südkreuz« an Stelle von Papestraße angebracht (2005). Foto: Reiner Preuß

Ein Rost aus Metallprofilen soll das Licht in die Bahnsteighalle fallen lassen (16. Januar 2006).

Der untere Bahnhofsteil: ein Bahnsteig für die S-Bahn (links), zwei Bahnsteige für Fern- und Regionalzüge (20. Januar 2006).

Der obere Bahnsteig der Ringbahn, die + 1-Ebene, scheint für den S-Bahn-Verkehr etwas breit geraten zu sein (13. Juni 2005). Fotos (4): Emersleben

13. Juni 2005 eröffneten Klaus Wowereit, Regierender Bürgermeister von Berlin, und Hartmut Mehdorn, Vorstandsvorsitzender der Deutschen Bahn, sie offiziell »als erste Etappe bei der Inbetriebnahme des künftigen Bahnhofs Berlin Südkreuz«. Die S-Bahn-Reisenden hatten bis dahin infolge von Gleissperrungen, Bahnsteigprovisorien und langen, verwirrenden Wegen beim Umsteigen viele Unannehmlichkeiten ertragen müssen.

Den S-Bahn-Knotenpunkt kreuzen die Gleise der in Nord-Süd-Richtung verlaufenden Strecke nach Halle und eines Tages auch wieder nach Dresden in folgenden Ebenen:

- -1-Ebene: Bahnsteigunterführung, südliche Querpassage mit Betriebsräumen;
- 0-Ebene: 3 Bahnsteige der Nord-Süd-Bahn für Fern- und Regionalverkehr, 1 Bahnsteig des Nord-Süd- S-Bahn-Verkehrs;
- +1-Ebene: Bahnsteigüberführung (mittlere Querpassage), Bahnsteig der Ring-S-Bahn, zwei Gleise für den Güterverkehr.

Vom Vorplatz aus wird die Haupthalle mit den Verkehrsfunktionen wie dem Reisezentrum erreicht. Zwei Zugänge als Querpassage führen zu den Bahnsteigen. Am nördlichen Ende des Fernbahnsteigs befindet sich eine Verteilerpassage über den Ferngleisen.

Von den Bahnsteigen des Fern- und Regionalverkehrs wird seit 28. Mai 2006 erst einer benutzt. Am zweiten Bahnsteig wenden vom 11. Dezember 2006 an die ICE Berlin–Frankfurt (Main)–Stuttgart/Basel, denen die Fahrt zur Wartung und Reinigung in Berlin-Rummelsburg erspart wird. Man gewinnt dadurch einen Umlauf samt Personal.

Der Chef kam selber, um die neue Bahnsteighalle der Ringbahn zu eröffnen (13. Juni 2005).   Foto: Reiner Preuß

Für die Eingeladenen wurde eine S-Bahn-Torte angeschnitten.   Foto: Emersleben

Zwischen Hotel- und Bürobauten liegen die Eingänge zum Tunnel-Haltepunkt Potsdamer Platz (2006). Foto: Emersleben

POTSDAMER PLATZ

Obwohl eine U-Bahn-Linie mehrere S-Bahn-Linien am Potsdamer Platz kreuzt und am 28. Mai 2006 Linien des Regionalverkehrs hinzugekommen sind, entstand der Bahnhof Potsdamer Platz (Architekt: Hermann & Sattler) weniger als ein Umsteigepunkt (zumindest der Übergang S-Bahn/ U-Bahn ist unbequem). Er soll viel mehr eines der innerstädtischen Berliner Zentren erschließen. Die oberirdischen Neubauten stehen auf einer durch den Krieg und die Teilung der Stadt entstandenen Brache. Der unterirdische Regionalbahnhof erstreckt sich über drei Etagen und einem 13.000 m² großen Gelände zwischen Link- und Bellvuestraße. 20 m unter dem Straßenniveau liegt die Ebene der zwei 240 m langen Mittelbahnsteige mit den Gleisen 2 und 3. Die beiden äußeren Gleise, Gleis 1 und Gleis 4, dienen den durchfahrenden Fernzügen. Betrieblich gesehen ist der »Bahnhof« ein Haltepunkt mit Blockstelle.

Unmittelbar über den Bahnsteigen und 8 m tief unter der Erdoberfläche liegt die 5.000 m² große Passerelle als die eigentliche Bahnhofshalle. Sie ist eine Verbindungsebene zwischen den Regionalbahnen, der S- und der U-Bahn. Die Gebäude von Sony und Daimler-Chrysler haben von ihr direkte Zugänge. Eine 30 mal 70 m große Öffnung in der Mitte der Passerelle gibt den Blick auf die Bahnsteige der Regionalbahnen frei.

Der in Stahlbeton gebaute Bahnhof bildet einen monolithischen Baukörper ohne Raumfugen, der mit dem Hochhaus von Daimler-Chrysler konstruktiv verbunden ist. Tief in den sandigen Untergrund gegründete Stahlpfähle verhindern das Aufschwimmen des vollständig im Grundwasser liegenden Bauwerks, das zusätzlich mit wasserundurchlässigem Beton geschützt ist. Eine spezielle Abfangkonstruktion sichert die bis zu 2 m stark ausgeführte oberste Bahnhofsdecke im Bereich der Gebäudeüberbauung. Die Stützen sind zusätzlich als Doppelstützen in Gestalt riesiger Betonpilze ausgeführt.

Die architektonische Idee des Entwurfs ist ein von Beton und Erdreich umschlossener Kristall. Dieser Effekt soll durch die Gestaltung der Räume, der Wandverkleidung und durch Lichteffekte erzeugt werden. Das Beleuchtungskonzept nutzt das natürliche Licht, indem elf aus transparenten Glaszylindern bestehende »Light-Pipes« das Tageslicht bündeln und in den Bahnhof hinab leiten. Durch Öffnungen in den Eingangsbereich erhalten Fahrgäste und Passanten ein Stück vom Himmel über Berlin.

Bevölkert wird der Bahnhof von Berufstätigen und Touristen, für die ein unterirdischer Bahnhof mit zwei Bahnsteigen des Regionalverkehrs eingerichtet wurde. Vorhanden waren bereits seit 1940 der Bahnhof der Nord-Süd-S-Bahn und die 1993 wieder in Betrieb genommene U-Bahn-Linie 2.

Der neue Bahnhof des Regionalverkehrs sollte provisorisch bereits 2005 in Betrieb genommen werden. Die Deutsche Bahn entschied sich dann aber doch für die gleichzeitige Inbetriebnahme mit dem Hauptbahnhof.

ÜBERFLIEGER ZUM NORDRING

Zu der 1 km langen Verbindung zwischen dem nördlichen Bahnhofskopf des Hauptbahnhofs und dem nördlichen Innenring gehört eine 570 m lange zweigleisige Eisenbahnbrücke, die intern auch Überflieger genannt wird. Denn sie überspannt in einem Bogen in 6 bis 12 m Höhe die Perleberger Straße, den Berlin-Spandauer Schifffahrtskanal, den Mettmann-Park und die Tegeler Straße. Zu diesem Überflieger gesellt sich die Trasse der wiederholt in Frage gestellten S-Bahn-Linie 21. Sie kreuzt nördlich vom Hauptbahnhof die Fernbahn, überquert ebenfalls die Perleberger Straße, wo ein Haltepunkt »optional berücksichtigt« ist, und den Berlin-Spandauer Schifffahrtskanal, um danach einen Pfeiler des Überfliegers zu durchfahren. Nachdem sie in einem Tunnel verschwunden ist, gelangt die Trasse wieder auf die östliche Seite der Fernbahnstrecke und fädelt anschließend in die Ringbahn ein.

NORDRING

Der »Hut« des Pilzmodells ist ein Teil des Innenrings, jener Eisenbahnanlage innerhalb Berlins, die eine Vielzahl von Bahnhöfen, Haltepunkten und auch Güterverkehrsanlagen verbindet. Durch den Mauerbau nach dem 13. August 1961 war dieser Ring unterbrochen. In Ost-Berlin wurde der Streckenrest mit den nördlichen und südlichen Vorortstrecken verknüpft, in West-Berlin der von der Reichsbahn betriebene »Halbring« vernachlässigt, dieser Rest von S-Bahn-Verkehr nach dem Streik der Eisenbahner von 1980 stillgelegt.

Das neue Schienenverkehrskonzept brachte auch für die S-Bahn die Instandsetzung des Innenrings, beginnend mit der Wiederinbetriebnahme des Abschnitts Westend–Jungfernheide im April 1997 sowie im Dezember zwischen Treptower Park und Neukölln. Seit 17. September 2001 fahren die S-Bahn-Züge wieder, wie

REGIONALBAHNHOF POTSDAMER PLATZ		
Länge [m]	260	
Breite [m]	50	
Tiefe [m]	20	
Ebenen	0	2 gläserne Zugangspavillons
	- 0,5	Bahnsteigebene U-Bahn
	- 1	Fußgänger-Passerelle
		140 m lang, 50 m breit,
		27 Fahrtreppen, 3 Aufzüge
	- 2	Bahnsteige Regionalbahn,
		2, 230 m lang, im Mittel 11,5 m breit

früher, vom Bahnhof Gesundbrunnen nicht nur nach Bornholmer Straße, sondern auch nach Schönhauser Allee, am 15. Juni 2002 wurde der »Vollring« für die S-Bahn-Züge geschlossen. Verbunden damit war die Grunderneuerung der S-Bahnhöfe Jungfernheide, Beusselstraße und Westhafen.

Der Ring bzw. der Nordring besteht aber nicht nur aus S-Bahn-Gleisen. Er ist durch eine zweigleisige Strecke für den Personen- und Güterverkehr komplettiert worden. Im Osten war die zweigleisige Strecke Abzweig Gabelung (eine Betriebsstelle zwischen Ostkreuz und Berlin-Lichtenberg)–Schönhauser Allee geblieben, von der die Züge nicht weiter auf dem Ring fuhren, sondern nach Berlin-Pankow bzw. zur Abzweigstelle Karower Kreuz am Außenring. Im Westen wurde der Nordring nur noch als eingleisige Strecke ausschließlich von Güterzügen zwischen Ruhleben und dem Hamburger und Lehrter Güterbahnhof benutzt. Gerade die letztgenannte Strecke, Teil der »Stammbahn« Berlin–Lehrte, ist eine wichtige Zufahrt zum Hauptbahnhof aus Richtung Westen, die die Stadtbahn entlastet.

Die Bauarbeiten für den Fernverkehr reichten über den eigentlichen Nordring hinaus bis nach Ruhleben, Grunewald, Pankow und zum Hamburger und Lehrter Güterbahnhof. Die Strecke zwischen den Bahnhöfen Halensee und Schönhauser Allee wurde in verbesserter Linienführung für Geschwindigkeiten bis 100 km/h wieder hergestellt. Ebenso Verbindungskurven vom Nordring zum Bahnhof Grunewald, vom Bahnhof Westend in Richtung Ruhleben (–Spandau) und von Gesundbrunnen in Richtung Norden über das Nordkreuz.

■ Oben die Gleise des Nordrings und vom Hauptbahnhof nahe dem Bahnhof Gesundbrunnen, unten fährt die S-Bahn zum Nordbahnhof (2005).
Foto: Emersleben

■ 17. September 2001: Erster Tag, an dem die S-Bahn wieder von Schönhauser Allee nach Gesundbrunnen fährt.
Foto: Erich Preuß

NORDKREUZ UND NORDBAHN

In die nördliche Richtung führt die Nordbahn, die bis 1952 auf dem Stettiner Bahnhof (der im Dezember 1950 in Nordbahnhof
umbenannt wurde) begann. Nach der
Abschnürung West-Berlins und der Grenz-
ziehung 1961 wurden die Gleisverbin-
dungen östlich des Bahnhofs Gesundbrunnen in die für Züge in West-Berlin und
solche für Züge in Ost-Berlin getrennt.

Am 23. Dezember 1990 wurde am Haltepunkt Bornholmer Straße eine proviso-
rische Umsteigeverbindung zwischen den
Strecken Gesundbrunnen–Schönholz (West)
und Schönhauser Allee–Pankow (Ost) hergestellt, sie konnten aber den Ansprüchen
des auch in den Normalzustand zurückge-
führten S-Bahn-Verkehrs nicht genügen.
Auch im Hinblick auf den erwarteten Zugverkehr wurde 1992 eine als »Großknoten
Nordkreuz« bezeichnete Anlage von Gleis-
verbindungen geschaffen, die sich schie-
nengleich nicht kreuzen.

DIE ZÜGE VERKEHREN IN DREI ETAGEN:

- Nullebene: zweigleisige Strecke von
  Ostkreuz, verzweigt sich in zwei eingleisige Strecken nach Pankow und nach
  Schönholz,
- -1-Ebene: S-Bahn-Strecke des Vollrings,
- -2-Ebene: S-Bahn-Gleis Bornholmer
  Straße – Schönhauser Allee.

Zwischen Nordkreuz und Schönholz blieb
die Fernbahn eingleisig. Sie war nicht elektrifiziert, nördlich von Schönholz unbefahr-
bar. Teilweise liegen die S-Bahn-Anlagen
auf dem Planum der Fernbahn. Dagegen
war die Strecke zwischen Nordkreuz und

Im Ordner hält Martin Lepper, Vorstand für Planung und Entwicklung von DB-Station & Service, die Pläne für den Bahnhof
Gesundbrunnen bereit (1999).   Foto: Erich Preuß

Pankow zweigleisig und elektrifiziert, nördlich von Pankow aber nur eingleisig.

In einer Veröffentlichung der Reichsbahndirektion Berlin Ende 1993 werden die
»Vorentwürfe« genannt:

Wiederaufbau der Stettiner Eisenbahn
im Streckenabschnitt Nordkreuz–Karow von
km 4,2 bis km 11,6 mit durchgängig zweitem Gleis und Anpassung der Bahnhöfe
Pankow und Blankenburg;

Wiederaufbau der Nordanbindung vom
Nordkreuz bis Birkenwerder km 2,2 bis km
21,0 mit durchgängig zweitem Gleis;

Wiedereinführung der Kremmener Bahn
sowie Anpassungen der Bahnhöfe Schönholz und Birkenwerder.[2]

Die Nordanbindung vom Nordkreuz bis
Birkenwerder, das heißt, der Wiederaufbau
der früheren Nordbahn, wurde mangels

Finanzierung zurückgestellt. Stattdessen ist
vom Nordkreuz an die Strecke über Berlin-
Pankow bis zum Karower Kreuz, Teil der
früheren Berlin-Stettiner Eisenbahn, modernisiert worden. Die Züge nach Rostock können daher vom Hauptbahnhof nicht den
kürzesten Weg benutzen, sondern fahren
vom Karower Kreuz bis Hohen Neuendorf
über ein Stück des Berliner Außenrings.

Das Nordkreuz ist eine Eisenbahnanlage,
die sowohl die Strecken in Richtung Schönholz (Nordbahn) und nach Berlin-Karow
(frühere Berlin-Stettiner Bahn) als auch die
Strecke zum Hauptbahnhof/Lehrter Bahnhof
und die Ringbahn verknüpft und das weitgehend ohne schienengleiche Kreuzungen.

2 Vgl.: Planung Verkehrsanlagen Nordanbindung, herausgegeben von der Pressestelle der Reichsbahndirektion, Berlin 1993.

■ Nordseite des Nordkreuzes: Auf der »Nullebene« kommt ein Übergabezug von Berlin-Schönholz (1999). In einen Tunnel verschwindet das Ferngleis nach Berlin-Pankow, und rechts wartet man auf dem Behelfsbahnsteig auf die S-Bahn Schönhauser Allee – Berlin-Pankow. Foto: Erich Preuß

FERN- UND REGIONALBAHNHOF BERLIN-GESUNDBRUNNEN

Am Bahnhof Gesundbrunnen ließ sich der Bedeutungswandel ablesen, der zwar neben den beiden S-Bahnsteigen noch den Bahnsteig für Fern- und Regionalverkehr besaß, aber für solches Umsteigen stillgelegt worden war. Er verlotterte im Laufe der Zeit. Das von der Deutschen Reichsbahn 1965 eröffnete Empfangsgebäude wurde 1995 abgerissen. Denn es entstand wieder eine »Verkehrsstation« nicht nur der S-Bahn, sondern auch für Züge des Fern- und Regionalverkehrs, das »Tor zum Norden«. Die Deutsche Bahn rechnete mit täglich 200.000 Fahrgästen, die den Bahnhof aufsuchen.[3]

3 Volker Weiß: Ring-Schluss der S-Bahn am Berliner Nordkreuz. In: Eisenbahntechnische Rundschau, Darmstadt 5/2002, S. 282.

Die beiden S-Bahnsteige wurden erneuert und drei Bahnsteige für den Fern- und Regionalverkehr hinzugefügt.

Geplant war – noch im Jahr 2002! – ein zweigeschossiges Bahnhofsgebäude, das den »Bahngraben« mit vier S-Bahn-Gleisen und sechs Fernbahngleisen sowie der darunter liegenden U-Bahn-Station überbrückt, auf der nach Schätzungen der Deutschen Bahn mehr als 1 Million Menschen ein- und aussteigen. Der Berliner Architekt Axel Oestreich legte einen Entwurf vor, nach dem neben der Bahnanlage ein Dienstleistungszentrum und weiträumige Grünanlagen geschaffen werden sollten. 1993 setzten hier die Deutschen Bahnen das erste Mal den Rotstift an: Auf nicht verkehrswichtige Einrichtungen wie eine Bahnhofs-Galerie und ein teures Hallendach wurde verzichtet. In einem Prospekt der Deutschen

Bahn las man: »Die Gestaltung des Empfangsgebäudes knüpft bewußt an die architektonische Tradition der Verkehrsbauten aus den zwanziger Jahren an. So zeichnet es sich durch schnörkellose Zweckmäßigkeit aus. Dabei nimmt es bewußt auf das unter Denkmalschutz stehende Eingangsgebäude der U-Bahn von Alfred Grenander Bezug.«

Wegen des benachbarten Einkaufszentrums waren die Vermarktungschancen der Räume mit mehr als 2.000 m² Bruttogeschossfläche drastisch gesunken. Das Bahnhofsgebäude wurde nicht gebaut, aber Ende 2005 zwei Pavillons für den Verkauf von Fahrkarten und Reisebedarf.

Im Jahr 2000 ging der Generalunternehmer für die Bauvorhaben Gesundbrunnen in Insolvenz. Nur mit Mühe gelang es, mit einem neuen Unternehmer die Termine wieder in Gleichklang zu bringen und die Inbe-

BAHNHOF GESUNDBRUNNEN

Bahnsteige	2, A und B für die S-Bahn, 160 m lang
	3, C, D und E für die Fernbahn, 400 m lang
Direkte Treppen zur U-Bahn von den Bahnsteigen A und B	
Verbindungstunnel für Fußgänger	
Fahrtreppen	22
Aufzüge	7

triebnahme der S-Bahn zwischen Humboldthain und Wollankstraße zu sichern.

2006 sollte der Bahnhof den Namen Nordkreuz annehmen, obwohl die Anlage kaum ein Kreuz ist. Bisher trug die östlich vom Bahnhof gelegene Anlage diesen Namen als Arbeitstitel. Die Argumentation für diesen Namen war simpel, aber nicht unlogisch: »Wo es ein Südkreuz, ein Westkreuz und ein Ostkreuz gibt, muss es zur besseren Orientierung der Fahrgäste auch ein Nordkreuz geben!« Anfang Januar 2006 gab die Deutsche Bahn nach Erklärung ihres Vorstandsvorsitzenden Mehdorn die vorher konsequent verteidigte, aber von der Öffentlichkeit abgelehnte Umbenennung auf.

JUNGFERNHEIDE–GRUNEWALD

Die Verbindung vom Bahnhof Jungfernheide am Nordring zum Abstellbahnhof Grunewald und auch zur Strecke in Richtung Berlin-Wannsee ist hauptsächlich für den »Flughafenshuttle« angelegt worden, der von Potsdam über den unteren Bahnsteig des Hauptbahnhofs, die Dresdner Bahn zum Großflughafen eingesetzt werden soll. Solange dieser nicht fertiggestellt ist, bleibt die Strecke Jungfernheide–Grunewald ohne Regelverkehr. Allenfalls Güterzüge und Reisezüge werden sie befahren, wenn wegen einer Störung auf der Stadt-

bahn nicht der Abstellbahnhof Rummelsburg benutzt werden kann, sondern nach Grunewald ausgewichen werden muss.

BERLIN-RUMMELSBURG

Für die Aufnahme des ICE-Verkehrs auf der Strecke Berlin–Hannover wurde das Betriebswerk Rummelsburg errichtet, das die Züge wartet, reinigt, ver- und entsorgt. Für die Behandlung standen bisher nur im südwestlich gelegenen Bahnhof Berlin-Grunewald Einrichtungen zur Verfügung. Diese waren im neuen Schienenverkehrskonzept Berlins in ihrer bisherigen Funktion betriebswirtschaftlich nicht vertretbar. Deshalb entstand auf dem Gelände des 1879 gebauten Rangierbahnhofs Berlin-Rummelsburg die Triebzugbehandlungsanlage: zwei zweigleisige Triebzughallen mit angrenzendem Betriebsgebäude, eine viergleisige Behandlungsanlage, eine Außenreinigungsanlage, eine Radsatzdiagnoseeinrichtung (ULM) und ein neues elektronisches Stellwerk. Dieses ersetzte neun Stellwerke mechanischer oder elektromechanischer Bauart.

Damit die ICE einen Weg zum unteren Teil des Hauptbahnhofs haben, ist die Strecke Berlin-Rummelsburg–Abzweigstelle Gabelung (–Innenring) saniert worden. Notwendig war auch der Neubau einer Eisenbahnbrücke über die Schlichtallee.

OFFEN GEBLIEBEN

Über den Wiederaufbau der ersten Eisenbahn in Berlin, der so genannten Stammbahn von Griebnitzsee bis Zehlendorf, die 1945 stillgelegt wurde, und deren Anschluss an den Hauptbahnhof ist es still geworden. Bei DB-Netz hatte man sich mit dieser Strecke eine Entlastung der Stadtbahn erhofft und auch flexible Betriebsführung. Denn Züge von Potsdam könnten auf direktem Wege den unteren Teil des Hauptbahnhofs erreichen und gegebenenfalls die direkte Verbindung nach Norden befahren.

Die Stammbahn ist der »Optimierung« der Bauvorhaben zum Opfer gefallen. Auch der Wiederaufbau der Nordbahn durch Hermsdorf und Frohnau steht nicht mehr auf der Tagesordnung. Nicht aufgegeben, aber verschoben wird die Sanierung des Bahnhofs Ostkreuz. Er sollte dabei großzügig vom Linien- zum Richtungsverkehr umgestellt und auch als Unterwegsbahnhof für den Regionalverkehr eingerichtet werden. Zumindest ein Teil dieser Pläne mit der großen Bahnhofshalle ist zu den Akten gelegt worden.

S. 92/93: 1998 gab die Deutsche Bahn diese Modelldarstellung der Bahnsteige des Fern- und Regionalbahnhofs Berlin Gesundbrunnen aus.

Berlin - Gesundbrunnen

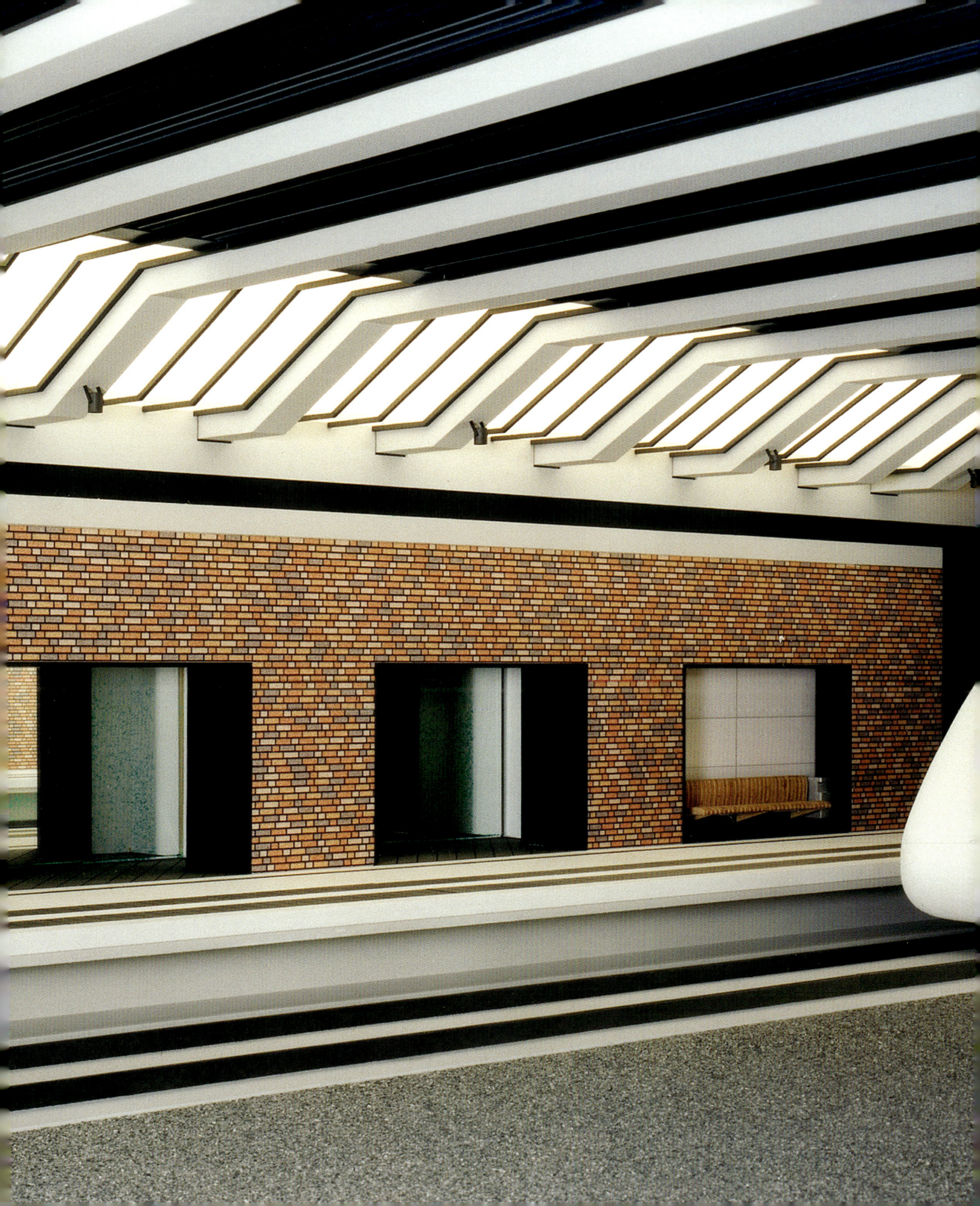

Der neue Hauptbahnhof

1997/1989 war in der Wanderausstellung »Renaissance der Bahnhöfe – die Stadt im 21. Jahrhundert« das Modell des Lehrter Bahnhofs zu sehen.

Foto: Frahm

Seit der Eröffnung des neuen Bahnhofs, des Hauptbahnhofs von Berlin, am 28. Mai 2006 betrachtete jeder Besucher mit Neugier das, was das Talent der Architekten sowie das Geld und die Aufgeschlossenheit des Bauherrn zu Stande gebracht haben. Wer bedenkt noch, dass der Bahnhof heute auch ganz anders aussehen könnte? Für einen neuen Bahnhof lagen verschiedene Entwürfe vor.

Das Büro Schlaich, Bergermann + Partner, Stuttgart, hatte nicht nur die neue Humboldtbrücke entworfen, sondern auch eine dazu passende Bahnhofshalle. Der Berliner Architekt Josef Paul Kleihues wollte ein Bahnhofsgebäude mit mehr als 64.000 m² Büro- und 15.000 m² Verkaufsfläche – vermietbare Räume, damit die Deutsche Bahn das Bauwerk finanzieren konnte. Durch einen zylindrischen, von Glas überwölbten Raum von 120 m Durchmesser und 60 m Höhe sollten das Innere des Bahnhofs erschlossen werden und die Wege zum Umsteigen möglich sein.

Aus dem Berliner Architektenbüro von Oswald Mathias Ungers und Partner kam der Entwurf eines Kolonnadengebäudes, das den Humboldthafen umfassen sollte, und eines Solitärs auf dem Bahnhofsvorplatz, eines gigantischen Würfels. Max Dudler, Berlin, wollte Blöcke im Bahnhofsumfeld und am Bahnhof selbst ein Doppelturmhochhaus.

Das Hamburger Büro Gerkan, Marg und Partner (gmp), das einen Entwurf einreichte, der Heinz Dürr und anderen gefiel, hatte selbstverständlich Alternativentwürfe ausgearbeitet. Einer davon sah als Bahnhofsgebäude vier Einheiten quadratischer Bausteine von 80 m Seitenlänge und 35 m Höhe über den Gleisen und im Endausbau drei Ergänzungsbauten parallel dazu vor. Im Zentrum hätte ein zylindrisches Atrium von 55 m Durchmesser gelegen, entweder ein Freiraum als Innenhof oder als durch ein Glasdach geschlossene Halle. »Im Gleisbereich bilden vier Einheiten mit jeweils 20 m überglastem Seitenabstand eine Bahnhofshalle von insgesamt 380 m Länge.«[1]

1993 war noch nicht entschieden, welcher Entwurf umgesetzt und wie der Bahnhof eines Tages aussehen würde. Auf einer gemeinsamen Pressekonferenz des Senats von Berlin und des Vorstandes der Deutschen Reichsbahn am 26. Februar 1993 wurden die städtebaulichen Gutachten zum neuen Kreuzungsbahnhof vorgestellt. Heinz Dürr, Vorstandsvorsitzer von Deutscher Bundes- und Reichsbahn, erklärte bei dieser Präsentation: »Nachdem die wichtigsten Grundsatzentscheidungen für die Gestaltung des Spreebogens und des Reichstages gefallen sind, können wir nun auch an die Realisierung des Kreuzungsbahnhofes und seiner Umgebung gehen.« Nach Dürrs Angaben sollten auf dem Kreuzungsbahnhof, dessen Name nicht fiel, täglich 382 Zugpaare verkehren, davon 84 ICE/IC-Züge.

Im Stadtforum, einem Gremium der Fachleute für Stadtplanung, diskutierten der Senator für Stadtentwicklung, der Bauherr – vertreten durch den Präsidenten der Reichsbahndirektion Berlin, Werner Remmert –, Stadtplaner und Architekten über die Entwicklung der Bahnhöfe sowie die Zukunft des Fern- und Güterverkehrs. Unter anderem sprach man über zwei konkurrierende Projektstudien, die der Senat und die Deutsche Reichsbahn in Auftrag gegeben hatten, und zwar bei Prof. Meinhard von Gerkan (Hamburg) und Prof. Josef Paul Kleihues (Berlin), die mit ihren Büros über umfangreiche Erfahrungen im Umgang mit Großprojekten verfügten.

Vier Varianten lagen vor, der Bahnvorstand bevorzugte die mit der Nummer 0.2, und die kam aus dem Architektenbüro Gerkan, Marg und Partner (gmp). Besonders die lichtdurchfluteten Hallen des Entwurfs hatten es Heinz Dürr angetan, denn sie gaben die Gewähr dafür, dass der neue Bahnhof nicht den Makel des Rotlichtmilieus tragen würde, das Dürr zum Beispiel von der Umgebung des Hauptbahnhofs Frankfurt am Main und Gerkan vom Hauptbahnhof Hamburg bekannt war. Der neue Bahnhof sollte auf Flächen der Deutschen Reichsbahn entstehen, also auf dem Gelände des früheren Lehrter Bahnhofs. Ein Grunderwerb war nicht notwendig.

Der Bauherr entschied sich, nachdem die Umsteigebeziehungen auf dem Bahnhof geklärt waren, Ende Mai 1993 für den Entwurf von Gerkan, Marg und Partner (gmp), den das gmp-Büro mit folgenden Worten beschrieb: »An der historischen Stelle des Lehrter Bahnhofs – am Spreebogen vis-à-vis des Regierungsviertels – entsteht mit erwarteten 30 Millionen Passagieren im Jahr einer der bedeutungsvollsten Kreuzungsbahnhöfe Deutschlands. Die Ost-West-gerichtete 430 m lange Bahnsteighalle, in voller Länge filigran mit Glas überspannt, durchschneidet zwei Gebäudescheiben, die in ihrer Lage und Ausrichtung die unterirdische Streckenführung im Stadtraum markant abbilden. Zwischen den Gebäudescheiben auf dem Platzgeviert eines 4,40 m hohen Sockels

---

1 Renaissance der Bahnhöfe. Die Stadt im 21. Jahrhundert. Herausgeber: Bund Deutscher Architekten, Deutsche Bahn, Förderverein Deutsches Architekturzentrum in Zusammenarbeit mit Meinhard von Gerkan, o. J., S. 118.

■ S. 96/97: Noch unfertig, ohne die Bügelbauten und die Tiefgeschosse war ein Bahnhof entstanden, von dem die Welt bereits sprach. Vorübergehend dominant wirkt der Entlüftungsschacht des Autotunnels. Foto: Schulz

spannt sich die 170 m lange Bahnhofshalle ebenso filigran und gläsern über 50 m Höhe. Das Regierungsviertel und der Stadtteil Moabit werden über diese Torgeste stadträumlich verklammert. Große Öffnungen im Boden der Bahnhofshalle sorgen für Tageslicht bis zur untersten Bahnsteigebene und gewährleisten Übersicht und Orientierung. Konstruktiv und gestalterisch bezieht sich der Entwurf der brückenartigen Gebäudescheiben auch auf die sichtbaren Stahlkonstruktionen traditionellen Bahnhofsbaus.«[2]

Was als Gebäudescheiben beschrieben wurde, sollte als die so genannten Bügelbauten noch recht populär werden. Sie waren als Büro- und Hotelgebäude vorgesehen. Die Gestalt des Bahnhofsgebäudes – sofern man von einem solchen überhaupt sprechen kann – lässt sich auch mit einfachen Worten erklären: Ein linear angelegtes Hallenbauwerk, in zwei Ebenen mit den jeweiligen Bahnhofshallen verbunden, wird von einer Mantelbebauung umgeben, die durch Investoren ausgeführt werden sollte.

KRITIK DER KONTRAHENTEN

Wofür sich der Senat und der Bahnvorstand entschieden hatten, das stand naturgemäß unter der Kritik der anderen, benachteiligten Architekten. Für Axel Schulte, dem Sieger der Bauten im Spreebogen, steckte der Gerkan-Bau mit der 400 m langen Bahnhofshalle wie ein Pfahl im städtebaulichen Fleisch. Gerkans Bahnhof liegt diagonal zu den von Schultes entworfenen Blöcken der

Das andere Solitärgebäude, hinter dem sich die Bahnhofshalle versteckt, wurde von Max Dudler entworfen.
Entnommen: Katalog »Renaissance der Bahnhöfe

Modell des Entwurfs von Josef Paul Kleihues
Entnommen: Katalog »Renaissance der Bahnhöfe

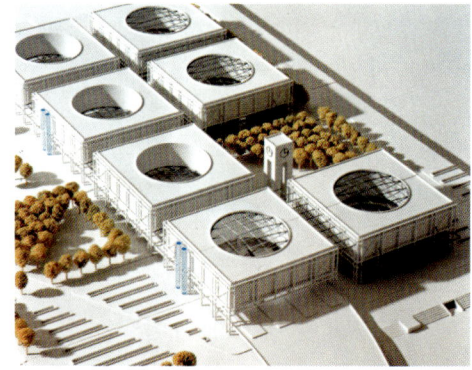

Alternativentwurf des Bahnhofs aus dem gmp-Büro einschließlich der Gebäude für Hotel, Kino, Kaufhaus, Büros.
Entnommen: Katalog »Renaissance der Bahnhöfe

Regierung und des Parlaments. Schulte klagte, die Größe des Bahnhofs überschatte die städtebauliche Figur des Regierungsviertels.

Nach diesem Vorwurf trafen sich die Widersacher bei Wolfgang Nagel, dem Bausenator, und Gerkan versicherte dort, er werde seinen Entwurf »abspecken« und auf die Konzeption für das neue Parlamentsviertel am anderen Ufer der Spree abstimmen. Die Zahl der Fernbahngleise ließe sich reduzieren, und auch die Bahnsteige könnten schmaler werden.

Das Solitärgebäude von Oswald Mathias Ungers wurde bis 2006 nicht in Angriff genommen.
Entnommen: Katalog »Renaissance der Bahnhöfe

2 Renaissance der Bahnhöfe. Die Stadt im 21. Jahrhundert. Herausgeber: Bund Deutscher Architekten, Deutsche Bahn, Förderverein Deutsches Architekturzentrum in Zusammenarbeit mit Meinhard von Gerkan, o. J., S. 110.

Die Bahnchefs waren von der lichtdurchfluteten Halle nach ihrer Fertigstellung beeindruckt (2005).

Der Fernbahnhof am nördlichen Ende der Tunnelstrecke besteht aus zwei Quergebäuden mit einer Glas-Stahl-Fassade, aus dem ein 24 m hohes Atrium ragt. In ihm befinden sich fünf Ebenen für Verkehr, Handel und Büros, darunter für die Konzernleitung der Deutschen Bahn, und zwar:

- -2-Ebene (Schienenoberkante 19 m über Normal Null), die unterste Ebene: acht Gleise für den Fern- und Nahverkehr der Nord-Süd-Richtung, Bahnsteig mit zwei Gleisen der U-Bahn-Linie 5, auch ist ein Bahnsteig mit zwei Gleisen der S-Bahn-Linie 21 geplant;

- -1-Ebene: Fußgängerbereich mit zwei »Shoppinggalerien« und Übergang zur Tiefgarage mit 900 Pkw-Stellplätzen;
- 0-Ebene (34 m über Normal Null): Bahnhofshalle, zwei »Shopping-Galerien«, Straßen- und öffentlicher Nahverkehr;
- +1-Ebene (Schienenoberkante 42 m über Normal Null), die obere Ebene: Stadtbahntrasse mit zwei Bahnsteigen und vier Gleisen für den Fern- und Nahverkehr der Ost-West-Richtung sowie einem Bahnsteig und zwei Gleisen für den S-Bahn-Verkehr und zwei »Shopping-Galerien«;

- Darüber die Bahnhofshalle bis in 27 m Höhe und die Bürogebäude der Brückenbauten bis in 46 m Höhe. Die Höhe des Bahnhofs vom unteren bis zum oberen Bahnsteig entspricht der eines fünfgeschossigen Mietshauses.

Ehe auf den anderen Entwurf von Kleihues eingegangen wird, seien kurz wesentliche Veränderungen skizziert, die dieses Bau- und Nutzungskonzept vorübergehend erfuhr: 1998 musste im unteren Bahnsteig eine Ankunftsstelle für den Transrapid Berlin–Hamburg vorgesehen werden. Der Trans-

MÄNNER DES HAUPTBAHNHOFS

Meinhard von Gerkan

Der Architekt des neuen Bahnhofs, Meinhard von Gerkan, wurde am 3. Januar 1935 in Riga geboren. Er lebte in Posen und floh bei Kriegsende in eine westliche Besatzungszone Deutschlands. 1954/1955 studierte er in Hamburg zwei Semester Physik, am Europa-Kolleg nach Anraten von Otto Schily Jura und, weil es ihm keinen Spaß machte, schließlich Architektur.

Während er sich beim Studium als Statist beim Film und als Beleuchter am Theater Geld verdiente, lernte er Volkwin Marg kennen, mit dem er an die Technische Universität Braunschweig wechselte und, als sie diplomiert waren, in Hamburg ein Büro gründete. Sehr bald gewannen sie zahlreiche Wettbewerbe, darunter den zum Flughafen Berlin-Tegel, zum Terminal 4 des Hamburger Flughafens, zur Lübecker Musik- und Kongresshalle, zur Neuen Messe in Leipzig, zum Messebahnhof in Rimini.

Gerkan ist seit 1974 Professor mit Lehrstuhl an der Universität Braunschweig.

Zum Vorstandsvorsitzenden der Deutschen Bahn, Heinz Dürr, pflegte Gerkan gute Beziehungen, erhielt von ihm auch den Auftrag, den Bahnhof Berlin-Spandau und einen Luxuszug zu entwerfen. Das war der in zwei Exemplaren, in Dessau gebaute »Metropolitan«, der zwischen Köln und Hamburg verkehrte, 2004 jedoch in einen Intercity verwandelt wurde. Die von der Deutschen Bahn bei Bahnhofsmodernisierungen oft verwendeten geschwungenen Bahnsteigdächer sind ein Projekt von gmp.

Hany Azer

Der 1950 bei Kairo geborene Projektleiter des Hauptbahnhofs kam 1974 nach Deutschland, »um ein paar Freunde zu besuchen« und blieb. In Bochum studierte er Konstruktionstechnik, heiratete die Bergmannstochter Christa, wurde Vater von zwei Jungen und baute sich im Dortmunder Vorort Brechten ein Haus. Vornehmlich war er Bauleiter im Ruhrgebiet beim Bau der U-Bahn oder von Brücken. 1989 wurde er bei Bilfinger & Berger Geschäftsstellenleiter in Bochum. 1994 wechselte er zur Deutschen Bahn, wurde für den Bau des Tiergartentunnels verantwortlich.

Seit 2003 war er Technischer Projektleiter (Sprecher), und seitdem ging es mit dem Tunnelbau und dem Hauptbahnhof voran. Der quirlige schlanke Mann wurde zum Liebling der Journalisten, auch wenn er ihnen ständig auf den Weg gab, »schön zu schreiben«. Die meisten erfüllten ihm diesen Wunsch nicht.

rapid und die hier endenden Regionalzüge aus Richtung Süden sollten sich das Gleis 8, das östlichste Gleis, teilen. Die Wartungsanlagen wären jenseits der Invalidenstraße auf dem Gelände des Hamburger und Lehrter Güterbahnhofs errichtet worden. Im Jahr 2000 entschieden die Verantwortlichen schließlich, die Transrapid-Strecke nicht zu bauen.

Um Geld zu sparen, wurde 2001 auf die Fertigstellung der U-Bahn- und der S-Bahn-Strecke zum Hauptbahnhof verzichtet bzw. deren Vollendung aufgeschoben. 2004 setzte die Bundesregierung durch, dass wenigstens ein Abschnitt der U-Bahn-Linie 5 vom Hauptbahnhof aus bis zum Brandenburger Tor gebaut wird. Um Verwechslungen mit der bereits zwischen Alexanderplatz und Hönow bestehenden Linie U 5 zu vermeiden, wird die Linie auf dem nur 1,5 km langen Stummel als U 55 bezeichnet. Die »Kanzler-U-Bahn« – diesen Spitznamen erhielt sie, weil sie am Kanzleramt vorbeifährt – ist ein Zugeständnis an die Touristen und die Bundestagsabgeordneten, die eine Verbindung vom Fernzug zu den Häusern der Abgeordnetenbüros erhalten. Bis Oktober 2005 ging man davon aus, dass es während der Fussball-Weltmeisterschaft 2006 einen provisorischen Betrieb auf dem Teilstück geben würde. Aber Schwierigkeiten mit dem Grundwasser verzögerten den Bau, deshalb kann die kurze Linie voraussichtlich erst Anfang 2009 eingeweiht werden. Ein zeitweilig geplanter Inselbetrieb zwischen den Stationen Hauptbahnhof und Bundestag ab 28. Mai 2006 unterblieb wegen zu hoher Kosten.

KLEIHUES: STÄDTEBAULICHE KATASTROPHE!

Der andere Kontrahent, Josef Paul Kleihues, war verstimmt über das Verfahren zur Auswahl der Entwürfe. Als er von Bausenator Wolfgang Nagel den Auftrag erhielt, sei er überzeugt gewesen, man wünsche lediglich eine Projektstudie und keinen endgültigen Entwurf. Kleihues empfand Gerkans Entwurf als »städtebauliche Katastrophe«.

Kleihues sah einen Würfel aus Stein von 135 mal 135 m Länge mit einer großen gläsernen Linse als Dach (36 m hoch, 120 m weit) vor. Von der Linse sollte das Licht bis in das Untergeschoss zum Bahnsteig gelenkt werden. Es war ein Bauwerk, das exakt das Gleiskreuz markierte und sich dennoch genau in das rechtwinklige Raster der Stadtbebauung einfügte, und der Bahnhof hätte außerdem so etwas wie ein Empfangsgebäude gehabt.

Dieses klassische Element jedes Bahnhofs fehlt beim Gerkan-Entwurf, dafür waren dessen Chancen der Vermarktung ungleich größer. Dieser »Schönheitsfehler« war für die Entscheidung des Bahnvorstandes ausschlaggebend. Die kommerziellen Flächen werden von einem amerikanischen Unternehmen vermarktet. Dessen Präsident Jerry Speyer wollte sogar die Hälfte der Glasflächen verdunkeln lassen, weil nach seinen Erfahrungen zu viel Licht die Kauflust schwächt.

Einen ordentlichen Wettbewerb der Architekten um den besten Bahnhofsentwurf gab es nicht. Der Senatsbaudirektor Hans Stimmann begründete das umstrittene Verfahren mit der notwendigen Eile, da man 1995 mit dem Bau des Tiergartentunnels beginnen müsse.

Hübsch arrangiert: Grundsteinlegung des Bahnhofs am 9. September 1998   Foto: Emersleben

Versenkt wurden im Grundstein die Köpfe des ICE und des Transrapids.   Foto: Emersleben

Der Bau des neuen Zentralbahnhofs begann am 8. Mai 1996 mit dem Ausheben einer Grube bis in 18 m Tiefe. Am 9. September 1998 versenkten Bundesverkehrsminister Matthias Wissmann, DB-Vorstandsvorsitzender Johannes Ludewig und Berlins Regierender Bürgermeister Eberhard Diepgen den Grundstein für »einen der größten Bahnhöfe Europas«. Bei dieser Gelegenheit demonstrierte auch der Bund für Umwelt und Naturschutz (BUND) gegen das von Wissmann und dem Thyssen-Chef Ekkehard Schulz gelobte Vorhaben des Transrapids. Für die beiden »ein Symbol für die Zukunftsfähigkeit unseres Landes«, für den BUND ein überflüssiges und teures Projekt.

Siegfried Tenner vom Geschäftsbereich Personenbahnhöfe nannte 1995 die »Meilensteine des Großbauvorhabens Lehrter Bahnhof«:

- Baubeginn
  Herbst/Winter 1995
- Inbetriebnahme Brücke Humboldthafen
  Februar 1998
- Inbetriebnahme Straßentunnel
  Dezember 1999
- Teilinbetriebnahme Lehrter Bahnhof
  Mai 2000
- Fertigstellung Bahnhof Mai 2002.[3]

Aus der Eisenbahngeschichte kennen wir einige Beispiele, wonach Bahnhofsgebäude nicht rechtzeitig fertiggestellt werden konnten. Eigentlich durfte der Verzug am Zentralbahnhof nicht stören, weil das Gebäude erst mit der Inbetriebnahme der Nord-Süd-Strecke gebraucht wurde. Dann setzte man die vom 9. Juni bis 9. Juli 2006 in Deutsch-

3 Siegfried Tenner: Lehrter Bahnhof in Berlin. In: Eisenbahntechnische Rundschau, Darmstadt 1995, S. 617.

■ Die Baugrube B-West am Tag der Grundsteinlegung (9. September 1998). Foto: Emersleben

■ Als im Juni 2002 der erste Eröffnungstermin verstrich, war erst ein Teil der Bahnsteighalle gebaut und wurde der Stadtbahnhof (vorn zum Teil noch sichtbar) abgerissen. Foto: Reiner Preuß

Dieter Ullsperger, (rechts), und Bernd Hansen, Vorstände von DB-Station & Service, am Modell des Lehrter Bahnhofs (2001).
Foto: Erich Preuß

■ Bei vielen Gelegenheiten zeigte die Deutsche Bahn ihr Modell vom Lehrter Bahnhof (2001). Foto: Erich Preuß

land stattfindende Fußball-Weltmeister-schaft als »heilige Zielmarke«. Wenn der Bahnhof am 27. Mai 2006 – lediglich »funktionsfähig« – eröffnet ist, kommt er auf vier Jahre Verspätung. Er wird aber erst zum Fahrplanwechsel im Dezember 2007 als Ganzes mit den Außenanlagen fertiggestellt sein, fünfeinhalb Jahre später. Das ist auch eine Rekordmarke unter den zu einer Streckeneröffnung unfertigen Empfangsgebäuden.

Tenners Ausführungen verdeutlichten den Wandel der Meinungen und Überzeugungen, welche Funktionen ein Bahnhof hat (gemeint ist immer nur das Gebäude). In erster Linie kommerzielle, wie die Vermarktung von Bruttogeschossflächen für Gastronomie, Einzelhandel, Dienstleistung und Entertainment, denn »potentielle Ertragsüberschüsse aus diesen kommerziellen Nutzungsbereichen sollen langfristig die Rentabilität der Investition Bahnhof stützen.«[4]

Wichtig scheint ihm der »Regierungsbahnhof« neben Parlament und Regierungsbauten als »einem der repräsentativsten Beispiele der neuen Bahnhöfe und Bahnhofspolitik« zu sein. Bahnhofspolitik...! »Neben dem inzwischen bahnhofsklassischen Kernangebot von Einzelhandel und Dienstleistungen wird für den Lehrter Bahnhof ein Nutzungsschwerpunkt im Bereich Reisen – Tourismus gesehen.«

In den Reden zur Grundsteinlegung hieß es noch, der Lehrter Bahnhof werde im Mai 2003 in Betrieb gehen. Täglich sollten 764 Fern- und Regionalzüge abfahren. Doch diese Erwartungen bestätigten sich nicht.

Mit Verzögerung entstand als Hauptbahnhof von Berlin der »größte Kreuzungs-

4 Ebd., S. 618.

bahnhof Europas« für rund 300.000 Menschen (bis 2005 hatten in den Prognosen noch 240.000 genügt). Die fünf Ebenen des Bahnhofs sind mit fünf gläsernen Aufzügen, 53 Roll- und festen Treppen verbunden. Alles wurde etwas vornehmer gestaltet als auf anderen Bahnhöfen. Die Wände sind mit französischem Leichtbeton verkleidet. Statt auf Granit läuft der Besucher auf leicht schwingendem Parkett. In den Ladenpassagen wechselt der Bodenbelag aus Holz und Kunststoff mit dem grauen Naturstein. Die hellen Bodenplatten kamen aus Österreich, die dunklen aus China. Ob sich das Parkett für die Belastung von täglich 300.000 Menschen eignet, testete man im Bahnhof Zoologischer Garten vor dem Krawattenladen.

Für die unterirdische Bahnhofshalle von 430 m Länge mit vier Bahnsteigen und acht Gleisen mussten neun Baugruben ausgehoben werden. Die Ostseite wird von der U-Bahn-Linie 5 bzw. 55 begrenzt, die Westseite von einem Parkhaus und dem Tunnel der Bundesstraße 96.

Das Haupttragwerk des unterirdischen Bauwerks ist eine Stahlbeton-Rahmenkonstruktion, bestehend aus einem Ortbeton-trägerrost, Verbundstützen und einer durchgehenden Gründungsplatte. Im Kreuzungspunkt des Fernbahnhofs mit den Brücken der querenden Stadtbahn stellen die acht Gabelstützen eine Besonderheit dar. Die grazilen Stützen tragen 1.800 bis 2.300 t Last. Mechanische und elektronische Messsysteme alarmieren, wenn die Bewegung der Brücken 10 mm überschreitet. Die Säulen sind so konstruiert, dass sie hydraulisch angehoben werden können.

◼ Neben der alten Brücke über den Humboldthafen stapelten sich die Träger der Bügelbrücken (1998).   Foto: Emersleben

◼ Die Stützen tragen bis zu 2.300 t Last.   Foto: Emersleben

Die Bagger kommen dem Stadtbahnhof (rechts) gefährlich nahe (Februar 2002).

Foto: Erich Preuß

DAS ALTE MUSS WEG

Zur Grundsteinlegung stand bereits fest, dass der bis 1987 aufwändig sanierte Lehrter Stadtbahnhof aus dem Jahr 1882 beseitigt wird (siehe Kapitel 2). Nicht jeder verstand das, verstand nicht, warum man diesen eigentlich als Denkmal der Stadtbahn geschützten Bahnhof nicht in den Architekten-Wettbewerb einbezogen hatte. Eine solche Vorgabe hatte niemand gemacht. Beim damaligen Bahnvorstand und erst recht nicht beim Senat von Berlin hatte keiner der Auftraggeber eine Vorliebe

für diesen historischen Bahnhofsbau, der die Stadtbahn verkörperte. Man sah nur den freien Platz und die billigste Variante für das Bauen. So viel stand von Anfang an fest: Die Gleise der Stadtbahn mussten in die künftige Halle des neuen Hauptbahnhofs passen und deshalb nach Süden verschwenkt werden. Damit gerieten sie aus der Flucht des Stadtbahn-Gebäudes. Das wurde zum Fremdkörper des künftigen Hochbaus, sodass der Abriss die einfachste Lösung war und unumgänglich schien. Der interessierte Zuschauer konnte nur von einem Beobachterpodest zusehen, wie ein

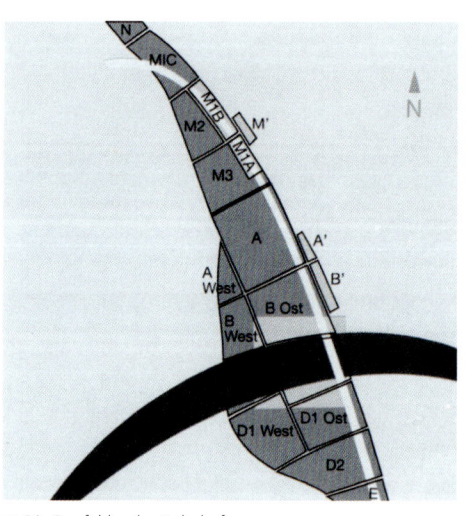

Die Baufelder des Bahnhofs.

Blick aus dem Raum »Saxonia« in der 22. Etage des Bahn-Towers: links das Bundeskanzleramt, rechts das Paul-Löbe-Haus, dazwischen einsam die Schweizer Botschaft. Hinter ihr liegt die neue Ost-West-Trasse, und das dunkle Gebäude danach ist der Stadtbahnhof (2001).

Foto: Erich Preuß

Stück Berliner Eisenbahngeschichte – der letzte Rest vom alten Lehrter Bahnhof – zerstört wurde.

Für den Hauptbahnhof war unter den sechs Baugruben oder Baufeldern das Baufeld B entscheidend, der unterirdische Teil des Bahnhofs. Für dieses brauchte man Baufreiheit. Ohnehin war während des Bauens der Übergang von Alt zu Neu nicht einfach. Da die Baugrube eine unterschiedliche Höhenlage hatte, wurde sie in Baugrube-West und Baugrube-Ost unterteilt und durch eine Schlitzwand getrennt. Die 4.500 m² große und bis zu 12,5 m tiefe Baugrube

B-West wurde im Süden von der Stadtbahn und im Norden von der Invalidenstraße begrenzt, genaugenommen von Schlitzwänden. Dieser Teil nahm den unterirdischen Teil der Bundesstraße 96 und Teile einer zum Bahnhof gehörenden Tiefgarage auf. Wasserglas sowie zugegebene organische und anorganische Härter sichern den Grund gegen eindringendes Wasser. Aus der Baugrube B-West konnten im Unterschied zur Nachbargrube die Erdmassen in trockenem Zustand ausgehoben werden.

Die ebenfalls von Schlitzwänden gesicherte 10.600 m² große und 20 m tiefe

Baugrube B-Ost erhielt zum Schutz gegen das Wasser 1.200 Pfähle. In diesem Baufeld entstanden die unterirdische Bahnhofsanlage mit acht Gleisen und die U-Bahn-Anlage mit zwei Gleisen.[5] Aus dieser Grube war nur der Unterwasseraushub möglich. Vom 20. März 2003 bis zum 19. Juni 2003 löste ein Saugbagger rund 169.000 m³ Boden aus, der durch Rohrleitungen zum Separationswerk an der Heidestraße transportiert wurde. Dieses entwässerte den

5 Hany Azer: Berliner Hauptbahnhof – Schlitzwände für die letzte Baugrube. In: Eisenbahntechnische Rundschau, Darmstadt 2003, S. 449.

Der neue Hauptbahnhof in Berlins Mitte

Der neue Berliner Hauptbahnhof, am Schnittpunkt der Stadtbahn und der neuen Nord-Süd-Verbindung gelegen, ist der größte Kreuzungsbahnhof Europas, geplant vom Architektenbüro von Gerkan, Marg & Partner.

Eine 320 Meter lange gläserne Halle verläuft in Ost-West-Richtung, gekreuzt von der in Nord-Süd-Richtung verlaufenden 160 Meter langen und 40 Meter breiten Bahnhofshalle.

■ DB Reiseservice
■ Bahnhofseinrichtungen
■ Geschäfte, Gastronomie
⇅ Fahrstühle

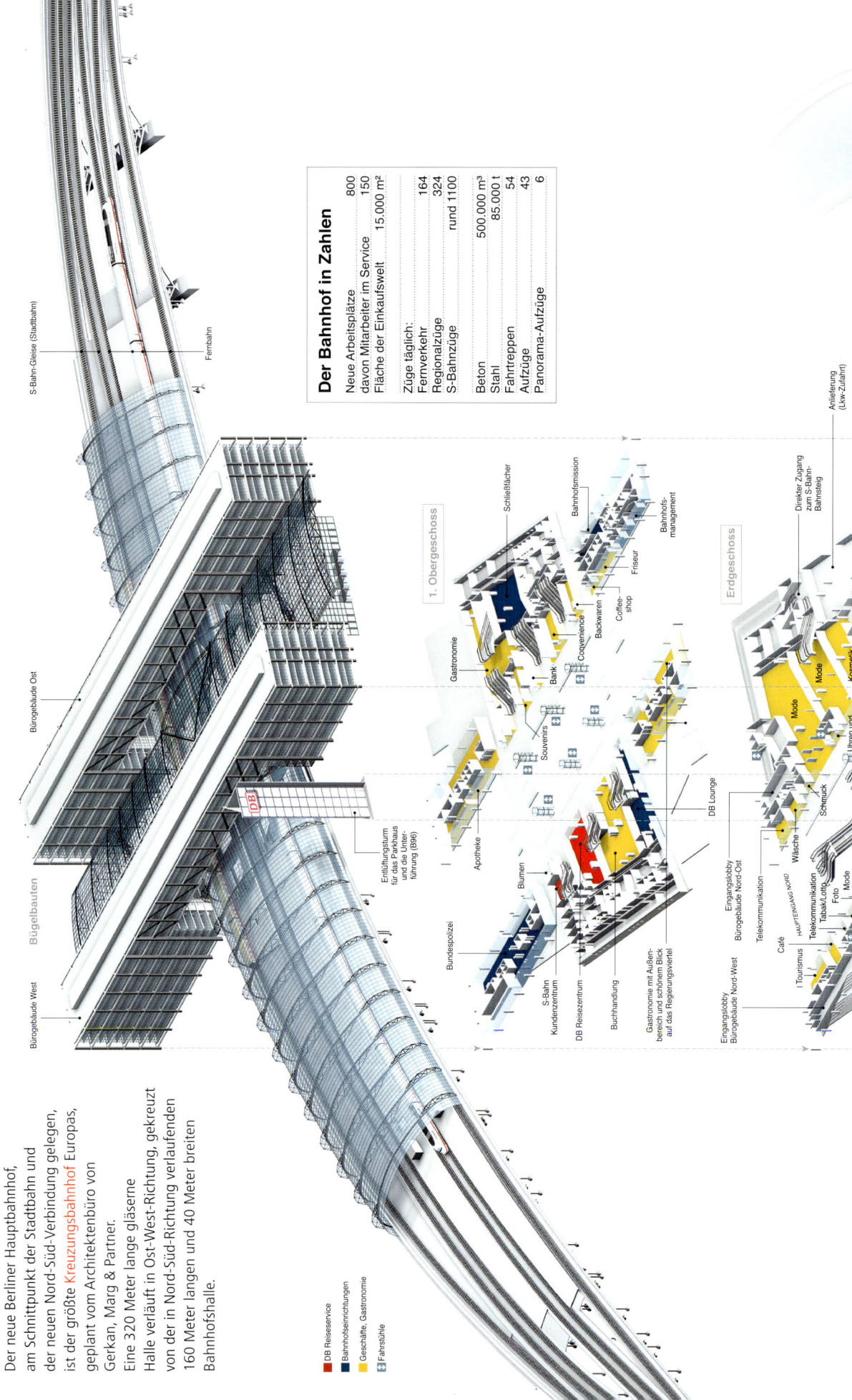

S-Bahn-Gleise (Stadtbahn)

Fernbahn

Bürogebäude Ost

Bügelbauten

Bürogebäude West

Entlüftungsturm für das Parkhaus und die Unterführung (B96)

Der Bahnhof in Zahlen

Neue Arbeitsplätze	800
davon Mitarbeiter im Service	150
Fläche der Einkaufswelt	15.000 m²
Züge täglich:	
Fernverkehr	164
Regionalzüge	324
S-Bahnzüge	rund 1100
Beton	500.000 m³
Stahl	85.000 t
Fahrtreppen	54
Aufzüge	43
Panorama-Aufzüge	6

1. Obergeschoss

Gastronomie
Schließfächer
Bahnhofsmission
Bahnhofs-management
Friseur
Coffee-shop
Backwaren
Convenience
Bank
Souvenirs
Apotheke
Blumen
Bundespolizei
S-Bahn Kundenzentrum
DB Reisezentrum
Buchhandlung
Gastronomie mit Außen-bereich und schönem Blick auf das Regierungsviertel
DB Lounge

Erdgeschoss

Direkter Zugang zum S-Bahn-Bahnsteig
Anlieferung (Lkw-Zufahrt)
Mode
Kosmetik
Mode
Uhren und Schmuck
Schmuck
Wäsche
Mode
Foto
Tabak/Lotto
Mode
Kosmetik
Telekommunikation
Telekommunikation
HAUPTEINGANG NORD
Café
Eingangslobby Bürogebäude Nord-Ost
Tourismus
Eingangslobby Bürogebäude Nord-West

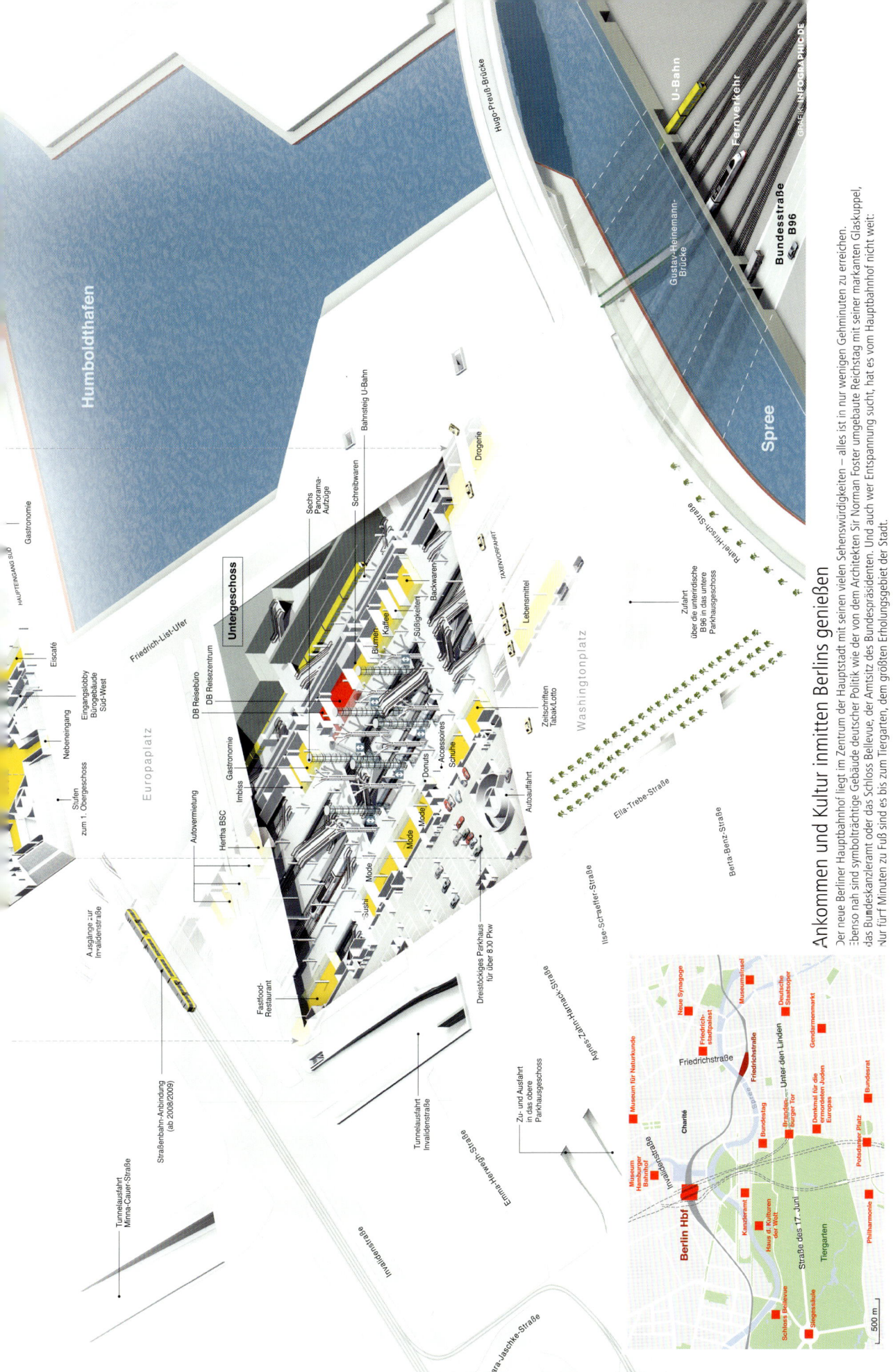

Ankommen und Kultur inmitten Berlins genießen

Der neue Berliner Hauptbahnhof liegt im Zentrum der Hauptstadt mit seinen vielen Sehenswürdigkeiten – alles ist in nur wenigen Gehminuten zu erreichen. Ebenso nah sind symbolträchtige Gebäude deutscher Politik wie der von dem Architekten Sir Norman Foster umgebaute Reichstag mit seiner markanten Glaskuppel, das Bundeskanzleramt oder das Schloss Bellevue, der Amtsitz des Bundespräsidenten. Und auch wer Entspannung sucht, hat es vom Hauptbahnhof nicht weit: Nur fürf Minuten zu Fuß sind es bis zum Tiergarten, dem größten Erholungsgebiet der Stadt.

Infografik: Kircher-Burkhardt

Vom Informationsstand an der Invalidenstraße konnten die Besucher das Schleifen des Stadtbahnhofs beobachten (10. Juli 2002).
Foto: Reiner Preuß

Einige Säulen der Bahnsteighalle des Bahnhofs Papestraße wurden in die Anlagen des Kaiserbahnhofs (DB-Akademie) in Potsdam gerettet.
Foto: Erich Preuß

Boden und drückte das Wasser durch eine zweite Rohrleitung zur Baugrube zurück.

Da im südlichen Bereich ein Teil der aus der Nachbargrube ragenden Anker nicht abgebaut werden durfte, mussten sie in den Schlitzwandtrassen mit Hilfe von Großbohrgeräten verrohrt und unter Wasserlast überbohrt werden. Allerdings fielen die Geräte wegen der überdurchschnittlichen Inanspruchnahme häufig aus, was den Baufortschritt verzögerte. In beiden Baugruben B arbeitete man unabhängig voneinander, trotzdem war wegen der Statik der die Gruben trennenden Schlitzwände – obendrein in unterschiedlicher Höhe! – darauf zu achten, dass der Aushub nicht zu unterschiedlich ausfiel.

Um in der Baugrube B-Ost die 1,5 m dicke Betonsohle herzustellen, waren durchgehend und in jeder Schicht 24 Mann, davon vier Taucher eingesetzt. Sieben Betonwerke lieferten 17.100 m³ Beton, der von vier Pumpen verteilt wurde. Nachdem der Unterwasserbeton hart geworden war, begann Mitte Dezember 2003 das Probelenzen. Am 22. Dezember lag die Oberfläche des Wassers bei 5 m, am 26. Januar 2004 war die Grube trocken. Die Sohle wurde vom Schlamm gereinigt, Filter und eine Sauberkeitsschicht eingebaut, und Anfang März 2004 begann das Betonieren für die Anlagen der Fernbahn.

Im oberirdischen Teil der Bahnhofsanlage durfte der Eisenbahnbetrieb so wenig wie möglich unterbrochen werden. Bis zur Inbetriebnahme der neuen Brücken für die Ost-West-Richtung blieb es beim Zugverkehr auf der bisherigen viergleisigen Stadtbahn-Strecke. Erst nachdem die neuen Brücken eingelegt waren, konnte man mit dem Bau des Bahnhofs beginnen.

Von der Halle des Stadtbahnhofs steht am 5. Juli 2002 nur noch ein Rest. In der neuen Halle wird der linke Bahnsteig von der S-Bahn benutzt, die beiden anderen sind noch im Rohbauzustand.
Luftbildarchiv Berlin/Reuter

Der Bauabschnitt im Baufeld B war wahrscheinlich für die Baufachleute der interessanteste, weniger für das gemeine Publikum, weil Baugruben nicht so anschaulich sind. Umso mehr beobachteten viele Bürger das Wachsen des Bahnsteigdaches, das auch zu einem Zerwürfnis des Architekten mit dem Bauherrn führen sollte. Gerkans Fachleute hatten die technischen Möglichkeiten der Gegenwart ausgenutzt, um eine originelle, leichte und feingliedrige Konstruktion zu schaffen. Ursprünglich sollte die flache ellipsenförmige Halle die sechs Gleise und drei Bahnsteige der Stadtbahn auf 430 m Länge in der Ost-West-Richtung mit einer Breite zwischen 46,2 und 67,6 m und in etwa 16 m Höhe überspannen.

Bei diesem Hallendach hat man in Konstruktion und Gestaltung keine Schwierigkeit ausgelassen. Es ist gewölbt wie eine Banane, liegt quasi auf dem Gleisbogen und hat obendrein verschiedene Breiten. Das Dach ist ein Gitterschalennetz aus nahezu quadratischen, in der Größe variierenden Netzmaschen, die durch Seile ausgekreuzt werden. Durch das Zusammenwirken von Bögen, Längsträgern und Diagonalseilen entstand eine Netzschale; biegesteife Rahmen sorgen für die notwendige Aussteifung. Ungünstig für die Lastverteilung und Biegemomente der Dachkonstruktion weicht deren korbartige Form weit von der Idealform der Parabel ab. Deshalb sind über und unter dem Binder vollverschlossene Seile als Zuggurte gespannt. Deren Verlauf folgt der Momentenlinie und vermindert die Biegemomente in der Konstruktion für die ständigen Lasten auf Null. Die Führung der Seile unterhalb des Binders im Halleninneren und oberhalb des Binders an der

Zuerst musste für die Dachmontage ein Gerüst aufgestellt werden (2002).   Fotos: Erich Preuß

Außenseite wirkt zusätzlich als gestalterisches Element.

Die Dachteile konnten nicht identisch sein, weil das Dach, den Gleisen folgend, gebogen ist und obendrein in der Mitte auseinanderrückt. Das in der Bahnhofsmitte schiefwinklig kreuzende 180 m lange und 50 m breite Querdach komplizierte die Berechnungen. Sie waren nur rechnergestützt möglich, Stahl und Glas konnten auch nur mit Hilfe von Computern zugeschnitten werden. Es konnten auch nicht die gängigen Lager und Verschraubungen gewählt werden, sondern solche, die der Genehmigung im Einzelfall bedurften, wie Zug-Druck-Kalottenlager, Kalottenlager mit Führungsring und Mehrschichtwerkstoff, justierbare Horizontalkraftlager sowie Radial-Gelenklager mit integrierter axialer Verschiebemöglichkeit.[6] Dementsprechend vertrackt war es auch, die Konstruktion zu prüfen, ehe die Genehmigung erteilt werden konnte.

6 Armin Gerber, Jochem Wiedemeyer: Nachweis für Sonderlagerungen beim Lehrter Bahnhof. In: Stahlbau, S. 39

◼ Abdichtungsarbeiten im Baufeld D2 (19. September 2003) Foto: DB-Projekt

◼ Durch Bogen, Längsträger und Diagonalseile entstand eine Netzschale (2002). Foto: Reiner Preuß

◼ Blick in die Halle im September 2003 Foto: DB-Projekt

GERÜCHTE UM DIE VERZÖGERUNGEN

Gerade deshalb verzögerten sich die Berechnungen des Eisenbahn-Bundesamtes. Diese Aufsichtsbehörde konnte bei den Genehmigungsverfahren kaum auf ein vorhandenes Regelwerk zurückgreifen. Ihr blieb in 26 Fällen nur die »Zulassung im Einzelfall«. Als die ersten Stahlbögen angeliefert wurden, lag noch keine Baugenehmigung vor. Man war sich unsicher, ob die Fundamente auf den Gleisbrücken die Last des Daches aufnehmen konnten.

Die DB-Projektgesellschaft Verkehrsbau versuchte, diese Verzögerungen im Zeitplan dadurch auszugleichen, dass sie den Gleisbau vorzog. Gerüchte machten die Runde, eine falsch berechnete Statik sei Schuld am Bauverzug. Siegfried Knüpfer, Geschäftsführer der Projektgesellschaft, wies in der DB-Mitarbeiterzeitung »Bahnzeit« 9/2001 diesen Verdacht zurück: »Wir mussten viele Berechnungen aktualisieren. Aber nicht, weil sie nicht richtig ausgeführt worden wären, sondern weil sich im Verlaufe eines solchen Großprojekts immer neue Anforderungen ergeben.« Knüpfer nannte die Vorkehrungen zum Brandschutz im Tunnel.

Diese waren nicht die einzigen Modifikationen, das Eisenbahn-Bundesamt verlangte weitere. Ehe es die Genehmigungen für die umstrittenen technischen Lösungen erteilte, wurde der Behörde in Form von Gutachten Rückhalt von 107 Hochschulen und Ingenieurbüros gegeben, die für das Bauwerk Forschungsaufträge übernommen hatten. Doch im Jahr 2001 zeichnete sich ab, dass das Prüfen und Genehmigen der Dachkonstruktion viel Zeit kostet. An die Inbetriebnahme des Bahnhofs im Sommer 2006 war nicht zu denken. Die Fußball-Weltmeisterschaft und in Berlin eine Riesenbaustelle?! Immer neue Hiobsbotschaften gelangten zu Hartmut Mehdorn, dem Vorstandsvorsitzenden der Deutschen Bahn. Das Maß war voll, als Hany Azer, der Projektleiter beim Rapport Mitte November 2001 Folien auflegte und begründete, warum der Bahnhof erst 2008, wenn nicht sogar 2009 eröffnet werden könne. Mehdorn sprang auf: »Der Bahnhof wird 2006 eröffnet, da gibt es kein Vertun!«[7]

7 Petra Bornhöft: Grenze des Machbaren. In: Der Spiegel, Hamburg vom 26. November 2001, S. 2.

HAUPTBAHNHOF/LEHRTER BAHNHOF

Ebene -2	Nord-Süd-Trasse der Fern- und Nahverkehrszüge	
	Nord-Süd-Flughafen-Express	
	U-Bahn-Linie 5	
Ebene -1	Fußgängerebene	
	Bahnhofshalle	
	bahntechnische Anlagen	
	bahnbetriebliche und Dienstleistungsanlagen	
	Tiefgarage	
Ebene 0	Straßenbahnen, Busse, Taxi	
	bahnbetriebliche und Dienstleistungsanlagen	
Ebene 1/2	Fußgängerebene	
Ebene 1	Ost-West-Trasse (Stadtbahn) des Fern- und Regionalverkehrs	
	S-Bahn-Verkehr der Stadtbahn	

Architekt:
gmp, von Gerkan, Marg und Partner, Hamburg

Tragwerkplaner:
Schlaich, Bergemann und Partner, Stuttgart

Bauausführung Hallendach:
Mero, Würzburg

Mengen (Stahl) Stabnetz 1.350 t,
Binder 1.100 t,
Randträger 300 t,
Lager 100 t,
Binderseile 75 t,
Netzseile 55 t
Gebäude (verkürzt):
21.200 m² Fläche,
187.000 m³ Bruttorauminhalt

Einige der in Polen hergestellten Stahlträger waren überzählig (2002). Foto: Erich Preuß

Die Fußball-Weltmeisterschaft stand wie ein Menetekel im Raum, sie war aber auch ein Anlass zum Durchschlagen des gordischen Knotens. Den neuen Hauptbahnhof könne man im Mai 2006, so fiel es Azer ein, nur eröffnen, wenn man nicht mehr auf alle Genehmigungen warten müsse! Wird das Glasdach verkürzt, spart man Berechnungen. Mehdorn war einverstanden: Von 430 m Länge wurde es um 130 m verkürzt, 100 m auf der West- und 30 m auf der Ostseite. Reisende, die aus den ersten und letzten Wagen der ICE-Züge aussteigen, stehen nicht in einer Halle, sondern im Regen auf dem Bahnsteig. Das hat man anderswo auch. Ein Jahr nach der Eröffnung des Bahnhofs verbreitete der Bahnvorstand eine andere Version, warum das Dach gekürzt wurde: Das kurze Dach sei der Vorschlag des Architekten gewesen!

Das verkürzte Dach war zwar dem Gesamteindruck abträglich, aber die Montage der Glasscheiben konnte beginnen, die Halle würde endlich fertig werden. Mehdorn schmeckte ohnehin das Bauen über den Gleisen bei laufendem Zugverkehr nicht. Am liebsten hätte er auf das »verflixte Ding« verzichtet.

Die 34 Stahlträger – hergestellt in Skierniewice/Polen, da sich für sie in Deutschland kein Lieferant fand – waren bereits fertiggestellt. Wohin mit den überzähligen? Was an Stahlseilen und Glasscheiben nicht gebraucht wurde, kam in die danach zugemauerten Viaduktbögen westlich des Ostbahnhofs zwischen der Andreas- und der Koppenstraße, elf Stahlbinder sollen in die Heide nach Boxberg gebracht worden sein.

Die in Bretten (Baden-Württemberg) hergestellten 8.600 Verbundsicherheitsglä-ser aus teilvorgespanntem Glas mit einer 1,52 mm dicken Poly-Vinyl-Butyral-Folie wurden, je nachdem, welche Windlast erwartet wird, in Glasstärken von 2 x 6 mm, 2 x 8 mm und 1 x 10 mm montiert. Die Glasscheiben sind vierseitig linienförmig gelagert und in den Eckpunkten mit Sogtellern gegen abhebende Kräfte gesichert. Damit die unterschiedlich dicken Gläser nicht die Wirkung des Daches beeinträchtigen, wurde ein neuartiges Silikonprofil zur Abdichtung der Gläser verwendet. Es hat mehrere Lagen abreißbarer Lippen. Je nach Glasdicke hatten die Monteure eine unterschiedliche Anzahl dieser Lippen abzureißen.

Für die Belüftung der Bahnsteighalle sind 486 Zugluftklappen eingebaut worden, die mit Hilfe eines Motors geöffnet werden können. Im Firstbereich befinden sich 653 Rauch- und Wärmeabzugsflügel.

Noch wird die Halle gut belüftet, weil die Bügelbrücken fehlen (2003). Foto: Erich Preuß

Bei aller Mühe um das Dach: Den Architekten verdross dieser Eingriff, denn die Länge des gekrümmten Glasdaches war nicht allein der ICE-Länge geschuldet, sie gehörte zur Proportion der Bahnhofs- und der anderen umstehenden Bauten. Die war nun gestört. Es sollte noch zu einer lautstarken Auseinandersetzung zwischen dem Bauherrn und dem Architekten kommen, die mit Mehdorns Feststellung endete: »Ich hätte diesen Bahnhof nie so bestellt!« Er wollte auch »mit Wut im Bauch« den Professor nicht mehr auf der Baustelle sehen.

KÜRZER, ABER NICHT EINFACHER

Auch dem Ingenieur und Statiker, Professor Jörg Schlaich, der das Glasdach begutachtet hatte, missfiel die Verkürzung. Nur bei voller Länge wäre die Eleganz des gewundenen Körpers deutlich geworden. Die Verkürzung habe die Berechnungen auch nicht vereinfacht – auch nicht, weil bei dem Rumpfdach die Festpunkte der Konstruktion an eine andere Stelle rückten. Die beiden Dachportale wurden neu gefertigt, da sie den unter dem Dach strömenden Windlasten Widerstand leisten müssen.

Außerdem mussten in die Portale dickere Scheiben eingezogen werden. Weil sich bei der gekürzten Version des Daches die auf die Gleisbrücke wirkenden Kräfte verändert hatten, war die Statik neu zu berechnen.

Ganz so pfiffig war die Idee mit dem Abschneiden der Glasröhre also doch nicht. Unbekümmert erklärte Mehdorn den Journalisten: »Ästhetik muss man sich leisten können. Mir bricht nicht das Herz, wenn wir künftig nicht so viele Glasscheiben putzen müssen.« Er hätte niemals ein so langes Dach hingenommen, wäre er »damals« schon der Bahnchef gewesen. Seit Mehdorns Anweisung wurde rückwärts geplant. Das hieß, ausgehend vom 28. Mai 2006 wurden die Termine für die Veränderungen bestimmt.

Am 1. Februar 2002 begann die Montage des immer noch 25.000 m² großen Daches, das zunächst von einem 3.600 t schweren Montagegerüst gestützt und danach von 23 Stahlbindern und Stahlseilen von insgesamt 85 km Länge gehalten wurde. Man konnte sich für diese Montage nicht ein Jahr Zeit lassen, wie es erst geplant war, sondern musste mit einem Riesenaufwand von Arbeitskräften in einem Viertel der Zeit fertig werden. Unter einem Riesengerüst wurden die Träger zusammengeschweißt und anschließend die Stahlseile befestigt. Sie lassen mit den Gelenklagern der Binder (Verschiebeweg 220 mm) der Bahnsteighalle noch genügend Bewegungsfreiheit. Es kann bei Wind und anderen Erschütterungen um 7 cm in der Nord-Süd-Richtung und 19 cm in der Ost-West-Richtung gleiten. Wäre das Dach starr, würde es brechen.

Während der Montage erhielt das Dach eine aus 780 Modulen bestehende Photovoltaikanlage, die jährlich 160.000 kWh Strom liefern soll. Das sind 2% des Verbrauchs im Hauptbahnhof. Die Anlage verschattet die Bahnsteige, was aber gewollt ist. Als Umweltminister Jürgen Trittin am 14. Juli 2003 symbolisch die neue Anlage einweihte, waren die restlichen Glasscheiben noch sehr durchsichtig. Wie lange? Das Architektenbüro hatte Putzroboter für die Reinigung vorgesehen. Die wurden vom Fraunhofer-Institut entwickelt. Die oberen Scheiben werden trotzdem langsam blind.

Der Hauptbahnhof, als »High-Tech-Bahnhof« bezeichnet, steckt voller Neuerungen,

■ Die Dachportale mussten wegen der Verkürzung der Halle neu berechnet und neu konstruiert werden (Januar 2006).
Foto: Erich Preuß

■ Für Berlin ganz ungewöhnlich: Man hatte von der S-Bahn Rhein-Ruhr die x-Wagen geholt, die während der Streckensperrung beim Pendelzugverkehr aushalfen (Juni 2002)
Foto: Erich Preuß

![Momentaufnahmen](Bild im Bahnhof)

Momentaufnahmen
Berlin Hauptbahnhof – Lehrter Bahnhof

Fotografie Roland Horn
Mit freundlicher Unterstützung **Die Bahn DB**

◼ Vom S-Bahnsteig konnte man im Bahnhof den Bahnhof überblicken (2005). Foto: Erich Preuß

◼ Symbolische Einweihung der Photovoltaikanlage durch den Bundesumweltminister Jürnen Trittin. Foto: Erich Preuß

die ständig von Fachleuten besichtigt werden. Zum Beispiel waren 101 Zulassungen nötig, weil bislang nicht Genormtes verbaut wurde. Dazu gehören die elastischen Lager für die Gleise, um bei Zugfahrten Erschütterungen zu vermeiden, die Stromschiene im Tunnel an Stelle einer Oberleitung und 30 spezielle Lampentypen.

Man berechnete sich einen zeitlichen »Puffer«, die Bauzeit für 130 m Dach. Den brauchte man auch, aber nicht für das Dach, sondern weil zu guter Letzt am 11. Juni 2002 ein Baukran umstürzte, dessen Seile beim Anheben eines Betonblocks gerissen waren. Trotzdem: Die Großbaustellen galten hinsichtlich der Arbeitssicherheit als vorbildlich. Verstöße konnten sich Auftraggeber und -nehmer kaum leisten, weil die Öffentlichkeit wie bei nur wenigen Baustellen genau hinsah. Außerdem hätte jeder Unfall zu einer Unterbrechung des Ablaufs geführt und den Zeitplan gefährdet. So ist nur ein Arbeitsunfall bekannt geworden, als

am 11. Juli 2005 zwei Eisenflechter aus 17 m Höhe in die Tiefe stürzten. Ihre Arbeitsbühne war gebrochen. Sahmet B. und Colakaja A. kamen glimpflich davon.

Am 29. Mai 2002 fuhren acht Lokomotivzüge mit einem Gewicht von insgesamt 3.500 t in die Halle, um die Tragkraft der auf 16 Brücken gegründeten Stahl-Glas-Beton-Konstruktion zu prüfen. Fachleute der Bundesanstalt für Materialprüfung und des Eisenbahn-Bundesamtes protokollierten jede Bewegung der Brücken und maßen sie mit Hilfe der Lasertechnik. Das Bauwerk soll ja den dynamischen Belastungen des Zugverkehrs standhalten. Ein aus zwei Halbzügen bestehender ICE-2 wiegt immerhin 820 t.

Ganz nach dem neuen Zeitplan wurden vom 16. Juni bis 4. Juli 2002 die Gleise mit der für Lokomotivführer heiklen Steilrampe und einer Geschwindigkeitsbeschränkung auf 30 km/h von der bisherigen Stadtbahntrasse auf die neue Trasse verschwenkt und an die in der neuen Bahnhofshalle bereits verlegten Gleise angeschlossen. Seit dem 21. Juni 2002 fahren die Züge der Fernbahn, seit dem 4. Juli 2002 die Züge der S-Bahn durch den neuen Bahnhof. Die S-Bahn konnte wegen zusätzlicher Brückenbauarbeiten nicht am selben Tag mit der Fernbahn den Betrieb aufnehmen.

Der Zeitdruck entstand vor allem dadurch, dass der Stadtbahnhof abgerissen werden musste, um das Baufeld D öffnen zu können, also am unteren Teil des neuen Bahnhofs weiter arbeiten zu können. Danach konnten bis Ende Oktober 2002 die Anlagen über dem Baufeld B, und zwar der Stadtbahnhof sowie die alte Humboldthafenbrücke, abgerissen und die Baugrube B hergestellt werden. Wo der Stadtbahnhof gestanden hatte, schuf Schwimmbagger »Pirat III« nun diese Grube, die letzte Baugrube für die Verkehrsanlagen. Zu dieser Zeit war südlich und nördlich von ihr bereits der Rohbau des unterirdischen Bahnhofsteils vollendet.

In der Grube B entstand zunächst eine Art Badewanne. Für deren Umgrenzung wurden Schlitze in den Boden gegraben, diese mit Beton ausgegossen und zwischen ihnen rund 17.000 Lastwagenladungen Erdreich ausgehoben. Die Grube musste geflutet werden, damit das nach oben drängende Grundwasser nicht eindrang. Unter Wasser wurden eine 1,50 m dicke Betonsohle gegossen und 1.222 Stahlpfähle von 23 m Länge eingelassen. Erst danach konnte innerhalb von 26 Tagen die Grube leer gepumpt werden. Der Wasserspiegel musste ständig kontrolliert werden. Stieg er, gab es noch undichte Stellen, die von Tauchergruppen gesucht wurden. Anfang Februar 2004 war die Grube leer.

■ Die letzte Baugrube (2004). Foto: Erich Preuß

■ Der seit 4. Juli 2002 benutzte S-Bahnsteig im neuen Bahnhof wirkt noch unfertig (2005). Foto: Erich Preuß

■ Die Brückenhälften wurden in senkrechter Stellung errichtet (März 2005).   Foto: Erich Preuß

■ Hany Azer erklärt den Journalisten das Klappen.
Foto: Erich Preuß

NEULAND BÜGELBAUTEN

Ein weiteres ingenieurtechnisches Neuland betraten die Baufirmen mit den so genannten Bügelbauten. Das sind zwölfgeschossige Gebäude mit einem außenliegenden Tragwerk aus Stahl, Kernen aus Stahlbeton und Decken in Stahlverbundbauweise. Die Last der Bügel wird auf den Rohbau des Bahnhofs abgeleitet. Diese Stahlquader begrenzen die Bahnhofshalle im Osten und im Westen. Sie sind gleichzeitig Auflager für das in Nord-Süd-Richtung verlaufende Glasdach.

Die jeweils 182,7 m langen, 21,4 m breiten und 50 m hohen Bügel überspannen die Gleise der Ost-West-Richtung (Stadtbahn) mit dem Dach in etwa 31 m Höhe. Die »Brücken« über den Bahnsteigen sind viergeschossig.

Der Bau der Bügelgebäude unterblieb zunächst, weil sich angesichts des Überangebots von Bürobauten in Berlin für die 44.000 m² Bürofläche keine Investoren fanden. Dabei beabsichtigte die Konzernleitung bzw. die Holding der Deutschen Bahn, als Heinz Dürr noch ihr Chef war, selbst in die Bügelbauten einziehen – und hätte damit unmittelbaren Kontakt zum Eisenbahnverkehr gehabt. Unter Bahnchef Hartmut Mehdorn mietete man sich bis zum Jahr 2009 teuer im Sony-Center am Potsdamer Platz ein.

Öffentlich behauptete die Deutsche Bahn, bis Anfang 2001 hätten sich so viele Bewerber für die Bügelbauten über dem Hauptbahnhof gefunden, dass sie einen Investor aussuchen könne. Dieter Ullsperger, damals Vorstand Personenbahnhöfe der Deutschen Bahn, war zu einer Immobi-

lienmesse nach Cannes geflogen, begleitet von Managern des Immobilienberatungsunternehmens Jones Lang LaSalle, wo er nach eigenen Angaben mit etwa 20 potenziellen Investoren – »alles, was Rang und Namen hat« – sprach. Am 10. April 2001 gab er den Medien bekannt, Jones Lang LaSalle sei beauftragt, die Investoren auszuwählen.

Trotzdem hatte sich bis 2003 weder ein Investor noch ein Mieter gefunden. Sollte der Bahnhof ohne die Bügelbauten ein Torso bleiben? Im Frühjahr 2003 schrieb die Deutsche Bahn den Bau der Bügelbauten und des dazwischen liegenden Daches aus und vergab die Aufträge zum Jahreswechsel 2004/2005.

Mit dieser Entscheidung war das letzte Aufsehen erregende Ereignis vor der Inbetriebnahme von Tunnel und Bahnhof gesi-

Westliche Seite: Fast geschafft (30. Juli 2006)!   Fotos: Emersleben

Der Bahnhof ist zur Attraktion der Rundfahrten auf der Spree geworden (2005)   Foto: Erich Preuß

chert: das Umklappen der Bügelbauten. Denn für ihre Montage hatte sich die Darmstädter Firma Donges Stahlbau (Projektleiter: Gisbert Loos) eine spektakuläre Lösung ausgedacht. Ursprünglich wollte sie die Brücken im Freivorbau montieren. Die Stahlträger wären in herkömmlicher Weise über die Bahnsteige gelegt worden. Man hätte mit Kränen und Stützungen bis in die unterste Ebene einen immensen Aufwand betreiben und außerdem an sechs Wochenenden alle Gleise der Stadtbahn sperren müssen. Denn das Risiko, das beispielsweise ein Stahlteil auf einen durchfahrenden Zug oder auf den bereits benutzten S-Bahnsteig fällt, wollte niemand eingehen.

Dann erinnerte sich die Firma einer anderen Art von Montage, die sie schon einmal angewendet hatte, und schlug das Umklappen vor. Das sparte die Hälfte der Vollsperrungen und wurde noch unterboten. Deshalb baute man an Stelle des Freivorbaus jeweils eine Brückenhälfte auf der + 5-Ebene in senkrechter Stellung auf und verschweißte sie. Die 70 m in den Himmel ragenden künftigen Fußböden lagen senkrecht und die späteren Wände dazu im rechten Winkel.

An zwei Wochenenden – 29. bis 31. Juli und 12. bis 15. August 2005 (ein drittes Wochenende war ein Ausweichtermin, falls ungünstiges Wetter das Umklappen verhindert hätte) – wurden die je 1.250 t schweren Hälften in die horizontale Lage gekippt. Azer und Bay beschreiben diesen Vorgang: »Zu Beginn des Absenkvorgangs wurde die Brücke über eine in der Ebene + 11 installierte Hubanlage mit Hilfe von Spannstahllitzen angehoben. Jede Hubanlage bestand aus vier Pressen mit jeweils 28 Spannstahllitzen (Durchmesser 15,2 mm je Litze).

Nachdem die Brücken um 9° angehoben waren, wurden die Litzenbündel der Absenkanlage, bestehend aus acht hydraulischen Pressen mit der Brücke verbunden. Von nun an wirkten die Hub- und die Absenkanlage gegeneinander, um ein gleichmäßiges Absenken der Brücken zu gewährleisten, während sich der Schwerpunkt der Brückenhälften über das Gelenk bewegte. Der Zustand des indifferenten Gleichgewichts wurde bei einer Neigung von ca. 30° erreicht. Nachdem dieser Punkt überschritten war, wurden die Litzen der Hubanlage von der Brücke getrennt. Von nun an wurde das weitere Absenken der Brückenhälften allein durch die Absenkanlage gesteuert, welche weggesteuert ein zu schnelles Absenken der Brücken verhinderte.« [8]

Bewusst hatte der Konstrukteur eine Lücke von wenigen Zentimetern zwischen den beiden Brückenhälften gelassen, denn jedes Zuviel hätte zum Verhaken der Stahlelemente geführt, oder sie hätten sich nicht in die waagerechte Lage bringen lassen und der ganze Vorgang wäre gescheitert.

Das Klappen der Bügelbauten war nicht neu. Erfunden wurde es als »Bogenklappverfahren Bung« im Heidelberger Ingenieurbüro Bung und zum ersten Mal 1984 bei der Argentobelbrücke im Allgäu angewandt, aber im Prinzip bereits 1956 in Südafrika bei der Brücke über den Storms River. Seit der Argentobelbrücke wurde nicht mehr geklappt, sondern Brücken mit Hilfe eines freitragenden Lehrgerüsts oder im Freivorbau mit Hilfsabspannung hergestellt. [9]

8 Hany Azer, Martin Bay: Berlin Hauptbahnhof – ingenieurtechnisch anspruchsvoll vom Konzept bis zur Realisierung. In: Glasers Annalen, Hamburg 1/2/2006
9 Frankfurter Allgemeine Zeitung vom 23. August 2005, Seite T 2.

Zwischen den Bügelbrücken wurden zwei Segmente des mittleren Hallendaches bis zum 17. November 2005 in ihre endgültige Lage geschoben.
Foto: Erich Preuß

TAUSENDE NEUGIERIGE KAMEN

Im Allgäu zog das 150 m weite Bauwerk eher die Fachleute an, hier in Berlin erschienen Tausende Schaulustige, um das Kippen zu sehen, zu filmen und zu fotografieren. Das Wetter inklusive Gewitter spielte so gut mit, dass man früher fertig wurde als gedacht und einige Neugierige zu spät zur Besichtigung erschienen.

In ihrer endgültigen Lage wurden die Bügel hydraulisch zusammengeschoben und verschweißt. Der Innenausbau dieser zwölfgeschossigen Gebäude auf dem Bahnhofsgebäude soll bis Ende 2007 nach den Wünschen des DB-Vorstands beginnen.

Nach dem Klappen konnte der Ausbau der Stahlträger für die Büro- oder Hotelflächen beginnen. Mitte August 2005 wurde zwischen den beiden Riegeln das erste Segment des insgesamt 200 m langen Nord-Süd-Daches auf einem Gerüst montiert und 14 m weit mit Maschinenkraft und auf teflonbeschichteten Führungsschienen in den Bahnhof geschoben. Danach konnte das zweite Segment montiert und mit dem ersten in der Nacht vom 8. zum 9. Oktober in die Halle gezogen werden. Am 17. November 2005 war die 106 m breite Lücke im Dach geschlossen.

■ Die Bügelbauten sind umgelegt, sodass ihr Ausbau beginnen kann (28. Oktober 2005).

Luftbildarchiv Berlin/Reuter

Im gesamten Bahnhofsgebäude war seit 2004 der Innenausbau im Gange, gleichzeitig wurden Mieter für die 15.000 m² »Gewerbefläche der Extraklasse« – so die Formulierung von DB-Personenbahnhöfe – gesucht. Am Rande des Parlaments- und Regierungsviertels entstand ein Einkaufszentrum, das den Hauptbahnhof »zu einem Anziehungspunkt zum Flanieren und Einkaufen« machen sollte. Im bisherigen unattraktiven Gebiet von Moabit sollte sich »Vitalität einstellen«, wünschte sich der Gesamtverband des Einzelhandels. Beim Überhang an Verkaufsflächen in Berlin war das für die Tochtergesellschaft Personenbahnhöfe der Deutschen Bahn kein leichtes Unterfangen. Sie brauchte aber den Umsatz, denn allein die Stationskosten, die für jeden Halt eines Zuges berechnet werden, decken nicht die enormen Kosten des Prestigebaus. Schon deshalb korrigierte sie ihre Erwartungen auf täglich 300.000 Besucher.

Während im Gebäude gebaut wurde und um dieses die Treppen wuchsen, wurden »Bahnhofspartnerschaften« mit großen Bahnhöfen in Europa geschlossen:

- am 20. Juni 2005 mit Paris Gare du Nord,
- am 20. September 2005 mit dem Belorussischen Bahnhof in Moskau,
- am 10. Januar 2006 mit Hovedbanegård in Kopenhagen,
- am 9. Februar 2006 mit in Warschau Centralna und
- am 1. März 2007 mit Zürich HB.

So recht wurde der Sinn dieser Partnerschaften nicht klar, sie sind wohl mehr als Marketing-Gag gedacht.

Hans Christian Andersen, der dänische Märchenschriftsteller, durfte zu Beginn der Bahnhofspartnerschaft mit Kopenhagen seine Reiseeindrücke vortragen.
Foto: Erich Preuß

Der Ausbau der zwölfstöckigen Bügelbrücken zieht sich bis in das Jahr 2007 hin (2006). Foto: Emersleben

Um die Bahnhofspartnerschaft zu beschließen, waren Vadim Morosov, Erster Vizepräsident der Russischen Eisenbahnen (links) und Andreij I. Krasjukov, Leiter des Belorussischen Bahnhofs in Moskau, zur Berliner Baustelle gekommen. Rechts Wolf-Dieter Siebert, Vorstandsvorsitzender DB-Station & Service, Mitte Boris E. Zaritskij, Russische Botschaft in Berlin.
Foto: Erich Preuß

■ Der Stolz der Deutschen Bahn ist als *location* für mancherlei Veranstaltungen gut genug. Die Werbung für Porsche an der Lokomotive 182 004 brachte am 3. Februar 2006 den Zug mit den teuren Pkw in die Bahnhofshalle.
Foto: Erich Preuß

EIN HAUCH VON VENEDIG

So schön der Blick auf die Spree, das Kanzleramt und den Reichstag sein mag, um den Bahnhof sieht es etwas trostlos aus. Es scheint, als habe man die Umgebung stiefmütterlich behandelt. Bereits am 22. Dezember 1994 wurden in der Akademie der Künste die Ergebnisse eines Wettbewerbs zur Bahnhofsumgebung vorgestellt, übrigens eines Gebiets, das städtebaulich in Vergessenheit geraten war. Sieger waren der Kölner Prof. Oswald Mathias Ungers und sein Kollege Stefan Vieths, die an den Humboldthafen »einen Wasserplatz mit einem Hauch von Venedig hin-

zaubern« wollten, »etwas Einzigartiges, das es bislang nirgendwo gibt.« 14 Architekten hatten sich mit Entwürfen der künftigen Bebauung des Geländes am Zentralbahnhof (rund 30 ha, davon 20 ha Bauland) versucht. Die Jury unter der Leitung von Prof. Albert Speer hatte empfohlen, das Randgebiet der Invalidenstraße nach den Ideen Max Dudlers zu gestalten. 240.000 m² Büro- und Gewerbeflächen und in der Mitte ein Grandhotel sollten rund um den Bahnhof entstehen.

Der amerikanische Projektentwickler Tishmann & Speyer sollte – am 3. Oktober

1996 von der Deutschen Bahn beauftragt – die Pläne auf ihre Wirtschaftlichkeit prüfen und die Vermarktung organisieren. Von diesem Geld wollte die Deutsche Bahn den Bau des Zentralbahnhofs finanzieren.

Ungers Umbauung des 1850 von Lenné entworfenen Humboldthafens mit siebenstöckigen Wohn- und Geschäftshäusern und an der Invalidenstraße ein Hochhaus mit 24 Etagen bzw. 93 m hoch sowie ein würfelförmiges Hotel von 13 Etagen bzw. 47 m hoch vor, quasi eine Troika zum Solitär des Bahnhofsgebäudes, lässt auf sich warten.

Am 10. Juli 2002 hieß der Bahnhof noch wie früher der Kopfbahnhof Lehrter Bahnhof.   Foto: Reiner Preuß

MEHDORN ZIEHT IN DEN HAUPTBAHNHOF

Bereits bei den ersten Planungen war der Lehrter Bahnhof auch als Sitz der Konzernleitung der Deutschen Bahn vorgesehen. Im Sony-Center am Potsdamer Platz 2, dem »Bahn-Tower«, saß das »DB-Headquarter« nur zur Miete, befristet bis zum Jahr 2009. Anfang 2006 wurde bekannt, dass dieses »Headquarter« in den Bahnhof umziehen wird. Wenn die Räume nicht reichen, wird es einen Bürokomplex neben dem Bahnhof geben. Was wirklich gebaut wird, gehörte im Jahr 2007 noch zu den Geheimnissen der Senatsbauverwaltung.

Rund 6.000 Mitarbeiter sollen einmal in der »Mobile City« arbeiten, wie das vom Architekturbüro Henn entworfene Projekt intern genannt wurde. Zu ihm gehört ein 150 m hoher Turm und ein so genanntes Konzernforum nach dem Vorbild der Autostadt in Wolfsburg. Es scheint, als zöge der Konzern eines Tages in diesen Turmbau.

Als zum Jahreswechsel 2005/2006 der Umzugswille des Vorstands nach Hamburg ruchbar wurde, schienen die Gedanken obsolet, ob die Konzernleitung doch noch vom Hauptbahnhof Besitz ergreift. Im Januar 2006 war entschieden, die DB-Konzernleitung bleibt in Berlin, und so wird sie in ihr teuerstes Haus ziehen, zumindest der Vorstand. Apropos teuer: Heinz Dürr erklärte einst: »Für den Bau dieses Kreuzungsbahnhofes investieren wir 700 Millionen DM.« Inzwischen sollen die Bautätigkeiten um das Pilzkonzept 10 Milliarden Euro verschlungen haben. Wie groß der Finanzierungsanteil der Deutschen Bahn ist, wird als Geheimnis gehütet. Ein nicht geringer Anteil kommt gewiss aus Bundesmitteln, also aus Steuergeldern.

Unmittelbar nach der Preisverleihung 1994 lehnte die Berliner Denkmalschutzbehörde die Umbauung des Hafens ab wegen der Gefahr, dass er bei einer privaten Nutzung nicht mehr öffentlich zugänglich sei. Daraufhin lockerte Ungers in einem neuen Entwurf die Umbauung des Hafens auf, hielt allerdings an seinen »Humboldt-Arkaden« fest. Doch Ende 1997 kippte Bahnvorstand Johannes Ludewig die Pläne und verlangte neue Überlegungen. Er störte sich an dem Hotelblock auf dem südlichen Bahnhofsvorplatz, der den Blick vom und zum Parlaments-

viertel verstellte. Der Bahnhof sollte besser zur Geltung kommen.

Die Umgebung des Hauptbahnhofs blieb erst einmal leer. Die meisten Grundstücke zwischen Alt Moabit, der Rahel-Hirsch-Straße und der Invalidenstraße gehören dem Immobilienunternehmen Vivico, das 2006 einen Architekturwettbewerb auslobte. Bis 2009 soll zumindest der südliche Bereich von 30 m hohen Häusern mit Büros und Hotels bebaut sein. Unklar war 2005, ob der vorgesehene Büroturm von 150 m Höhe gebaut oder dem Spardiktat geopfert wird.

Schon Wochen vor der Eröffnung war die Fassade auffällig geschmückt.　　　Foto: Emersleben

Der Berliner wurde auf das Ereignis am 26. Mai 2006 neugierig gemacht.　　　Foto: Emersleben

EINE UNGEHALTENE REDE ZUR ERÖFFNUNG

Ein Riesenstab in der Konzernzentrale bereitete die Eröffnungsfeier am 26. Mai 2006 vor. Bereits zum Monatsanfang erfuhren die Bürger, es werde ein Konzert und eine von Jerry Appelt gestaltete Lichtsinfonie geben. Etwa 600 bewegliche computergesteuerte Hochleistungsscheinwerfer mit bis zu 2.000 Watt, vier der größten Show-Lasersysteme in Deutschland, 5.000 einzelne Pyro-Effekte und ein 144 Quadratmeter großer LED-Schirm waren nötig, um in einem Zusammenspiel aus Licht, Feuerwerk und Musik die Geschichte des Bahnhofs zu erzählen. Um es vorwegzunehmen, die Lichtsinfonie war grandios, aber von dem, was sie eigentlich erzählen sollte, bekamen die wenigsten der rund 500.000 Zuschauer etwas mit.

Für den Bahnvorstand und die Ehrengäste begann die Feierlichkeit bereits in Leipzig, denn als Ouvertüre galt es, die vom 28. Mai 2006 an extrem verkürzte Reisezeit zwischen den beiden Großstädten auszuprobieren, sie vor allem in Reden zu würdigen. In Leipzig kam Wolfgang Tiefensee, der ehemalige Oberbürgermeister der Messestadt und nun Bundesverkehrsminister, zu seinem Recht.

Während der ICE-Sonderzug unterwegs war, schlenderte ein weißhaariger Herr im neuen Hauptbahnhof auf und ab: Meinhard von Gerkan, der Stararchitekt. Er stand nicht auf der Rednerliste, und über ihn verlor man in den Ansprachen auch kaum ein Wort, eher feierte man den Bauleiter Hany Azer. Völlig übergehen konnte man von Gerkan nicht. Ein Journalist hatte in der Kundenzeitschrift der Deutschen Bahn »mobil«

Keine Rede zur Eröffnung, aber ein Interview mit Bahn-TV war Meinhard von Gerkan am 26. Mai 2006 vergönnt.
Foto: Erich Preuß

Auch das gehörte zur perfekten Organisation der Eröffnungsfeierlichkeiten.
Foto: Emersleben

einige Zeilen über die Gerkan-Bauwerke verfasst, aber nichts zu den Eingriffen in den Entwurf bemerkt.

Das bahninterne Fernsehen Bahn-TV interviewte ihn noch vor leeren Plätzen, ehe die Gäste sich niederließen. Am selben Tag veröffentlichten einige Medien »eine ungehaltene Rede«. Angeblich wollte von Gerkan zur Eröffnung seines Werkes sprechen. Er durfte nicht. Er war dann auch bei den Feierlichkeiten abwesend. Seine Rede war nicht nur zu bitter und zu lang, sie hätte der Bundeskanzlerin die Schau gestohlen. Was von Gerkan als »ungehaltene Rede« aufgeschrieben hatte, verrät eigentlich alles über das gestörte Verhältnis zum Bahnvorstand des Jahres 2006 (siehe Kasten).

Für die Lichtschau stand auf dem oberen Bahnhof ein Güterzug mit Scheinwerfern.
Foto: Erich Preuß

»Nach 14-jähriger Planungs- und Bauzeit wird heute der Hauptbahnhof Berlin eröffnet. Die Bahn AG und einige Kommentatoren schwelgen in quantitativen Superlativen: Das größte Bauwerk Berlins, die größte unterirdische Halle der Welt, die größte Photovoltaikanlage Deutschlands, 85.000 Tonnen Stahl, 500.000 Kubikmeter Beton, sie werden nicht müde ihre ‚Kathedrale' zu preisen und sich dabei unablässig auf die eigene Schulter zu klopfen.

Der Bahnchef selbst verweist in seinem Einladungstext zur Eröffnung auf drei aus seiner Sicht besonders herausragende Leistungen bei diesem Projekt: auf die Umlenkung der Spree, auf Betonarbeiten unter Wasser und auf den Klappvorgang der Bügelbauten.

Dieser Geist der Bahn, der nur Zahlen und populistische Attraktionen kennt, residiert seit 1997 in einer der teuersten Büroetagen Berlins. Es ist der geistige Humus, auf dem das Bauwerk gewachsen ist.

Das Ganze scheint wie vom Himmel gefallen. Weder der Senatsbaudirektor Stimmann, der in einem geistigen Wettstreit zwischen Architekten den städtebaulichen Rahmen geschaffen hat, noch die Vision des ersten Bahnchefs Heinz Dürr, der wegen der unwürdigen Zustände der Bahnhöfe diesen eine Renaissance verordnet hatte, geschweige denn die Leistungen von Architekten und Ingenieuren finden irgendeine Anerkennung.

Der heutige Bahnchef tut so, als hätten sie alles allein aus dem Hut gezaubert. Dabei ist das, was heute eingeweiht wird, derjenige Teil eines Gesamtwerkes, der die Zerstörungsaktionen der Bahn überstanden hat. Die beiden schlimmsten Verstümmelungen sind hinlänglich bekannt: Erstens die mutwillige Verkürzung des Bahnhofsdaches, die zu gravierenden funktionalen, städtebaulichen und architektonischen Mängeln geführt hat. Alle Behauptungen der Bahn, dadurch seien Kosten und Zeit gespart worden, haben sich mittlerweile ins Gegenteil verkehrt. Die Dachverkürzung verursachte Mehrkosten von rund 40 Millionen Euro. Auch die Bauzeit verlängerte sich dadurch.

Zweitens: Die verbeulte Flachdecke mit der banalen 08/15-Beleuchtung im Inneren des Gebäudes. Sie wurde heimlich mit einem dritten Architekten geplant – und macht das beabsichtigte einmalige Raumerlebnis in der unteren Bahnhofshalle zunichte. Die innovative Außenbeleuchtung von dem Büro Angerer und Andres wurden durch eine Zirkusdekoration ersetzt.

Diese Skandale hätten spätestens dann personelle Konsequenzen nahe gelegt, als der Bahnchef den Bahnhof öffentlich mit seinem eigenen Schlafzimmer verglich, in dem er beanspruchte, alleine die Auswahl der Tapeten bestimmen zu können.

Allen Bemühungen meinerseits, Politiker in den höchsten Rängen zu bewegen, diesem Unwesen Einhalt zu gebieten, war kein Erfolg beschieden. Gerhard Schröder meinte: ‚Mensch, Gerkan, die Wurst ist lang genug; ich sehe sie jeden Tag.' Zwei Jahre später, bei seiner Kanz-

Berlin erhielt ein neues, monumentales Wahrzeichen.
Foto: Reiner Preuß

Einmalige Lage: Hinter dem Südausgang sind der Bundestag und das Kanzleramt zu sehen.
Foto: Reiner Preuß

ler-Abschiedsparty bekannte er: ,Der Architekt hat Recht, die Wurst ist abgebissen – vorne und hinten.'

Warum schreibe ich an einem Tag, da Schmeicheleien zur Etikette gehören, derart unfreundliche Worte? Nein, ich bin kein Masochist, aber es darf nicht im Glamour von Feuerwerk und Selbstbelobigungen untergehen, dass unsere Baukultur einer unerträglichen Zerreißprobe unterliegt, in der Kommerz und Management in Selbstherrlichkeit ihren Bogen seit langem weit überspannen.

Natürlich bin ich in meiner baukünstlerischen Ehre schwer verletzt. Warum ich aber zum Anlass der Eröffnung einen dringenden Appell an die Politik ausspreche, geht über die persönliche Betroffenheit weit hinaus. Bei dem Bahnhof handelt es sich immerhin um das größte Bauwerk Berlins, den öffentlichsten Ort in Deutschland mit 300.000 Besuchern pro Tag. Er ist die Visitenkarte des Regierungsviertels und wird als Zeugnis der politischen Verantwortung unserer Regierung gegenüber der Baukultur gesehen und bewertet werden.

Mein eindringlicher Appell an die Bundesregierung, Frau Merkel und die Öffentlichkeit lautet: Bitte sorgen Sie dafür, dass die schweren Verunstaltungen des Bahnhofs repariert werden. Die Teile des fehlenden Dachabschnittes sind bezahlt und eingelagert; sie können in wenigen Wochen montiert werden. Ebenso leicht kann die ordinäre Blechdecke gegen die vorgesehene Gewölbedecke mit einer faszinierenden Lichtinsze-

nierung ausgetauscht werden.

Mit diesem Appell trage ich meinem Verständnis von der Verantwortung des Architekten gegenüber der Gesellschaft Rechnung. Ich fordere damit zugleich die Verantwortung unseres Souveräns ein, Zeugnisse zeitgenössischer Baukultur nicht der Willkür engstirniger Manager zu überlassen.

Diesen Schaden im Ansehen der deutschen Baukultur dürfen und können wir uns nicht leisten, auch aus wirtschaftlicher Sicht nicht. Unser Büro exportiert deutsches Architekten-Know-how in großem Umfang ins Ausland, vor allem nach China. Mehr als 50 Projekte befinden sich dort im Bau oder in der Planung. Das verdanken wir nicht zuletzt der Wertschätzung ,Made in Germany'. Kein einziger unserer fernöstlicher Bauherren hat unserer Architektur auch nur annähernd das angetan, was wir bei der Bahn AG hinnehmen mussten. Nur ein beherzter Schritt vermag dem jetzt abzuhelfen.

Ob ich mich denn angesichts der Verunstaltungen vom eigenen Werk distanziere, werde ich immer wieder gefragt. Nein mitnichten. Deswegen werde ich auch nicht müde, mit allen Mitteln darum zu kämpfen, dass die Krankheiten geheilt werden. Ich bin sogar stolz, dass das architektonische Konzept sich so überzeugend behaupten kann.

Das Ziel, in dem komplexen Bauwerk ein lichtdurchflutetes, übersichtliches Raumkontinuum zu schaffen, das opti-

male Orientierung ermöglicht, scheint sich zu erfüllen. Es ist auch gelungen, 80 Läden und Restaurants so einzugliedern, dass sie den Bahnhof weder dominieren noch behindern. Leider hat man uns die bauliche Integration der Werbung vorenthalten. Es bleibt zu hoffen, dass sie nicht das vernichtet, was die Architektur geschaffen hat: Weiträumigkeit, Übersichtlichkeit und gute Orientierung. Hans Stimmann, der als Senatsbaudirektor am Zeugungsprozess des Bahnhofs mitgewirkt hat, hat trotz seines Eintretens für das ,steinerne Berlin' die konstruktive Struktur des Gebäudes aus Stahl und Glas gutgeheißen.

Die Ausdruckskraft des Bahnhofs wird durch das konstruktive System ermöglicht. Diese symbiotische Verschmelzung von Architektur und Konstruktion ist der hervorragenden Zusammenarbeit mit Jörg Schlaich, Hans Schober und deren Ingenieurbüro zu verdanken.

Die einzige Person, die seit mehr als 14 Jahren mit diesem Vorhaben befasst ist, bin ich selbst. In diesem Zeitraum waren 165 Mitarbeiter, teilweise zehn Jahre lang sehr engagiert beteiligt, allen voran unser Partner Jürgen Hillmer und die beiden Projektleiter Prisca Marschner und Hans-Joachim Glahn.

Mit Heinz Dürr habe ich gemeinsam die Renaissance der Bahnhöfe propagiert. Ich hoffe, er freut sich über das erste Ergebnis. Trotz allem.«

Zitiert nach: »Süddeutsche Zeitung«, München, vom 26. Mai 2006

Selbstbewusst gab sich der Bau- und Hausherr Hartmut Mehdorn. Foto: Erich Preuß

Der Knopfdruck vor der Stele wurde für die Fotografen nachgestellt. Günter Verheugen, Vizepräsident der Europäischen Kommission, Wolfgang Tiefensee, Bundesverkehrsminister, Angela Merkel, Bundeskanzlerin, Klaus Wowereit, Regierender Bürgermeister von Berlin, Hartmut Mehdorn, Vorstandsvorsitzender der Deutschen Bahn und Cherno Jobatey, Moderator (von links). Foto: Erich Preuß

DAS WUNDER AN DER SPREE

Nach 18 Uhr versammelten sich hinter dem Südeingang die Gäste, alles was in Politik, Kultur und Wirtschaft Rang und Namen hatte. Sogar den Ex-Bundesverkehrsminister, Jürgen Warnke, und den Ex-Vorstandsvorsitzer der Deutschen Bundesbahn, Wolfgang Vaerst, hatte man eingeladen. Von der Deutschen Reichsbahn sah man keinen Prominenten. Vor der Bühne saßen alle Verkehrsminister, die mit dem Objekt befasst waren: Wissmann, Klimmt, Bodewig, Stolpe und Tiefensee.

Draußen drängte sich hinter der Absper-

rung das Volk, das wenigstens auf einer Bildwand etwas von der feierlichen Eröffnung des Bahnhofs mitbekam. Sie begann mit einem Satz aus Dvoraks 9. Sinfonie, gespielt vom RIAS-Jugendorchester. Nach den Grußworten von Hartmut Mehdorn, dem Regierenden Bürgermeister von Berlin, Klaus Wowereit, und dem Vizepräsidenten der Europäischen Kommission, Günter Verheugen, sprach Angela Merkel, die Bundeskanzlerin.

Nach den vielen Worten musste irgendetwas geschehen. Ein weißes Band zu

durchschneiden, war unpassend, denn es wurde keine Strecke freigegeben. Also sollte eine Stele enthüllt werden. In dem Moment, als die Festredner ein Tuch wegziehen sollten, fiel die Stromversorgung aus – ein böses Omen für den Bahnhof? Man zog trotzdem das Tuch weg, doch die Fotografen waren enttäuscht. Ihnen fehlte das Licht. Als endlich die Scheinwerfer wieder leuchteten, wurde die Szene wiederholt.

Nach 22 Uhr konnte das Volk das neue Wahrzeichen an der Spree bewundern. Die

Neugierigen kamen so zahlreich, dass in den nächsten Wochen auf den einzelnen Etagen ein großes Gedränge herrschte. Die originären Nutzer des Bahnhofs, nämlich die Reisenden, hatten Mühe, in dem Getümmel die Bahnsteige und ihre Züge zu erreichen. Die Bahn will in vier Wochen mehr als acht Millionen Besucher gezählt haben. Auf den anderen Bahnhöfen, selbstverständlich auch nicht auf dem Bahnhof Zoologischer Garten, war ihr ein solcher Zuspruch nicht vergönnt. Darauf ist noch zurückzukommen.

Als dunkler Punkt von der Eröffnung blieb auch der heimtückische Vorfall im Gedränge nach der Lichtschau. Ein stark alkoholisierter und geistesverwirrter 16-Jähriger stach auf der Uferpromenade wahllos auf die heimgehenden Frauen und Männer ein. 28 von ihnen wurden verletzt, davon sechs lebensgefährlich. Den Beginn des Amoklaufes hatten die Menschenmassen nicht einmal bemerkt. Passanten gingen von Schwächeanfällen aus. Erst als mehrere Menschen zusammenbrachen, fiel der Täter auf. Der Amoklauf produzierte die nächsten

Tage die Schlagzeilen, nicht die gelungene Eröffnungsfeier, was den Bahnchef Mehdorn verständlicherweise verärgerte. Er wollte stolz auf »seinen« Hauptbahnhof sein, mit dem er sich eigentlich nicht zu identifizieren schien. Da aber alle das Bauwerk bestaunten und dieses zur guten Stimmung während der Fußball-Weltmeisterschaft beitrug, wollte Mehdorn den Bahnhof für keinen Cent mehr hergeben. Doch es kam noch einiger Ärger hinzu, nicht nur wegen der sogenannten Kinderkrankheiten.

8 Streit um Namen, eine Decke und den Bahnhof Zoo

Am 13. Dezember 2002 wechselte Peter Debuschewitz, Beauftragter der DB-Konzernleitung für Berlin, die Schilder aus: Hauptbahnhof mit Zusatz. *Foto: Erich Preuß*

Bei Bauarbeiten, die sich über 15 Jahre hinziehen, bleibt es nicht aus, dass die Bauleiter wechseln, sich Projektleiter verschleißen und die Übereinkunft zwischen dem Architekt und dem Bauherrn auseinander geht. Derartige Differenzen kommen überall vor und werden kaum bekannt. Die Eisenbahn und ihre Bauten sind aber immer eine öffentliche Angelegenheit, obendrein ist Berlin reich mit Redaktionen und Journalisten gesegnet, die gern aufgreifen, was sich verwerten lässt. Deshalb wurden ziemlich schnell einige der Misshelligkeiten über Berlin hinaus bekannt:

1. WIE SOLL DER BAHNHOF HEISSEN?

Während das Eisenbahnkonzept erörtert wurde, nannte man den Kreuzungspunkt Zentralbahnhof. Bald war daraus der Lehrter Bahnhof geworden, absichtlich mit historischem Bezug auf den einstigen Kopfbahnhof, der dort gestanden hatte. Hauptbahnhof wollte man ihn nicht nennen, denn den gab es noch im Stadtbezirk Friedrichshain. Er ist am 24. Mai 1998 in Ostbahnhof zurück benannt worden.

In Berlin war es üblich, die Bahnhöfe nach den Bahnen und die nach ihren Zielen zu benennen. Der Anhalter Bahnhof lag an der Berlin-Anhaltischen Bahn, der Potsdamer an der Berlin-Potsdamer, der Hamburger an der Berlin-Hamburger, der Ostbahnhof an der Ostbahn nach Königsberg in Ostpreußen, der Stettiner an der Berlin-Stettiner Bahn, der Wriezener an der Berlin-Wriezener Bahn, der Görlitzer an der Berlin-Görlitzer Bahn, der Dresdner an der Berlin-Dresdner Bahn, der Lehrter an der Berlin-Lehrter, der Schlesische an der Märkisch-Niederschlesischen Eisen-

Karikatur im »Tagesspiegel« vom 19. Mai 2002

bahn, der vorherigen Berlin-Frankfurter Eisenbahn. Dementsprechend hieß der Schlesische Bahnhof auch einmal Frankfurter Bahnhof in Berlin.

Am 15. Dezember 1987 hatte der Verkehrsminister der DDR und Generaldirektor der Deutschen Reichsbahn, Otto Arndt, nach vollendeter erster Baustufe den Ostbahnhof – im Jahr 1951 war der Schlesische Bahnhof in Ostbahnhof umbenannt worden – in Hauptbahnhof umbenannt. Ein neuer Name aus politischem Interesse, vielleicht wollte man Staatsgäste im Ostteil der Stadt nicht auf einem Ostbahnhof, sondern in der

Hauptstadt der DDR auf einem Hauptbahnhof empfangen.

Für den neuen Bahnhof aber hatte man 1991 erst einmal den Arbeitstitel »Zentralbahnhof« erdacht, im »Zentralen Bereich« am Schnittpunkt von Ost und West gelegen. Den Neubau als Lehrter Bahnhof zu bezeichnen, war nicht falsch. Doch die Ansichten änderten sich, und die Art, wie man bei der Namensgebung mit den Bürgern verfuhr, hinterließ einen schalen Geschmack.

1997 berief der damalige Berliner Verkehrssenator Jürgen Klemann eine Kom-

Intercity nach Basel SBB auf dem Bahnhof Zoologischer Garten (1993) – über Nacht zum Provisorium für den Fernverkehr geworden.   Foto: Hafner

mission, zu der Vertreter der Senatsverwaltungen für Verkehr und Stadtentwicklung, der Berliner Verkehrsbetriebe, der S-Bahn und der Deutschen Bahn gehörten. Gestritten wurde in der Kommission hauptsächlich um den Hauptbahnhof, wohlgemerkt: den bisherigen. Denn die Berliner CDU hatte auf ihrem Parteitag im November 1996 beschlossen, ihn in Schlesischen Bahnhof zurückzubenennen, wie er von 1881 bis 1950 hieß. Die Umbenennung in Ostbahnhof erschien einigen Parteifreunden der CDU als »kalt und technokratisch«, der Bahnhofsname sollte einen geschichtlichen Bezug aufweisen. Zentralbahnhof sei »einfallslos und zeugt von wenig Stadtkultur«, meinten andere.

Zum Zentralbahnhof sollte aber nach Meinung der Senatskommission der neue Kreuzungsbahnhof werden. Die Sprecherin des Verkehrssenators erklärte am 30. April

1997: »Nun ist die Deutsche Bahn am Zuge. Ihr gehören die Bahnhöfe. Deshalb hat sie das letzte Wort.« Allerdings habe die Deutsche Bahn zugesichert, dass sie sich an die Vorschläge halte.

Sie hielt sich ebenso wenig daran wie Klemanns Nachfolger, der Stadtentwicklungs-Senator Peter Strieder (SPD). Man wollte unbedingt wieder einen »Hauptbahnhof« und beteiligte – so hatte es zumindest den Anschein – auch die Bürger. Sicherlich in der Erwartung, sie wählten den Stationsnamen »Hauptbahnhof« zur treffenden Bezeichnung des künftigen Knotenpunktes. Im Sommer 2002 wurden eine Umfrage ausgelöst und 60 Preise versprochen. 1. bis 3. Preis: jeweils drei Tage nach Paris, München oder Hamburg. 70 Prozent der 7.860 Stimmen sprachen sich für die Beibehaltung des Namens »Lehrter Bahnhof« aus. Dieses Votum war allerdings unverbindlich.

Welchen Namen ein Bahnhof erhält, ist Angelegenheit der jeweiligen Bahnverwaltung. Die Stadt wird nur um ihre Meinung gebeten. Von Peter Strieder hatte der Vorstandsvorsitzende der Deutschen Bahn, Hartmut Mehdorn, keinen Widerspruch zu erwarten, vom Regierenden Bürgermeister, Eberhard Diepgen, schon gar nicht. Der schien sich nicht für die Eisenbahn zu interessieren. Dafür erklärte Mehdorn am 9. September 2002: »Ein neuer Bahnhof verdient einen neuen Namen. Dieser Bahnhof wird sich nicht nur aufgrund seiner Größe und seiner zentralen Lage von den anderen Fernbahnhöfen in Berlin unterscheiden. Er wird nach seiner Fertigstellung der Berliner Haupt-Knotenpunkt im Bahnverkehr sein. Der neue Namen verbindet die Tradition und die Funktion als zentraler Fernverkehrs-Bahnhof Berlins.« Diese Äußerung war übrigens bereits ein deutlicher Hinweis auf das künftige Betriebsprogramm (siehe Kapitel 9), über das man sich noch erregen sollte.

Der Unternehmensbereich DB-Personenbahnhöfe – seit 1999 DB Station & Service AG – griff sogleich Mehdorns Bemerkung auf und erließ eine interne Verfügung zum Bahnhofsnamen: »Schreibweise in allen Printmedien vorrangig immer: Berlin Hauptbahnhof und bei Platzproblemen Berlin Hbf«. Der neue Name sollte in allen (bahninternen) Medien »in aller Konsequenz« übernommen und nur am Bahnhofsschild der »historische Zusatz« angebracht werden.

Viele Berliner, zwar an viele Namensänderungen von Bahnhöfen und Straßen bereits gewöhnt, waren trotzdem nicht einverstanden. Einwohner von Lehrte protestierten gegen die Abschaffung des Namens, der auf die niedersächsische Stadt zurückging. Auch Bundeskanzler Gerhard Schröder,

■ Im Bereich Jannowitzbrücke verläuft die Berliner Stadtbahn direkt an der Spree.

Foto: Marc Dahlbeck

■ Die ICE-Linie Berlin – Köln bleibt auf der Stadtbahn.   Foto: Jazbec

von 1990 bis 1998 Ministerpräsident des Bundeslandes Niedersachsen, setzte seinen Namen auf die dort ausliegende Protestliste.

Als am 13. Dezember 2002 auf den Bahnsteigen neue Schilder »Hauptbahnhof« angebracht wurden, erhielten sie noch den Zusatz »Lehrter Bahnhof«. Im Sommer 2005 waren sie auf den Fernbahnsteigen verschwunden. Begründung: Sie seien wegen Bauarbeiten (!) vorübergehend entfernt worden. Tatsächlich bezeichnete DB Station & Service den Zentralbahnhof seit 15. Dezember 2002 nur noch als »Berlin Hauptbahnhof«. Und dabei ist es geblieben. Lediglich auf dem S-Bahnsteig lässt sie als Zusatz »Lehrter Bahnhof« zu – zur Orientierung für die Touristen. Nur DB-Netz blieb – in den internen Unterlagen – beim Lehrter Bahnhof.

Im Juli 2005 beruhigte die »Hannoversche Allgemeine Zeitung« ihre Leser, besonders die in Lehrte, der Wegfall des Bahnhofsnamens sei ein Missverständnis gewesen. DB-Konzernchef Hartmut Mehdorn habe der CDU-Bundestagsabgeordneten Maria Flachsbarth geantwortet, der Hauptbahnhof werde auch künftig den Zusatz »Lehrter Bahnhof« im Namen führen. »Etwas anderes ist niemals beabsichtigt gewesen, die Bahn ist sich ihrer Tradition bewusst.« Das waren ganz neue Töne. Trotzdem blieb es beim Hauptbahnhof. Wer vom Lehrter Bahnhof spricht, wird baldigen Tages hinzufügen müssen, was er damit meint.

2. OHNE HALT AM BAHNHOF ZOO

Vor allem die West-Berliner fühlten und fühlen sich durch das neue Betriebskonzept für den Hauptbahnhof ungerecht behandelt, mochte der aus Lübeck zugezogene Senatsbaudirektor Dr. Hans Stimmann anlässlich der Eröffnung einer Ausstellung am 11. März 2005 auch sagen, die Debatte sei etwas für Pufferküsser.

Die Öffentlichkeit erfuhr nach der ersten Veröffentlichung des vom Mai 2006 an geltenden Fahrplans, dass der Bahnhof Zoolo-gischer Garten vom Fernverkehr »abge-hängt« worden sei. Wolf-Dieter Siebert, Vorstandsvorsitzender von DB-Personen-bahnhöfe: »Dieser Bahnhof war nie als Fern-bahnhof geplant, er ist erst während der Tei-lung Deutschlands dazu geworden.« Er sei doch immer nur ein S-Bahnhof gewesen. Das stimmte überhaupt nicht. Immer hielten die Fernzüge auf dem Bahnhof Zoo. Noch vor dem Ersten Weltkrieg wurden wegen des Fernverkehrs die Gleisanlagen erweitert.

Die Bemerkungen, die die Bedeutung des Bahnhofs leugneten, wirkten wie Öl im Feuer. Auch die Politiker des Senats gaben sich empört. Sie fühlten sich von dem »inner-halb kurzer Zeit geändertem Verkehrskon-zept« überrumpelt. Hätten sie sich früher mit der Eisenbahn in Berlin beschäftigt und den Äußerungen der Bahnmanager zugehört, wäre ihnen bewusst gewesen, wie sich das milliardenteure Pilzkonzept auf die Fahrplan-gestaltung auswirken sollte und dass nichts am Verkehrskonzept geändert wurde.

Vom Bahnchef Mehdorn mussten die Kri-tiker sich sagen lassen: »Irgend jemandem ist aufgefallen, dass wir seit acht Jahren ein

Großflächige Plakate am Kurfürstendamm, die Geschäftsleute fürchten um ihren Umsatz (6. Oktober 2005).

Foto: Reiner Preuß

neues Bahnkreuz bauen.« Ingulf Leuschel, Fahrplanexperte der Deutschen Bahn und inzwischen Konzernbevollmächtigter von Berlin, tröstete die Aufgebrachten, dem Bahnhof Zoo blieben ja noch die Züge nach Warschau, dreimal am Tag! Eine solche Zusage trug kaum zur Beruhigung der Empörten bei.

Wer regelmäßig »in Zoo« zu- oder ausgestiegen war, wird sich kaum Gedanken gemacht haben, wie das Pilzkonzept funktioniert. Denn beispielsweise fahren die Züge von Hamburg in Richtung Süden (also nach Dresden oder Leipzig) nicht mehr über die

Stadtbahn und passieren deshalb nicht mehr den Bahnhof Zoologischer Garten. Wozu ist dann auf dem Hauptbahnhof die fulminante Bahnhofshalle mit den langen Bahnsteigen gebaut worden? Für jene Fernzüge, die auf der Stadtbahn blieben. Die sollten in kurzer Folge in den Stationen Ostbahnhof, Hauptbahnhof und Zoologischer Garten halten? Ein Unterwegshalt musste entfallen – und das sollte ausgerechnet der in Zoologischer Garten sein.

Allenthalben regten sich Proteste. Für wenige Wochen versuchte die Deutsche Bahn,

die Gemüter zu beruhigen, als sie am 10. Mai 2005 bekannt gab: »Die Entscheidung, ob am Zoologischen Garten künftig Fernzüge halten, ist noch nicht endgültig. Dazu werden Gespräche mit den relevanten Gruppen aus Politik und Wirtschaft geführt.«

Die Gespräche, wenn sie wirklich stattfanden, ergaben nichts. Am 6. Juli 2005 war auf der Pressekonferenz zu erfahren: Die Intercity-Express-Züge Hamburg–Berlin–Leipzig–München und die Eurocity-Züge Hamburg–Berlin–Prag fahren auf dem kürzesten Weg, also von Berlin-Spandau

Andrang auf allen Etagen des Hauptbahnhofs auf Kosten des Bahnhof Zoo (2006). Foto: Emersleben

Demo »Hände weg vom Bahnhof Zoo!« (1. September 2005). Auch die Parteien kochen ihr Süppchen. Foto: Reiner Preuß

direkt zum Hauptbahnhof. Die Intercity-Linie Stralsund–Berlin–Erfurt–Dortmund benutzt ebenfalls den Tunnel. Auf der Stadtbahn blieben – vorerst – die Ost-West-Linien Intercity-Express Berlin–Hannover–Köln, Berlin–Frankfurt (Main)–Stuttgart/Basel und die Intercity-Linie Berlin–Hannover–Amsterdam sowie der Eurocity Berlin–Warschau.[1]

Am 11. Dezember 2006 sollte noch die ICE-Linie nach Stuttgart/Basel auf den Nord-Süd-Tunnel und zum Bahnhof Südkreuz gelegt werden. Man wollte sich die Fahrt ins Werk Rummelsburg ersparen, vielmehr am Bahnsteig von Südkreuz wenden und hätte einen Triebzug samt Personal gewonnen. Diese Absicht ist erst einmal aufgeschoben worden. Vom 10. Juni 2007 an fährt außer den bereits genannten Fernzügen ein Intercity-Zugpaar von und nach Rostock durch den Tunnel.

Vieles spricht dafür, dass es in der DB-Konzernleitung an Kennern der Berliner Verhältnisse mangelt bzw. dass der Bahnchef nur auf den Hamburger Ingulf Leuschel hört. Die Berliner Fachleute in der Niederlassung scheinen nicht gehört zu werden, auch scheint es an qualifiziertem Personal zu fehlen, das in der Lage ist, gravierende Veränderungen im Personenverkehr geschickt unter die Leute zu bringen. Hatte die Deutsche Bahn eine Alternative, wenn sie die Verkehrshalte in Berlin bestimmte? Sie braucht das Fahrgastpotenzial des Bahnhofs Zoo auf dem Hauptbahnhof, damit hier die Geschäfte gut laufen. Auf den Umsatz in den anderen Fernbahnhöfen nimmt sie wenig Rücksicht.

Mehdorn versuchte, die aufgebrachten Berliner zu trösten. Er schrieb dem Bezirks-

1 Deutsche Bahn: Bahnverkehr Berlin 2006, Pressekonferenz 6. Juli 2005, S. 6.

■ Meinhard von Gerkan erörtert seine Ideen vom Bahnhof des 21. Jahrhunderts (1997).

amt Charlottenburg-Wilmersdorf: »Der freie Blick auf das Regierungsviertel und die Spree ist sehr viel erfreulicher als das Ambiente diverser Geschäfte in der Joachimsthaler Straße oder Kantstraße. Ich denke, wir sollten hier alle gemeinsam mit unserem neuen Berlin zu einem ansprechenden Flair verhelfen.«[2]

Dem Bahnhof Zoologischer Garten blieben 900 S-Bahnen und die Regionalzüge. Ein Drittel der Bahnhofsbesucher verschwand aus den Bahnhofshallen, ein weiteres Drittel hat es eilig, auf die Bahnsteige zu kommen. Einige der Geschäfte und das IC-Restaurant

2 Berliner Zeitung vom 23. Juni 2006, S. 29.

mussten seit der Eröffnung des Hauptbahnhofes mangels Kundschaft schließen.

Wer von der »City West« in die Ferne reist, muss entweder zum Bahnhof Berlin-Spandau fahren, auf dem die ICE nach Hamburg nicht halten, oder in Richtung Osten zum Hauptbahnhof. Dann fährt er in Richtung Westen unter Umständen durch den Bahnhof Zoo. Das will gelernt sein, manche halten es für verrückt. Bahnsprecher wurden nicht müde, auf die Verbesserungen seit dem 28. Mai 2006 zu verweisen, auf die neuen Bahnhöfe des Fernverkehrs Gesundbrunnen und Südkreuz. Doch die nützen der bisherigen Bahnhof-Zoo-Klientel nichts.

Die Rechnung der Deutschen Bahn, dass man durch den Umweg und das Umsteigen nach Hamburg weder Zeit gewinne noch verliere, nach Dresden, Leipzig, Stralsund indes bis zu 40 Minuten spare, milderte den Zorn wenig. Umsteigen ist immer suspekt. Die meisten Zoo-Zusteiger fahren nach Frankfurt (Main) oder in Richtung Hannover und setzen seit Eröffnung des Hauptbahnhofs jeweils 20 bis 30 Minuten zu. Diese Verbindungen hatte man in der Tabelle der Verbesserungen wohlweislich weggelassen.

Bei aller Sympathie für die Benachteiligten – ihre plötzliche Liebe zum einst ungeliebten Bahnhof Zoo hat etwas Merkwürdiges. Erinnern wir uns. War er nicht verhasst? Galt er nicht unter der Verwaltung der DDR-Reichsbahn als ein Zentrum der Sozialistischen Einheitspartei in Westberlin? Hatte nicht ein Redakteur der »Berliner Zeitung« im Dienstraum des Dienstvorstehers eine Lenin-Büste gesehen? Fühlte man sich nicht von der Bahnpolizei, womöglich verkappte Transportpolizisten aus dem Osten, überwacht? Gab dieser Bahnhof nicht wiederholt Anlass zum Klagen? War das Gedränge auf Bahnsteigen und Bahnhofshalle so angenehm? Den Wandel der Eindrücke hatte der Fall der Mauer gebracht. Fuhren zuvor von der »besonderen politischen Einheit West-Berlin« die Wenigsten ins Bundesgebiet mit den »Interzonen-Zügen«, sondern nutzten den Pkw oder das Flugzeug, so war die Eisenbahn mittlerweile in vogue, der Bahnhof eine famose Ankunfts- und Abfahrtsstelle in der »City West«.

Jetzt schrieen auch Hoteliers, der Einzelhandel, die lokalen Medien und sogar der richtige Zoologische Garten Zeter und Mordio. Sie befürchteten weniger Gäste und dramatische Umsatzeinbrüche, wenn die Reisenden erst zum Hauptbahnhof fahren müssten. Eine Zeitung verglich den Einzugsbereich anderer, neu gebauter Fernbahnhöfe mit ICE-Halt, die nach dem Druck der Politiker entstanden waren, mit dem von Zoologischer Garten. Den immerhin 315.000 Einwohnern des Bezirks Charlottenburg-Wilmersdorf, in dem der Bahnhof Zoo liegt, stehen ganze 33.600 von Limburg und sogar nur 12.450 von Montabaur gegenüber. Dort hält der ICE![3]

Die ehemalige Pfarrerin Helga Frisch, die 1975 durch 600.000 Unterschriften den 4-Minuten-Takt der Bundespost verhindert hatte, sammelte Unterschriften gegen den Abbau West (»eine kleine Volksabstimmung«), und am 1. September 2005 demonstrierten Bahnkunden und Geschäftsleute in der West-City für den Erhalt des Fernbahnhofs Zoologischer Garten.

Die »Berliner Zeitung« charakterisierte die Stimmung der »West-Berliner« über den Verlust treffend mit der Überschrift »Erst das Café Kranzler, jetzt der Bahnhof Zoo«.[4]

Der West-Berliner litt als Verlierer der Vereinigung, als die Berlin-Zulage entfiel, Theater und die Deutschlandhalle geschlossen wurden, das Ur-Café Kranzler verschwand, und leidet weiterhin, wenn der Zoo-Palast abgerissen werden soll, der Flughafen Tempelhof und 2012 auch der Flughafen Tegel stillgelegt werden und nun der Bahnhof Zoo nur noch für die S-Bahn und die Nahverkehrszüge gut sein soll.

Dabei hatte doch auch »der Osten« eingebüßt. Von Berlin-Lichtenberg fährt kein Fernzug mehr. In Berlin-Schönefeld Flughafen hatte die »Erziehungsmaßnahme« früh eingesetzt. Die Zusteiger des ICE nach Leipzig–München sollten sich daran gewöhnen, dass die Verbindung entfällt. Bereits am 12. Dezember 2004 wurde der Verkehrshalt mit der fragwürdigen Begründung gestrichen, man spare dadurch Fahrzeit.

Der Protest ist nicht verstummt. Helga Fritsch gründete einen Verein unzufriedener Bahnkunden, der immer wieder mit Aktionen auf den Missstand aufmerksam macht und den Bahnhof Zoologischer Garten ans Fernzugnetz zurück holen will.

EIN NAHELIEGENDER VERDACHT

Freilich hätte die Deutsche Bahn ihr Betriebsprogramm auch moderat umsetzen können, indem sie zum Beispiel einige der auf der Stadtbahn in Richtung Westen fahrenden Fernzüge in Zoologischer Garten halten lässt, bis sich zeigt, ob dieser Unterwegshalt weiter benötigt wird. In Magdeburg Hbf wurde so verfahren, von Fahrplanwechsel zu Fahrplanwechsel fuhren immer weniger ICE von und nach Berlin über Magdeburg, bis sie fast ganz wegfielen. Geht eine solche Rechnung nicht auf, besteht Bedarf, den ein kundenorientiertes Unternehmen nicht ignorieren sollte.

Bei dem rigorosen Wegfall des Fernverkehrs auf dem »Hauptbahnhof von West-Berlin« drängte sich der Verdacht auf, 90 Prozent der Berliner Fernreisenden sollten mit Druck zum Hauptbahnhof und zum Bahnhof Südkreuz gelenkt werden, um die Rentabilität der dort ansässigen Einzelhandelsgeschäfte und Restaurants zu sichern. Um auf 300.000 Besucher im Hauptbahnhof zu kommen, brauchte man einen Großteil der 180.000 Reisenden, die bisher den Bahnhof Zoologischer Garten nutzten.

Dass, wie auch der Verkehrspolitiker Michael Cramer (Bündnis 90/Die Grünen) behauptet, bisherige DB-Kunden auf das Bahnfahren verzichten, hält man bei DB-Personenverkehr für unwahrscheinlich. Im Gegenteil: Man rechnet infolge des »verbesserten Angebots« mit einer deutlichen Steigerung der Reisendenzahlen im Knoten Berlin. So erwarten wir hier einen Zuwachs um fast sechs Millionen auf dann 19 Millionen Fernverkehrskunden bis zum Jahr 2010.«[5]

3 Der Tagesspiegel vom 17. Oktober 2005, S. L 9.

4 Berliner Zeitung vom 12. Mai 2005

5 Presseinformation der Deutschen Bahn vom 6. Juli 2005

Auf Cramers These antwortete Fahrplan-experte Ingulf Leuschel, es gäbe bereits Beispiele, wonach Veränderungen der Zustiegsbahnhöfe zu keinem Rückgang an Fahrgästen führten. In Kassel wurde der Fernverkehr vom Hauptbahnhof zum Bahnhof Wilhelmshöhe verlegt, in Prag von střed (Mitte) zum Hauptbahnhof und nach Holešovice, in Brüssel von Central nach Midi. Der oft zitierte Haltepunkt Hamburg Dammtor als Argument, dass genauso gut die Züge in Berlin auf dem Hauptbahnhof und dem Bahnhof Zoo halten könnten, sticht bei der Deutschen Bahn nicht. Dammtor sei eine Entlastung zum Hauptbahnhof mit seinen schmalen Bahnsteigen, mehr nicht.

3. »EINHEITSSOSSE«

Gleichfalls unzufrieden mit dem Hauptbahnhof ist ausgerechnet dessen Architekt. Meinhard von Gerkan war über die Verkürzung des Bahnsteigdachs empört (siehe Kapitel 7 und 10). Diese Abweichung von seinem Entwurf hatte er hinnehmen müssen. Die Klage des Bundeslandes Berlin war gescheitert. Stadtentwicklungssenator Peter Strieder störte sich zwar nicht an der beeinträchtigten Ästhetik, sondern verklagte die Deutsche Bahn wegen des vermeintlichen Verstoßes gegen die Plangenehmigung. Die Dachverkürzung erhöhe die Lärmbelastung und beeinträchtige schwer wiegend die Berliner Bauleitplanung. Der 9. Senat des Bundesverwaltungsgerichts unter Vorsitz des Gerichtspräsidenten Eckart Hiern entschied am 21. Mai 2003: Die Änderung des ursprünglichen Dachentwurfs war rechtmäßig. Der Architekt hatte den Eingriff (Gerkan: »Weniger Dach für mehr Geld!«) noch nicht

verkraftet, da wurde ihm bekannt, dass sein Werk abermals wegen der Zeit- und Geldersparnis entstellt worden war. Für den unterirdischen Teil hatten er und sein Partner Jürgen Hillmer eine Gewölbedecke entworfen, in der silbrige Aluminiumlamellen, die sich in 12 m Höhe um schlanke Säulen gruppieren, für eine angenehme Stimmung sorgen sollten. Für sie war der 450 mal 60 m große Raum, »der in dieser Größenordnung weltweit bislang nicht existierte«, die einmalige Gelegenheit, eine Decke zu schaffen, die den Raum dominiert und prägt.

Der Besucher der 450 m langen und 12 m hohen Bahnhofshalle sollte sich wie in einer Kathedrale fühlen, »mit einer indirekten Beleuchtung, um diese schmuddelige Lichtsoße, wie man sie in U-Bahnen antrifft, zu vermeiden.« Der Entwurf hatte ein Gleichnis aufgegriffen aus einer Zeit, als die Eisenbahn das vorherrschende Transportmittel war und die Bahnhöfe wie Kathedralen gebaut wurden. Dass gmp sich mit der Decke ein Denkmal setzen und den öffentlichen Raum um eine Attraktion bereichern konnte, diese Chance war vertan.

Als die Deutsche Bahn 2003 den Innenausbau ausschrieb, wollte sie von der Gerkanschen Konstruktion nichts wissen. Sie wollte eine einfachere. Ihr fehlte, nicht zuletzt diktiert vom Zwang, Zeit und Geld zu sparen, das Verständnis für Künstlerisches. Sie montierte eine hellgraue, gleichmäßig gelöcherte Flachdecke, entworfen von dem Berliner Architektenbüro Karl-Heinz Winkens (»heimlich und hinterlistig beauftragt«, wie Gerkan sagte, denn das gmp-Büro erfuhr durch das irrtümliche Verschicken der Entwurfskopien an gmp davon): hellgraue Platten, die unter die

Der Architekt Meinhard von Gerkan zog gegen die Deutsche Bahn vor Gericht, und die klagte wiederum gegen ihn. Foto: Erich Preuß

Betondecke gehängt wurden, beleuchtet von einfachen Leuchtstoffröhren statt der vom gmp-Büro erdachten Strahler.

Gerkan empfand diese Veränderung nicht nur als »das Widerlichste vom Widerlichsten« und die Flachdecke als eine »Einheitssoße«, die den Bahnhofsraum zu einer »banalen Lagerhalle« macht; er klagte auch gegen die Verletzung des Urheberrechts vor der 16. Zivilkammer des Landgerichts Berlin. Dieser Rechtsstreit um deutsche Baukultur beschäftigte Architekturkritiker wie Journalisten gleichermaßen, zumal sich die Fälle von Urheberrechtsverletzungen bei Architektenentwürfen häufen. Architekturkritiker machten in den Zeitungen und im Rundfunk darauf aufmerksam, dass der Hauptbahnhof nicht irgendein Verwaltungsgebäude sei, sondern ein öffentlicher Raum (auch aus Steuern finanziert) und ein Aushängeschild der Stadt.

Die Konstellation Gerkan – Mehdorn, der enttäuschte Architekt und der selbstbewusste Bauherr, durfte das Gericht nicht beeindrucken. Dieses hatte zu prüfen, ob das Recht des Urhebers verletzt worden war. Hatte die Deutsche Bahn Gerkans Entwurf genehmigt? 1998 durfte nach einer Protokollnotiz die Decke als wichtiges Gestaltungselement notfalls auch teurer ausfallen, wenn nur das Gesamtbudget eingehalten wurde. 2002 hatte die Deutsche Bahn Gerkans Decke dem Eisenbahn-Bundesamt zur Genehmigung vorgelegt.

Alles unverbindlich, so die Meinung der Bahn-Juristen. Kein Bauherr könne gezwungen werden, eine teure Decke einzubauen, nur um nicht das Urheberrecht des Architekten zu verletzen. Bereits bei der Kürzung des Bahnsteigdaches hatte Bahnchef Hartmut Mehdorn dem Architekten gesagt, so hätte er nie den Bahnhof bestellt. Jetzt vertiefte er das gestörte Verhältnis noch, indem er eine Gruppe von Journalisten zur Besichtigung der veränderten Decke einlud und ihnen auf den Weg gab: »Der Bahnhof ist kein Monument, sondern ein Zweckbau! Er wird einer der schönsten der Welt, ein Erlebnis für unsere Kunden, eine Attraktion in der Bundeshauptstadt.« Daran hatte wohl Gerkan zuallererst einen Anteil.

Der hohe Streitwert (Gerkan: 500.000 Euro; Deutsche Bahn 20 Millionen Euro) und die damit verbundenen Gerichtskosten hätte andere, weniger prominente Architekten die Kröte schlucken lassen. 7,4 Millionen Euro waren für den Deckenbau veranschlagt. Die Angebote bei der Ausschreibung der Gewölbekonstruktionen sollen weit darüber gelegen haben. Gerkan wollte die Deckenlösung im Kostenrahmen verwirklichen, der Alternativentwurf des mit der Änderung beauftragten Architektenbüros sah 8 Millionen Euro vor. Doch die Deutsche Bahn wollte nichts mehr von Gerkan wissen, die Atmosphäre zu ihm hatte sich abgekühlt.

Das Gericht (Vorsitzender Richter: Peter Scholz) ließ sich mit einem Urteil Zeit, entschied dann im Sinne des Klägers von Gerkan. Das Urteil beendete die Verstimmung nicht – im Gegenteil (siehe Kapitel 10).

4. DIE RICHTIGE ADRESSE

Vergleichsweise harmlos erscheint die Auseinandersetzung um die Anschrift des Hauptbahnhofs, die der CDU-Politiker Uwe Lehmann-Brauns angezettelt hat. Für die Deutsche Bahn liegt der Bahnhof am Europaplatz, und zwar auf der Nordseite vor der Invalidenstraße. Hier fahren die Linienbusse hin, und hier soll eines Tages die Straßenbahn M 10 halten.

Lehmann-Brauns möchte als Adresse den Washingtonplatz auf der Südseite, »um das deutsch-amerikanische Verhältnis im Stadtbild angemessen zu verankern.« Den Platz kannte kaum ein Berliner. Der frühere Lehrter Bahnhof lag am Friedrich-List-Ufer. Zum 200. Geburtstag des amerikanischen Präsidenten wurde die riesige Fläche an der Moltkebrücke in Washingtonplatz umbenannt. In der Nachkriegszeit bis vor der Inbetriebnahme des neuen Bahnhofs war der Platz eine hässliche Kreuzung im Nirgendwo.

Vorläufig wird der von der Agnes-Zahn-Harnack-Straße, der Ella-Trebes-Straße und der Rahel-Hirsch-Straße sowie der Bahnhofsnordseite begrenzte Platz für 4,7 Millionen Euro mit einer hellen, von Basalt durchbrochenen Asphaltfläche gestaltet und von Weiden eingerahmt. Sonst aber ist der Platz bedeutungslos, bis darauf eines Tages ein würfelförmiges Hotelgebäude stehen wird. Auf Lehmann-Brauns Intervention reagierte die Deutsche Bahn mit verbalen Verrenkungen, beließ es aber bei der Anschrift Europaplatz.

Lichtsoße wie in der U-Bahn (10. Januar 2004).

Foto: Emersleben

Verlierer und
Gewinner

■ Am 8. März 2006 durfte der erste Neige-ICE durch den Tunnel zum Hauptbahnhof fahren.

Foto: DB/Lautenschläger

Am 28. Mai 2006 setzte im Tunnel der Zugverkehr ein, hielten auf dem oberen Bahnhofsteil die Züge nun auch zum Ein- und Aussteigen. Ein neues Gefühl für den Eisenbahnverkehr in Berlin verbreitete sich, das besonders die Auswärtigen genossen, die auf dem Hauptbahnhof umstiegen oder – dem Tunnel sei Dank – auch aus der Nord- und Südrichtung schnell zu den Berliner Stadtzentren gelangten.

Die Deutsche Bahn warb mit den Superlativen des neuen Bahnhofs: einzigartig, Meilenstein der Infrastruktur, neues Wahrzeichen, Tourismusmagnet, Mobilitätsdrehscheibe, neue Generation von Bahnhof – was auch immer das heißen sollte. Für Hartmut Mehdorn war dieser Bahnhof der Lackmustest für die Leistungsfähigkeit der Bahn. Hier sei der Bahnhof der Zukunft zu besichtigen, verriet der Bahnchef der »Frankfurter Allgemeinen Sonntagszeitung« zu Heiligabend 2006, und er fügte noch hinzu, dass er von der Kontrolle des Eisenbahnbetriebs nichts hält: »Der Kaiser-Wilhelm-Bahnhof, wo der Vorsteher mit bösem Blick auf dem Balkon stand und alles überwachte, ist jedenfalls Geschichte.«

Nach Bahnchef Mehdorn sollte Berlin stolz darauf sein, einen solchen Bahnhof zu bekommen. »Alle großen Städte beneiden uns.« Auch das amerikanische Nachrichtenmagazin »Times« sah in ihm das Symbol des wieder erstarkenden Deutschlands.

Bei allem Jubel über das Bauwerk musste die Frage erlaubt sein, was hat der Benutzer, also der Eisenbahnreisende, davon. Wolf-Dieter Siebert, Vorstandsvorsitzender von DB-Station & Service, nannte das außergewöhnliche Ambiente gegenüber dem Eindruck, den man auf anderen Bahnhöfen empfängt. Ob dadurch die Reise attraktiver

■ Ein ICE-T fährt vom Hauptbahnhof nach Gesundbrunnen auf dem „Überflieger", der den stillgelegten Containerumschlagplatz Hamburger und Lehrter Bahnhof überspannt. Foto: Erich Preuß

■ Drei Linien des Regionalverkehrs halten auf dem Bahnhof Gesundbrunnen. Foto: Emersleben

Vor Weihnachten war der Swarovski-Baum mit über 40.000 Schmuckstücken aufgestellt worden – Wert etwa 1 Million Euro! Foto: Reiner Preuß

wird, wie Siebert behauptete, sei dahin gestellt. Es ist ja weniger der neue Bahnhof, der zu kürzeren Reisezeiten in der Nord-Süd-Verbindung führte. Die verkürzten sich durch den Tunnel, weil man nicht mehr um die Stadt herum fahren musste, und auf die angehobenen zulässigen Geschwindigkeiten zwischen Berlin und Hamburg von 160 km/h auf 230 km/h seit 12. Dezember 2004 oder Ludwigsfelde–Halle/Leipzig von 160 km/h auf 200 km/h seit 28. Mai 2006.

Zu anderen Reisezielen konnte dieses Potenzial nicht genutzt werden, weil die Anschlussstrecken nicht ausgebaut oder nicht fertiggestellt worden sind wie die nach Dresden, Rostock und Stralsund.

Sternewerfer machten auf die Adventszeit aufmerksam. Foto: DB/Kranert

Weithin sichtbar: Es ist Advent!

Foto: Bodo Schulz

■ Wegen des Einkaufszentrums im Hintergrund verzichtete die Deutsche Bahn auf ein Empfangsgebäude für Berlin Gesundbrunnen.   Foto: Erich Preuß

Den Fahrplankonstrukteuren stehen im Prinzip nur die Ost-West-Trasse auf der Stadtbahn und die Nord-Süd-Trasse mit dem Zweig nach Berlin-Spandau oder zum Karower Kreuz am Außenring zur Verfügung. Im Nah- und Fernverkehr blieben einige Linien auf der Stadtbahn, die anderen wurden in die Tieflage des Hauptbahnhofs und in den Tunnel gelegt.

Im Nahverkehr fahren die Züge der Linien Magdeburg–Berlin–Eisenhüttenstadt, Rathenow–Berlin–Cottbus und Dessau–Berlin–Cottbus auf der Stadtbahn. Die Linien Schwedt/Stralsund–Berlin–Elsterwerda/Senftenberg, Wismar–Wittenberge–Berlin–Jüterbog, Rostock/Stralsund–Neustrelitz–Berlin–Lutherstadt Wittenberg benutzen den direkten Weg von Berlin-Spandau zum Hauptbahnhof, ohne den Bahnhof Zoologischer Garten zu berühren. Allerdings endet der »Prignitz-Express« von Wittenberge/Rheinsberg–Neuruppin bereits in Berlin-Spandau, bis zum 27. Mai 2006 fuhren die Züge wenigstens bis Berlin-Charlottenburg. Eigentlich hatte man versprochen, diese Linie eines Tages bis zu einem Bahnhof im Berliner Stadtzentrum fahren zu lassen.

Durch die Trennung der Linienführung in die Ost-West- und die Nord-Süd-Richtung wurden Trassen frei, konnte nun eine Linie von Nauen über die Stadtbahn nach Berlin-Schönefeld Flughafen und Cottbus sowie eine weitere von Wünsdorf-Waldstadt über Berlin-Schönefeld Flughafen und die Stadtbahn nach Dessau eingerichtet werden.[1]

Die Zahl der Züge je Stunde und Richtung wurde auf der Stadtbahn von elf auf acht vermindert. Durch den Tiergartentunnel fahren je Stunde und Richtung fünf Züge.

Durch diese Entspannung des Zugverkehrs und die zusätzlichen Gleiskapazitäten wurde die Eisenbahn in Berlin weniger störempfindlich, was zur besseren Pünktlichkeit beitragen sollte.

Zu den Gewinnern der neuen Nahverkehrsverbindungen gehören all jene Reisende, deren Ziel der Bahnhof Potsdamer Platz ist. Die Reisezeiten verkürzen sich zum Beispiel in Minuten von/auf: Luckenwalde 66/39, Eberswalde 61/38, Fürstenberg (Havel) 92/66, Nauen 45/36, und es braucht nicht mehr umgestiegen zu werden.

Der Bahnhof Zoologischer Garten ist allerdings von den als Beispiel genannten Abgangsbahnhöfen nur noch durch Umsteigen zu erreichen. Verlierer im Nahverkehr sind auch jene Reisende aus Luckenwalde, Trebbin und Ludwigsfelde, die auf dem Flughafen Berlin-Schönefeld arbeiten, sowie diejenigen, die dort ein Flugzeug erreichen wollen. Für sie ging die Direktverbindung verloren. Der von der Deutschen Reichsbahn bis 1986 ausgebaute Bahnhof Flughafen Berlin-Schönefeld verlor einen Großteil des Personenverkehrs. Er ist von der Anhalter Bahn aus nur umständlich über Südkreuz und die S-Bahn über Baumschulenweg zu erreichen.

1 Deutsche Bahn: Bahnverkehr Berlin 2006, Pressekonferenz 6. Juli 2005, S.5

■ InterConnex Gera–Rostock (2006). Als lokbespannter Zug Leipzig–Rostock fährt der ICX durch den Tunnel   Foto: Emersleben

■ Das Nordkreuz: Links fährt die S-Bahn vom Norden nach Gesundbrunnen und durch einen Tunnel von Schönhauser Allee. Die rechte Seite ist den Fern- und Regionalzügen vorbehalten, wiederum durch den Tunnel von und nach Schönhauser Allee (- Rummelsburg).
Foto: Erich Preuß

FREUD UND LEID

Wie oft im Leben ist des einen Freud des anderen Leid. Als im Juli 2005 das Konzept für den Fernverkehr bekannt wurde, war deutlich geworden, was man hätte schon viel früher erkennen können: Der Eisenbahnpersonenverkehr wird auf den Hauptbahnhof und der des Nord-Süd-Verkehrs auf den Bahnhof Südkreuz (Papestraße) konzentriert, schon damit die Investitionen für diese Bahnhöfe sinnvoll erscheinen.

Auf der Ost-West-Verbindung, der Stadtbahn, blieben

- die ICE-Linien Berlin–Frankfurt (Main) Berlin–Hannover–Köln
- die IC-Linie Berlin–Hannover - Osnabrück (mit Ausnahme des IC Stettin–Schiphol) und
- die EC-Linie Berlin–Warschau.

Die Linie Berlin–Frankfurt (Main) sollte vom 10. Dezember 2006 an in den Tunnel zum Südkreuz verlegt werden. Man versprach sich dadurch, einen Zug samt Personal einzusparen. Angeblich sollte auch die Linie Berlin–Köln in den Tunnel gelegt werden, damit keine ICE mehr durch den Bahnhof Zoologischer Garten fahren und die Proteste verstummen. Doch in Südkreuz wäre die Kontrolle und Wartung der Züge einschließlich Entsorgung der Vakuum-Toiletten schwierig gewesen. Deshalb blieb es bei der bisherigen Regelung, diese Züge über die Stadtbahn zu fahren.

In der Nord-Süd-Richtung, und damit durch den unteren Teil des Hauptbahnhofs, fahren

■ Begegnung zweier ICE-T während einer Evakuierungsübung auf dem »Überflieger« am 24. März 2006.
Foto: DB/Lautenschläger

■ Das »Begrüßungskomitee« aus Bundespolizei und Service-Point hinter dem Nordeingang.
Foto: Bodo Schulz

VERÄNDERTE REISEZEITEN

Bewohner des Nordens gelangen

schneller nach	in derselben Zeit nach	langsamer nach
Hamburg	Köln	
Hannover	Frankfurt (Main)	
Dresden		
Leipzig		
Stralsund		
Erfurt		

Bewohner von Spandau und Charlottenburg gelangen

schneller nach	in derselben Zeit nach	langsamer nach
Erfurt	Hannover	
Leipzig	Köln	
Dresden	Frankfurt (Main)	
	Stralsund	
	Hamburg	

Bewohner der City West (Kurfürstendamm etc.) gelangen

schneller nach	in derselben Zeit nach	langsamer nach
Dresden		Hamburg
Leipzig		Hannover
Stralsund		Köln
Erfurt		Frankfurt (Main)

Bewohner des Südens gelangen

schneller nach	in derselben Zeit nach	langsamer nach
Hamburg	Hannover	
Dresden	Köln	
Leipzig	Frankfurt (Main)	
Stralsund		
Erfurt		

Bewohner des Ostens gelangen

schneller nach	in derselben Zeit nach	langsamer nach
Erfurt	Hannover	Hamburg
	Köln	Dresden
	Frankfurt (Main)	Stralsund
	Leipzig	

- die ICE-Linie Hamburg–Leipzig–München
- die IC/EC-Linie Hamburg–Dresden–Prag sowie
- die IC-Linie Stralsund–Erfurt–Dortmund und
- IC-Züge nach Rostock.

Ein Teil der »Tunnelzüge« hält in Berlin-Spandau oder Berlin Gesundbrunnen und jeweils in Berlin Südkreuz. Die über die Stadtbahn fahrenden Fernzüge halten in Berlin Ostbahnhof und in Berlin Hauptbahnhof, nicht auf dem Bahnhof Zoologischer Garten. Die City West ist vom Fernverkehr nicht mehr zu erreichen bis auf die Nachtzüge nach München und nach Zürich, den »Berlin-Warschau-Express« und die Schnellzüge nach Russland. Selbst der Intercity Cottbus–Norddeich hält zwar in Berlin-Wannsee, nicht jedoch in Zoologischer Garten.

Die Vogtlandbahn betreibt mit einem Zugpaar Sub-Fernverkehr zwischen Hof und Berlin. Sie fährt bis zum Bahnhof Zoo, aber über den Südlichen Außenring und hält nicht auf dem Hauptbahnhof (angeblich wegen zu hoher Bahnhofsgebühren).

Was brachte das neue Betriebskonzept den Reisenden? Nicht nur Vorteile. Einige gewinnen Zeit, wenn sie die neue Direktverbindung von Nord nach Süd oder umgekehrt quer durch die Stadt benutzen, andere verlieren sie. In der »Berliner Zeitung« vom 4. November 2005 las man zu den vom 28. Mai 2006 an bestehenden Verbindungen (s. Tabelle), was besser und was schlechter wurde.

■ Der Nordeingang an der Invalidenstraße.

Foto: Bodo Schulz

KEIN FERNZUG ZUR CITY WEST

Durch den Wegfall des Fernverkehrs auf dem Bahnhof Zoologischer Garten hat nach einer Befragung und Hochrechnung einer Fachhochschule im Januar 2007 die Hälfte aller Bahnreisenden Nachteile. Die Deutsche Bahn wies diese Erhebung zurück, zumal die neuen Bahnhöfe Gesundbrunnen und Südkreuz in die Untersuchung nicht einbezogen wurden. Diese beiden Bahnhöfe nützen aber nur wenigen Berlinern etwas.

Die Deutsche Bahn nannte vor Eröffnung des Hauptbahnhofs die Zahl der Halte von Fernzügen auf den Berliner Bahnhöfen:

Jahr	2005	2006
Hauptbahnhof	0	164
Zoologischer Garten	146	0
Ostbahnhof	146	98
Spandau	66	100
Schönefeld Flughafen	17	0
Wannsee	9	5
Lichtenberg	4	ca. 2
Südkreuz	0	50
Gesundbrunnen	0	20

Auf dem Hauptbahnhof halten nach Angaben der Deutschen Bahn seit dem 28.

Mai 2006 täglich rund 1.600 Züge. Das sind 164 Fernzüge und 314 Nahverkehrszüge. Der Rest von 1.122 Halten ist der S-Bahn-Verkehr auf der Stadtbahn. Die genannte Zahl von 1.600 Zügen ist fiktiv und wird vom Marketing benutzt, wenn man Flächen für die Werbung oder Mieter für die Läden wirbt. Stimmen die Zahlen, liegt – nach Zügen bemessen – Berlin Hbf hinter den Hauptbahnhöfen von Frankfurt (Main), München und Hamburg, aber vor Stuttgart, Köln und Düsseldorf.

Das Verhältnis zwischen den vielen

■ Auf einer langen Brücke nähert sich der Intercity vom Bahnhof Gesundbrunnen kommend dem Hauptbahnhof (tief). Foto: Bodo Schulz

S-Bahn-Zügen, die ihren über 125 Jahre alten Laufweg beibehalten, und den wenigen Zügen in der Nord-Süd-Richtung (50 Fernzüge und ein Teil des Nahverkehrs) provoziert die Frage nach dem Aufwand für den neuen Bahnhof und den Tunnel. Mögen die blanken Zahlen zunächst beeindrucken, so ist doch der Rückgang auf den anderen Bahnhöfen ebenfalls zu berücksichtigen.

Mehr als acht Millionen Menschen in vier Wochen besuchten den Hauptbahnhof nach dessen Eröffnung. Darunter

waren viele Neugierige und Gäste der Fußball-Weltmeisterschaft. Am meisten profitierten die Fernzüge nach Leipzig. Bei ihnen hat es einen Zuwachs von 20 Prozent gegeben. Auch 2007 bevölkern viele Schaulustige den Bahnhof. Die Deutsche Bahn bietet Führungen an, an manchen Tagen 30 Mal!

Im Regionalverkehr stieg im zweiten Halbjahr 2006 gegenüber 2005 die Zahl der Fahrgäste um 15 Prozent an. Den höchsten Zuwachs gab es auf der »Anhalter Bahn« (Berlin–Jüterbog um 30 Prozent),

der Stettiner Bahn (Berlin–Bernau–Eberswalde um 40 Prozent!) und der Nordbahn (Berlin–Oranienburg um 30 Prozent). Montags bis freitags stiegen 17.000 Fahrgäste des Nahverkehrs auf dem Berliner Hauptbahnhof aus oder ein. Der Bahnhof Berlin-Spandau wird sowohl im Fern- als auch im Nahverkehr häufiger als früher benutzt, 100.000 waren es früher, seit Wegfall der Fernzughalte auf dem Bahnhof Zoo sind es 150.000.

Zum Verlierer wurde der Bahnhof Zoologischer Garten, wo der Umsatz aus dem

In Berlin-Moabit links die Gleise der kurzen Verbindung vom Hauptbahnhof nach Spandau. Unter dem Güterzug entdecken wir eine »Vorsorgemaßnahme« für die unvollendete S 21, ein Tunnel, in den einmal das S-Bahn-Gleis zum Nordring verlegt wird.
Foto: Emersleben

Steil fallen die Gleise (links von Moabit, rechts von Gesundbrunnen) in den Tunnel unter dem Hauptbahnhof.
Foto: Erich Preuß

Fahrkartenverkauf unter den Berliner Bahnhöfen von 45 auf 25 Prozent fiel. Auch der Ostbahnhof (Umsatzentwicklung von 22 auf 16 Prozent) sowie schon früher die Bahnhöfe Lichtenberg und Schönefeld-Flughafen gehören zu den Verlierern. Viel schlechter, als von der Bahn erwartet, nahm das Publikum die neuen Fernbahnhöfe Südkreuz und Gesundbrunnen an. Südkreuz sollte zum zweitwichtigsten Bahnhof Berlins werden. An der Stelle des Bahnhofs Papestraße entstand keine architektonische Schönheit, sondern ein Betonmonument mit vielen Unzulänglichkeiten und Provisorien. Der Bahnhof ist mit seinen zahlreichen Zu- und Abgängen unübersichtlich. Er bleibt es auch, wenn eines Tages der dritte Bahnsteig für die Züge nach und von Dresden in Betrieb genommen wird. Dieser Bahnsteig soll übrigens schon eher als »Notbahnsteig« genutzt werden für den Fall, dass die Stadtbahn gesperrt werden muss und die Züge durch den Tunnel nach Südkreuz umgeleitet werden.

Der Bahnhof Gesundbrunnen wird als Fernbahnhof gar nicht wahrgenommen, zumal ihm fast alles fehlt, was zu einem klassischen Bahnhof gehört. Während in Südkreuz nur sechs Prozent des Berliner Fahrgelderlöses im Fernverkehr umgesetzt werden, ist er auf dem Bahnhof Gesundbrunnen kaum messbar. Ein Drittel des Fahrgeldes wird auf dem Hauptbahnhof ausgegeben. Das sind alles Umsatzanteile, da die Deutsche Bahn nur Verhältniszahlen bekannt gibt.

An der Spitze steht der Hauptbahnhof mit täglich 300.000 Reisenden und Besuchern, wie ursprünglich erwartet. Die Bahn von der Deutschen Bahn angegebene Zahl hielt der Senat von Berlin – nach einer Anfrage im

Abgeordnetenhaus – für viel zu hoch gegriffen. Die Bahn ist mit ihrem Bauwerk zum Erfolg verpflichtet, wenngleich sie die Größe nicht zu verantworten hat. Als der damalige Vorstandsvorsitzende Heinz Dürr und Bundeskanzler Helmut Kohl den Bahnhofsneubau planten, herrschte in Deutschland eine große Begeisterung über die historische Entwicklung: Alles sollte groß und gigantisch werden – siehe Bundeskanzleramt. Bundesregierung und Berliner Senat meinten 1991, die Bevölkerung der Hauptstadt werde schnell von 3,4 Millionen auf 5 Millionen oder 6 Millionen Einwohner wachsen.

Vielleicht war es eine städtebauliche Fehlentscheidung, den Hauptbahnhof in das Brachland zu setzen. Überhaupt, was war denn von den früheren Plänen des Schienenkonzeptes für Berlin geblieben? Eigentlich sollten die Bahnkunden auf sieben Fernbahnhöfe verteilt werden, um Ballungen zu vermeiden. Die Konzentration auf den Hauptbahnhof war ursprünglich nicht vorgesehen.

Liegt die Ursache dieses Umschwungs vielleicht darin, dass man sich bei den Prognosen zum Fernverkehr verrechnet hatte und für die teuren Bauten nun zu wenige Züge geblieben sind? Einiges deutet darauf hin. Sechs Züge je Stunde und je Richtung auf der viergleisigen Strecke durch den Tiergartentunnel – das ist nicht das Maß, das den Aufwand für den Tunnel rechtfertigt.

Die Nutzung der neuen Bauten führt außerdem vor, wie wenig sich die Bahngesellschaften Personenverkehr und Personenbahnhöfe abstimmten. DB-Personenverkehr dünnte seit der Aktion »Marktorientiertes Angebot Personenverkehr« (MORA P) den Fernverkehr aus, während DB-Personenbahnhöfe um Kunden für seine Bahnhöfe

◾ Viel Glas und edle Materialien verleihen den Tunnelbahnsteigen im Hauptbahnhof eine gewisse Eleganz.   Foto: Emersleben

◾ Triebfahrzeugführer, die in den Tunnel fahren, haben mehrere Belehrungen über das richtige Verhalten bei Störungen und Havarien hinter sich.   Foto: Emersleben

Ausreichend lang, dass jeder Intercity-Express Platz hat, sind die Bahnsteige. An einem kommt der »Berlin-Warschau-Express« an.   Foto: Reiner Preuß

Im Tunnel hängt keine gewöhnliche Oberleitung, sondern eine Art Fahrschiene.   Foto: Emersleben

ringt. Der Hauptstadt gingen seit 1992 Fernziele in Genf, Brüssel, Kopenhagen und Stockholm verloren. Der Eisenbahnverkehr nach Osteuropa und in Richtung Tschechien, Slowakei, Ungarn, Österreich blieb unterentwickelt. Nach Westböhmen gibt es keine durchgehenden Verbindungen mehr, an Kurswagen, die einst die ehemalige Reichshauptstadt mit Rom, Genua, Ventimiglia oder anderen attraktiven Ferienzielen verbanden, ist gar nicht zu denken. Auch die in Berlin-Wannsee einsetzenden Autozüge wurden auf immer weniger Ziele beschränkt. Im Binnenverkehr sind die Fernzüge der Nachwendezeit über Potsdam–Magdeburg ins Ruhrgebiet, über Halle–Nordhausen nach Kassel, nach Rostock, nach Erfurt–Würzburg, über Aschersleben nach Wernigerode, nach Schwerin–Kiel, nach Görlitz und Zittau, Aue und Plauen entfallen. Als der Hauptbahnhof eröffnet wurde, wurde noch die letzte Interregio-Verbindung in Deutschland, Berlin–Chemnitz, eingestellt.

Jemand wird einwenden, der Reisende wünsche schnelle Zugverbindungen und keine über verschlungene Wege. Das Zugangebot von 1990 einschließlich der Prognose war allerdings die Grundlage für die Planung der neuen Bahnhöfe. Man rechnete mit einem enormen Bevölkerungszuwachs in Berlin, »über 6,5 Millionen Einwohner« und entsprechenden Reisebedarf, ohne die damals unbekannten »Billigflieger«. Noch 2006 glauben einige an rund 19 Millionen Eisenbahnreisende des Fernverkehrs von Berlin im Jahr 2010.[2]

2 Hany Azer, Martin Bay: Berlin Hauptbahnhof – ingenieurtechnisch anspruchsvoll vom Konzept bis zur Realisierung.

EIN BAHNHOF,
DER ZEIT VERBRAUCHT

Die Autobahnen wurden von Berlin nach allen Richtungen ausgebaut. Trotzdem ist der ICE nach Hamburg schneller als der Pkw, was dieser Strecke seit dem 12. Dezember 2004 einen Zuwachs von 30 Prozent bescherte. Ist die Eisenbahnreise aber die erste Wahl? Der potenzielle Bahnkunde wird nicht nur die reine Fahrzeit des Zuges, sondern die Gesamtreisezeit kalkulieren, also die »verlorene Zeit« für die Anreise zum Hauptbahnhof dazu zählen. Er sollte keinesfalls den Sicherheitszuschlag für das Umsteigen vergessen. Ihn berechnet die Deutsche Bahn mit acht Minuten und schwärmt in den Prospekten vom »Bahnhof der kurzen Wege«. Sie zählt die Rolltreppen und Aufzüge auf: »insgesamt 58 Aufgänge, davon 53 Rolltreppen, sowie 14 Aufzüge. [...] Diese bauliche Konzentration der Zu- und Abgänge erlaubt kürzeste Umsteigewege: Wo immer sich die Reisenden in dem Bahnhofsgebäude befinden, sie müssen längstens zweimal 215 Meter zurücklegen.«[3]

Beim Andrang der ersten Wochen war man gut beraten, die Aufzüge nicht zu benutzen. Die Zwischenhalte auf den verschiedenen Geschossebenen und das verzögerte Aus- und Einsteigen der staunenden Besucher nahmen viel Zeit in Anspruch. Die Panoramaaufzüge sehen zwar gut aus, sind aber für den Fahrgastwechsel viel zu langsam. Auch auf den Rolltreppen erreicht der Reisende nicht schnell genug den unteren oder oberen Bahnsteig, weil er den Weg dahin erst

3 Drehscheibe Berlin. Lehrter Bahnhof. Broschüre von DB-Projekt, Knoten Berlin o. J., S. 7.

Hier rauscht ein ICE in den Hauptbahnhof. Der Fahrplan sieht bis zu 18 Minuten Aufenthalt vor.   Foto: DB/Lautenschläger

Zum Umsteigen von oben nach unten und von unten nach oben sind die Panorama-Aufzüge zu langsam.　Foto: Bodo Schulz

Während der Fußball-Weltmeisterschaft pendelten zwischen Gesundbrunnen und Südkreuz S-Bahn-Züge, um zu zeigen, wie es sein könnte, wenn die S 21 gebaut würde.　Foto: Emersleben

suchen muss. Sowohl auf dem Ostbahnhof als auch auf dem Bahnhof Zoologischer Garten konnten die Fahrgäste schneller umsteigen.

Das sind nicht die einzigen Mängel des Bahnhofs. So fällt die ungenügende Vorfahrt für Pkw auf, wenn beispielsweise Bekannte zum Bahnhof zu bringen sind. Das Parkhaus ist für Unkundige außerdem schwer zu finden, 15 Gratisminuten sind für die Verabschiedung am Zug oder für das Abholen zu knapp berechnet. Den Taxifahrern fehlt es an Stellplätzen, der Weg zur Busabfahrtsstelle ist unübersichtlich und wird von den Ampeln gebremst.

Ohnehin ist der Hauptbahnhof vom Nahverkehr schlecht erreichbar. S-Bahn-Züge fahren nur über die Stadtbahn. Die Linie 21 einer neuen Nord-Süd-S-Bahn Yorckstraße (Großgörschenstraße)–Putlitzstraße/Gesundbrunnen und die neue U-Bahn zum Brandenburger Tor und weiter zum Alexanderplatz sind in den nächsten Jahren nicht zu erwarten. Geplant war einmal ein gemeinsamer Bahnsteig für die S-Bahn und die U-Bahn. Der Zugang zu diesem Perron ist im Hauptbahnhof verdeckt. Ungeklärt ist die Finanzierung in Richtung Süden. Die Straßenbahn durch die Invalidenstraße wird infolge von Einsprüchen der Anwohner nicht vor 2012 ankommen.

Fast alle weiteren Mängel sind trivial und brauchten nicht zu sein, hätte man in Lehrbüchern vergangener Zeiten gelesen, wie ein Bahnhofsgebäude beschaffen sein soll. Man störte sich auch an den Wartezeiten vor der Gepäckaufbewahrung, denn das Handgepäck wird in diesem Bahnhof nicht mehr in Automaten aufbewahrt und obendrein durchleuchtet. Nur eine Toilet-

■ Man ahnt es: Schöner sähe das Bauwerk mit längerem Bahnsteigdach aus.

Foto: Bodo Schulz

■ Einziger Warteraum ohne Verzehrzwang: die Lounge für die Reisenden 1. Klasse.　　　Foto: Bodo Schulz

■ Am 2. Januar 2007 kam, veranstaltet von der Gruppe »Historische Verkehre« der Deutschen Bahn, stilecht ein Intercity aus Bonn an.　　　Foto: Bodo Schulz

tenanlage war nicht genug, eine zweite musste eröffnet werden. Es fehlt ein Postamt, an Dienst- und Umkleideräumen für die Eisenbahner und die Bundespolizei, es fehlt an Briefkästen und an Sitzgelegenheiten. Die oberen Bahnsteige sind an manchen Stellen zu schmal und, so die Erfahrung des ersten Winters, im Gebäude ist es kalt, ständig weht der Wind. Die unteren Bahnsteige wirken wie Katakomben, sie sind für die Wartenden ungemütlich.

Doch wirkt das Bauwerk, zumindest von oben betrachtet, wie eine höchst lebendige Menschen-Misch-Maschine. Und wer Zeit zum Genießen hat, findet hier eine herausragende Gastronomie, an der es auch anderenorts in Berlin wahrlich nicht mangelt. Aber wie sinnvoll sie auf einem Bahnhof ist?

Erst nach der Eröffnung war gewiss, wie man die 21.000 m² großen Glasflächen reinigt. Ende Oktober 2006 stand der Putz-Roboter (»Vorrichtung zur teilautomatischen Reinigung von Dach- und Fassadenflächen«) zur Verfügung. Der Hochdruckstrahler, durch den in jeder Minute 24 Liter Wasser gedrückt werden, säubert drei- bis viermal im Jahr das Dach. Eine andere Nacharbeit führte zur Sperrung des Tunnels am 2. Dezember 2006, weil an den Bahnsteigen Sperrsignale eingebaut werden mussten. Mit ihrer Hilfe können beispielsweise die ICE Hamburg–München um eine Einheit verstärkt werden. Dann steht eine Hälfte des Zuges bereits am Bahnsteig, während der zweite Triebzug nur bis zum Sperrsignal fährt, ehe beide Teile verbunden werden – ein Verfahren, das auch auf anderen Bahnhöfen praktiziert wird.

WAR ES DEN AUFWAND WERT?

Als weitere Unzulänglichkeit entpuppt sich die Einöde rings um den Bahnhof. »Europas größter Kreuzungsbahnhof« wird, wie Dirk Westphal am 5. März 2006 in der »Welt am Sonntag« schrieb, »noch länger Solitär im Niemandsland bleiben. Ein in Beton und Stahl gegossener Ingenieurtraum ohne Anschluss an ein funktionierendes Stadtquartier.« Während die Pläne für Wohn- und Bürobauten am Humboldthafen wieder veröffentlicht wurden, ist ungewiss, ob auf der Nordseite vor dem Bahnhof ein Hochhaus gebaut wird.

In keiner anderen deutschen Stadt veränderte sich in den letzten 20 Jahren die Eisenbahnlandschaft so stark wie in Berlin. Berlin-Schöneweide verlor den Güter- und den Personenfernverkehr, vom Nahverkehr blieb ein kümmerlicher Rest. In Berlin-Baumschulenweg und Berlin-Karlshorst halten schon lange keine Fernzüge mehr. Ohne sie wirkt der Bahnhof Berlin-Schönefeld Flughafen verlassen. Berlin-Lichtenberg war der wichtigste Fernbahnhof in Ost-Berlin. Zu ihm fahren nur noch Nahverkehrstriebwagen. Im Güterverkehr wurden Berlin-Pankow, Berlin-Wuhlheide Rbf, Berlin Ostgüterbahnhof, Berlin Hamburger und Lehrter Bahnhof und

der Wriezener Güterbahnhof aufgegeben.

Dafür ist jetzt eine große Zahl der Eisenbahnkunden von den veränderten Zugläufen entweder positiv oder negativ betroffen. Den Begeisterten, die von Luckenwalde und Bernau direkt ins Stadtzentrum gefahren werden, stehen die Enttäuschten gegenüber, denen die bisher famosen Verbindungen von Hohenschönhausen oder von Blankenfelde nach Stralsund bzw. Berlin-Schönefeld Flughafen genommen wurden. Ob sie sich trotzdem freuen über das neue Bauwerk im Regierungsviertel, das neue Wahrzeichen von Berlin?

■ Mit Baldachin: Der Eingang auf der Südseite ist mit dem auf der Nordseite weitgehend identisch.

Foto: Erich Preuß

Gerichtliches Nachspiel

Hartmut Mehdorn mit seinem Pressesprecher Oliver Schumacher.

Foto: Bodo Schulz

Am Nachmittag der Eröffnungsfeier lief Meinhard von Gerkan, der Architekt, im Hauptbahnhof auf und ab. Er hatte seine Rede im Jackett, die er nicht vortragen durfte, wenigstens wurde er vom internen Bahn-TV vor leerem Parkett interviewt, ehe die Gäste der Feierlichkeit eintrafen. Das Landgericht Berlin hatte zu seiner Klage noch nicht entschieden. Er sah in dem Einbau einer Flachdecke im Untergeschoss statt der von ihm entworfenen Gewölbeverkleidung das Urheberrecht verletzt.

Am 28. November 2006 bekam er sein Recht, denn das Landgericht verurteilte die Deutsche Bahn dazu, die in den Untergeschossen eingebauten Decken zu entfernen. Diese Vereinfachung gefiel aber dem Architekten überhaupt nicht. Allerdings war danach trotzdem nicht sicher, ob der Bahnhof einen schöneren Untergrund erhalten würde. Die Deutsche Bahn ging in die Berufung, so dass eines Tages das Kammergericht entscheiden wird.

Das Urteil des Landgerichts rief Zustimmung und Widerspruch von Außenstehenden hervor, auch wenn deren Meinungen überwiegend die Objektivität fehlte. Wie wir noch sehen werden, wird in den folgenden Auseinandersetzungen, in denen es nicht nur um die Decke geht, dieses und jenes behauptet, ohne dass die vertraglichen Grundlagen für den Entwurf und Bau des Bahnhofs offen gelegt werden. Während Architekten und Architekturkritiker es begrüßten, dass endlich ein Gericht dem Urheberrecht zur Bedeutung verhalf und endlich die Willkür eines mächtigen Bauherrn gebrochen wurde, meinten Andere, es ginge zu weit, wenn der Architekt ohne Rücksicht auf die Kosten bestimmen dürfe, wie gebaut werden muss.

Der Hauptbahnhof sei ein Kunstwerk und kein Zweckbau, die Deutsche Bahn habe Gerkans Entwurf genehmigt, für Änderungen sei dessen Genehmigung notwendig, die Flachdecken verfälschten das Werk und verstießen gegen das Recht des Urhebers, sagten die Einen. Andere, zuvörderst die Anwälte der Deutschen Bahn führten aus, die Deckenverkleidungen durften 7,4 Millionen Euro, Leuchten und Lautsprecher 1,1 Millionen Euro kosten. Für dieses Geld ließ sich das Gewölbe nicht bauen.

Der Preis hätte gesenkt werden können, erwiderte Gerkans Büro, wenn die Bahn mit ihm verhandelt hätte. Alle Angebote seien abgelehnt worden. Jetzt sollte der Ersatz der Flach- durch Gewölbedecken 40 Millionen Euro kosten und über drei Jahre den Zugverkehr im Tunnel unterbrechen. Abgesehen davon, dass Fachleute die von der Bahn lancierte Summe als viel zu hoch gegriffen einschätzten und von Gerkan meinte, man brauche für den Umbau nicht alle vier Bahnsteige sperren, war das Urteil des Landgerichts Auslöser für deftige Bemerkungen des Unterlegenen.

Hartmut Mehdorn empfand Mitleid für den Steuerzahler und erklärte: »Für diesen Egotrip müssen nun bis zu 40 Millionen Euro aufgewendet werden. Welche Konstruktion der Bauherr und Eigentümer wählen muss, kann doch nur Kopfschütteln auslösen.« Allerdings blieb stets unveröffentlicht, was zwischen dem Architekten und dem Auftraggeber vereinbart wurde, falls vom Entwurf abgewichen werden sollte. So konnte von Gerkan der Deutschen Bahn vorwerfen, sie breche Vereinbarungen, benutze übelste Methoden der Täuschung, behindere die Architektenarbeit und bleibe das Honorar schuldig.

Der Architekt ärgerte sich, dass er nicht auch gegen die Verkürzung des Glasdaches geklagt hatte. Das hätte ihm aber vermutlich nicht viel gebracht, da er bei dessen Veränderung mitgewirkt hatte. Er zeigte sich konziliant und stimmte als Kompromiss einer Sparversion der Gewölbedecke zu, wenn das Glasdach über den oberen Bahnsteig verlängert würde. Dabei sollte er unerwartete Schützenhilfe erhalten.

EIN BRIEF AN DEN HAUSHALTSAUSSCHUSS

Denn der Hauptbahnhof beschäftigte nun Anfang 2007 nicht nur die Gerichte, sondern auch das Parlament. Der Haushaltsausschuss im Bundestag wollte vom Vorstand der Deutschen Bahn aufgeklärt sein, was denn der Hauptbahnhof und die anderen Verkehrsanlagen den Steuerzahler gekostet haben. Ehe es zu der Befragung kam, veröffentlichte die Deutsche Bahn den Brief ihres Vorstandsvorsitzenden an Klaas Hübner, Mitglied des Haushaltsausschusses, in dem Mehdorn behauptete, dass »bei einer vollständigen Umsetzung des Planes von Herrn von Gerkan der Bahnhof deutlich teurer und später fertig gestellt worden wäre.

Wir haben es deshalb für unsere Aufgabe als Vorstand gehalten, sowohl die Kosten als auch den Fertigstellungstermin so nachzusteuern, dass wir den Bahnhof auf jeden Fall zur Fußball-Weltmeisterschaft 2006 in Betrieb nehmen können. Es bestand nach vielen Besprechungen mit Bauunternehmen, Architekten und Statikern mit allen Beteiligten Einigkeit, dass dieses Ziel oberste Priorität haben musste. [...] Ohne eine Verkürzung des Daches wäre dies nicht möglich gewesen. [...] Allein die Verlängerung der Bauzeit um ein Jahr hätte einen wirtschaftlichen Schaden von rund 100 Millionen Euro bedeutet. Vorgesehene Luxusausstattungen wie Designerleuchten, Parkettfußböden, Kassettendecke usw. wurden – wie vieles andere auch – kritisch hinterfragt und angepasst. Auch das Bahnhofsdach wäre in der ursprünglich geplanten Länge in der in Frage kommenden Zeit nicht mehr realisierbar gewesen. Die Inbetriebnahme zur Fußball-Weltmeisterschaft hatte Vorrang. [...] Der Bahnhof ist dennoch um einen dreistelligen Millionenbetrag teurer geworden als geplant. Allein dies hatte zur Folge, dass die Mittel, die als Mehraufwendungen in den Hauptbahnhof geflossen sind, nicht mehr für andere Bahnhöfe in Deutschland zur Verfügung stehen können. [...]

Wir möchten Sie ebenfalls darüber informieren, dass die Bundesfinanzierung des vom Bund beschlossenen Berliner Hauptbahnhofs für den Ausbau und die Dächer mit einer Obergrenze versehen ist. Alle darüber hinausgehenden Mehrkosten sind, unabhängig von Ihrer Ursache, durch die Bahn selbst zu finanzieren. Wir werden unsererseits alles dafür tun, damit der sehr schöne, aber zu teure Hauptbahnhof nicht weitere Mittel verzehrt, die an anderer Stelle dringend benötigt werden. Dies kann im Einzelfall auch dazu führen, dass die Wunschvorstellungen eines Architekten hinter wirtschaftlichen Zwängen zurückstehen müssen.«

Wie die Befragung des Bahnchefs Hartmut Mehdorn am 1. Februar 2007 im Haushaltausschuss ergab, kostete der Bahnhof

1,025 Milliarden Euro, die Nord-Süd-Verbindung 2,8 Milliarden Euro. Zum Glasdach erklärte Mehdorn die Angaben aus dem Bundesministerium für Verkehr, Bau und Stadtentwicklung (37 Millionen Euro die lange Version, aber 74 Millionen Euro die verkürzte) als falsch. Vielmehr war das lange Dach mit 74 Millionen Euro veranschlagt, das kurze Dach hat 56,5 Millionen Euro gekostet. Diese Angaben wurden von gmp bestritten.

DIE HALBE WAHRHEIT

Zur Klärung der Fragen, was warum wie viel gekostet habe, wollte Wolf-Dieter Siebert, Vorstandsvorsitzender von DB Station & Service, in der Zeitung »Der Tagesspiegel« vom 13. Januar 2007 beitragen. Bereits mit der Überschrift »Ein Dach, exakt so lang, wie einst geplant. Warum Architekt von Gerkan nur die halbe Wahrheit über den Hauptbahnhof erzählt«, goss er Öl ins Feuer (siehe Kastentext auf Seite 170).

Die Darstellung in diesem Artikel, dass das Architektenbüro gmp das kurze Dach gewollt habe, nun auch für die erhöhten Kosten und den drohenden Terminverzug verantwortlich gewesen sein sollte, war eine neue Lesart. Man erinnere sich: Als der Vorstandsvorsitzende der Deutschen Bahn noch Heinz Dürr und der Vorstandsvorsitzende von DB-Personenbahnhöfe Dieter Ullsperger hießen, war bereits abzusehen, dass das Chaos bei der Projektleitung und der Wassereinbruch in die Tunnelbaustelle und nicht ein Dach zu höheren Kosten führen und die Termine verschieben würde. Damals waren sich die Deutsche Bahn, der Senat von Berlin und der Architekt noch einig, wie der künftige Hauptbahnhof aussehen soll.

■ »Den hätte ich nie so gebaut«, sagte Bahnchef Hartmut Mehdorn, und trotzdem ist er stolz auf »seinen« Bahnhof.
Foto: Bodo Schulz

■ Wolf-Dieter Siebert, Vorstandsvorsitzender von DB-Station & Service, gibt dem Architekturbüro gmp alle Schuld für überzogene Kosten und verzögerte Termine.   Foto: Bodo Schulz

Wer vorher nicht zur »richtigen« Tür läuft, steigt aus der 1. Klasse im Regen aus.   Foto: Bodo Schulz

Das 430 m lange Glasdach gehörte zum ICE-kompatiblen Bahnsteig. Beides wünschten sich die Deutsche Bahn und der Senat von Berlin, und der Architekt führte aus. Die Übereinstimmung bestand in der Zeit vom Planfeststellungsbeschluss am 12. September 1995 bis zur einsamen Entscheidung des Bahnvorstands am 14. Juni 2002, bei Änderung des Planfeststellungsbeschlusses das Dach zu verkürzen. Ob in der Vorstandsetage niemand Siebert an diesen Sachverhalt erinnerte? Wie kam er dazu, den Spieß umzudrehen und dem Architekten vorzuhalten, er habe das kurze Glasdach gewollt und er sei für das Entgleiten der Kosten verantwortlich? Von Gerkan forderte daher Wolf-Dieter Siebert auf, diese Behauptung zu unterlassen. Der Architekt konnte die Kosten nicht kontrollieren, weil ihm jegliche Zahlen verweigert wurden. Seinem Büro war 2003 die Bauaufsicht entzogen worden. Bauleitung und -kontrolle oblagen seitdem der Firma Vössing, dem Projektleiter Hany Azer und bei den Bügelbauten Jürgen Zahn.

DAS DACH SOLL NACHTRÄGLICH VERLÄNGERT WERDEN

Der Haushaltsausschuss im Bundestag rügte die intransparenten Strukturen bei der Finanzierung der neuen Verkehrsanlagen. Aber er und der Ausschuss für Verkehr, Bau und Stadtentwicklung sprachen sich nach den Anhörungen der Bahnvorstände für die nachträgliche Verlängerung des Daches aus. Der Bahnhof solle fertig gebaut werden. Dabei geht es nicht nur um Schönheit, sondern auch um den Komfort für die auf den oberen Bahnsteig wartenden Reisenden. Den aussteigenden Reisenden empfahl Ingulf Leuschel, der Konzernbevollmächtigte für Berlin, »das Gehen im Zug zu einem der nächsten Wagen«, wenn man im überdachten Bereich aussteigen wolle. Das »Bahnhofsmanagement« erklärt den Reisenden: »Auf dem Berliner Hauptbahnhof wird es keine Warteräume geben. Der Bahnhof ist überdacht, so dass kein Regen auf den Bahnsteig fällt. Bei längeren Wartezeiten kann die untere Ebene als geschützter Bereich genutzt werden oder auch die DB Lounge im 1. OG. Eine ausreichende Beschallung ist vorhanden, so dass längere Wartezeiten auf dem Bahnsteig vermieden werden können.«

Dass vielleicht doch nicht alles so gut durchdacht war, erlebten die Reisenden, als am 18. Januar 2007 der Orkan »Kyrill« angekündigt wurde. Da stürzte ein zwei Tonnen schwerer Stahlträger auf einen Treppenaufgang. Sogleich wurde das Bauwerk geräumt und mitgeteilt, es könne auch künftig nur bis zur Windstärke 8 betreten werden. Der Vorfall kam einigen Bundestagsabgeordneten gerade recht. Doch nicht Mehdorn hatte am Bau gepfuscht, sondern Baufachleute hatten hinsichtlich der schwimmend gelagerten Fassadenriegel in der Stahlkonstruktion der Bügelgebäude keinerlei Sicherheitsbedenken. Diese Stahlträger sind teurer Nippes und gehören nicht zu der tragenden Konstruktion. Deshalb konnte von einer Einsturzgefahr des Gebäudes keine Rede sein. Vorsichtshalber wurden die horizontal angebrachten Fassadenriegel angeschweißt. Das Bahnhofsgebäude braucht nach dieser Vorkehrung bei Sturm nicht mehr abgesperrt zu werden.

EIN DACH, EXAKT SO LANG, WIE EINST GEPLANT.

Warum Architekt von Gerkan nur die halbe Wahrheit über den Haupt-bahnhof erzählt

Das Gesamtprojekt von der Perleber-ger Straße bis zum Spreebogen wurde 1997 in einer Finanzierungsvereinba-rung mit dem Bund mit 700 Millionen Euro budgetiert. Am Ende betragen die Baukosten eine Milliarde Euro. Sie wären noch deutlich höher gewesen, hätten wir nicht gegen den Willen des Archi-tekten einschneidende Maßnahmen zur Eindämmung der Kosten durchgesetzt. Der Bahnhof, der ursprünglich 2000 teil-weise, und 2002 ganz in Betrieb gehen sollte, wurde 2006 fertig.

Mit dieser Situation – Kosten-Explo-sion und völlige Überziehung aller Ter-

mine – hatte ich mich als Vorstandsvor-sitzender DB Station & Service AG aus-einander zusetzen, als ich im Januar 2002 mein Amt antrat. DB-Chef Hart-mut Mehdorn hatte kurz zuvor, im De-zember 2001, die Notbremse gezogen: Nachdem alle Kostenprognosen überzo-gen waren und der ursprüngliche Fertig-stellungstermin nun sogar auf das Jahr 2008 (!) zu rutschen drohte, mussten in Abstimmung mit Bauunternehmen, Ar-chitekten und Genehmigungsbehörde klare Entscheidungen getroffen werden. Die Fußball-WM hätte einen Baustellen-bahnhof erlebt! Zwei Jahre Bauzeit-verlängerung hätten einen wirtschaft-lichen Nachteil von weiteren 200 Millio-nen Euro für die Bahn bedeutet.

Die Budgets waren erschöpft. Wegen der Abhängigkeit von den kurzen Sperr-pausen für die Verschwenkung der Gleise auf die neue Stadtbahntrasse sicherte nur ein Dach, dessen Länge dem ursprünglichen Gerkan-Modell entsprach, eine pünktliche Indienststel-lung des Berliner Hauptbahnhofs zur WM 2006. Es ging um Tage und eine Alternative gab es nicht.

Und da muss doch wohl die Frage erlaubt sein: Hat ein Auftraggeber unbe-grenzt Termin- und Kostenrisiken hinzu-nehmen, aus künstlerischen oder wel-chen Gründen auch immer, auch wenn sein Unternehmen dadurch wirtschaft-lich aufs Schwerste geschädigt werden kann? Da nach der Finanzierungsverein-barung mit dem Bund die öffentlichen Mittel für den Bahnhof mit rund 500

Millionen Euro budgetiert waren, gehen die Mehrkosten voll zu Lasten der DB. Damit musste die Bahn statt der ursprünglich geplanten 200 Millionen rund 500 Millionen Euro Baukosten aus eigenen Mitteln aufbringen. Geld, das mit dem Bahnhof nie verdient werden kann. Damit fehlen 300 Millionen Euro, die wir anderenorts für die Modernisie-rung der Bahnhöfe dringend benötigen.

Sicherlich gab es viele Einflussfak-toren auf das Projekt. Ein wichtiger Fak-tor für Verzögerungen und Kostenstei-gerung lag jedoch im anspruchsvollen Entwurf des Architekten und in seiner Art, mit dem Projekt umzugehen.

Mit dem Berliner Hauptbahnhof hat Meinhard von Gerkan sicherlich Einzig-artiges geschaffen. Doch er hat uns bei einem seiner wichtigsten Projekte im Kostenregen stehen lassen. Seine tech-nischen Lösungen mussten oft erst in langwierigen Prüfverfahren untersucht und zum Teil mangels Realisierbarkeit nachgebessert werden. Beim Ost-West-Dach beispielsweise stand noch lange nach Baubeginn des Bahnhofs nicht fest, ob das Dach überhaupt jemals gebaut werden kann.

Für Zweifel gab es gute Gründe: Ein vergleichbares Dach war beim Bau 1997 eingestürzt, thermische Probleme der Konstruktion erforderten umfang-reiche Zusatzgutachten von Fraunho-fer-Instituten, sonst technisch übliche Toleranzen in der Fertigung ließ das geplante Dach nicht zu. Eine machbare Lösung für die Innenreinigung des

Daches im Übrigen schuldet uns der Architekt bis heute.

Das von Gerkan mit rund 36 Millionen Euro veranschlagte Ost-West-Dach hätte mindestens 74 Millionen Euro gekostet. Mit der aus dem Termindruck notwendigen Dachverkürzung konnten die Kosten immerhin noch auf 64 Millionen Euro gedrückt werden. Der Anteil der Bundesmittel blieb auf 34,5 Millionen Euro begrenzt.

Gerkan selber kam in einem Schreiben im Jahr 2001 zu der Erkenntnis: »Die bisherige Bearbeitung hat gezeigt, dass dieses Projekt deutlich komplexer und anspruchsvoller ist, als alle bisherigen von uns und anderen in der Vergangenheit realisierten Bauvorhaben.« Gerkan nahm diese späte Erkenntnis zu seinem Entwurf aber nicht etwa zum Anlass, die Komplexität im Zeit- und Kostenrahmen beherrschbarer zu machen. Vielmehr leitete er daraus gegenüber der DB zusätzliche Honorarforderungen ab. Mittlerweile hat er seine Forderungen auf 39 Millionen Euro mehr als verdoppelt.

Schon Ende 1997 begann auch die Diskussion mit dem Architekten um die abgehängten Decken im Untergeschoss des Bahnhofs. Bereits 1998 lagen die Kostenvoranschläge des Architekten für die von ihm favorisierte Gewölbedecke bei rund 12 Millionen Euro. Vereinbart war mit Gerkan ein Kostenbudget von rund sieben Millionen Euro.

In den folgenden Jahren hat die Bahn Gerkan immer wieder gebeten,

Im Interesse der Pünktlichkeit verzichtete man auf dem Hauptbahnhof nicht auf die Bahnsteigaufsicht.   Foto: Reiner Preuß

eine Decke zu planen, die in das Kostenbudget passt. Dem Architekten ist es nicht gelungen, eine geeignete Lösung vorzulegen. Den Vorschlag der Bahn, die Alternative einer Flachdecke im Budgetrahmen zu entwickeln, lehnte er ausdrücklich ab. Deshalb sah die Bahn sich gezwungen, diese Alternative von einem anderen Architekten planen zu lassen.

Keine Entscheidung während des Bauprozesses wurde uns vom Architekten leicht gemacht. Keine Entscheidung haben wir leichtfertig getroffen. Der Gestaltungswille des Architekten

darf jedoch nicht die wirtschaftliche Leistungsfähigkeit des Bauherrn überfordern. [...]

Deshalb werden wir auch das Dach nicht verlängern. sondern es so belassen, wie es schon 1993 im Architektenentwurf als schön empfunden wurde. Meinhard von Gerkan hat schließlich die Kürzung des Daches aktiv mitgestaltet und – gegen ein zusätzliches Honorar versteht sich – selbst umgeplant. [...]

Dieter Siebert

Aus einem Manuskript des DB-Vorstandsvorsitzenden für Station und Service

Die Antwort der Bahn-Anwälte bestand aus einer 14-seitigen Klageschrift. Von Gerkan solle seine Aussage zurücknehmen, wonach der Konzern eine Mitschuld an dem Sturmschäden habe. Der Architekt dachte aber gar nicht daran, zu schweigen. Er könne belegen, die Bahn auf die Haltevorrichtung aufmerksam gemacht zu haben. Doch habe die Bahn gegenüber dem Hersteller erklärt, auf die Haltebleche zu verzichten, damit im Winter keine gefährlichen Eiszapfen entstehen.

Am 22. Mai 2007 gab das Berliner Landgericht der Klägerin recht: Zwar darf Meinhard von Gerkan weiterhin erklären, dass sein Büro Ohrenbleche für die Stahlträger geplant habe. Gleichzeitig ist es ihm aber nicht erlaubt, den Eindruck zu erwecken, den Verantwortlichen bei der Bahn sei die drohende Gefahr aufgrund der fehlenden Bleche bekannt gewesen. Mehr noch: Der Architekt ist zu dem Hinweis verpflichtet, dass den Ohren »in der Planung keine Sicherungs- oder Haltefunktion zukam, sondern sie der Entwässerung und der Verhinderung von Eiszapfenbildung dienen sollten.«

■ Ab Windstärke 9 war der Bahnhof gesperrt. Zur Beruhigung ließen sich Bahnchef Mehdorn und Minister Tiefensee vor einigen Journalisten sehen.   Foto: Bodo Schulz

■ Peinlich: Der teure Nippes stürzte auf die Stufen vor Diekmanns Austernbar.   Foto: Bodo Schulz

Chronik
1991 bis 2007

27. Oktober 1990

DE-Consult stellt neue Eisenbahnkonzepte für Berlin vor.

15. Juli 1992

Das Bundeskabinett entscheidet sich für das Pilzkonzept mit der Nord-Süd-Fernbahntrasse über den heutigen Hauptbahnhof.

September 1992

Die Deutsche Reichsbahn beauftragt die Architekten, Prof. Kleihues und Prof. von Gerkan, Projektstudien vorzulegen.

26. Februar 1993

Auf einer Pressekonferenz stellen der Senat von Berlin und der Vorstand der Deutschen Reichsbahn die städtebaulichen Gutachten zum neuen Kreuzungsbahnhof vor.

26. März 1993

Die Deutsche Reichsbahn entscheidet sich für den Entwurf aus dem Architektenbüro von Gerkan, Marg & Partner.

Herbst 1993

Gemeinsames Planfeststellungsverfahren für die Verkehrsanlagen im Zentralen Bereich (Straßentunnel der Bundesstraße 96, U-Bahn-Linie 5, Fernbahntunnel) eingeleitet.

3. Oktober 1994

Sanierung der Stadtbahn beginnt

12. September 1995

Planfeststellungsbeschluss für die Nord-Süd-Verbindung.

13. Oktober 1995

Erster Spatenstich vor dem Reichstag

1. November 1995

Erster Rammschlag für den Tiergartentunnel, den Autotunnel

1. April 1996

Die ersten Baugruben für den Berliner Hauptbahnhof/Lehrter Bahnhof werden an Baufirmen vergeben.

9. Juli 1997

Grundwassereinbruch in eine Baustelle

24. Mai 1998

Stadtbahn Hauptbahnhof/Ostbahnhof – Zoologischer Garten nach Sanierung frei gegeben und Berlin Hbf wieder in Berlin Ostbahnhof umbenannt

14. Juli 1988

Rückverlegung der Spree

9. September 1998

Grundsteinlegung für den Lehrter Bahnhof/ Hauptbahnhof in Anwesenheit von Bundesverkehrsminister Matthias Wissmann, dem Berliner Regierenden Bürgermeister Eberhard Diepgen sowie DB-Vorstandsvorsitzenden Dr. Johannes Ludewig.

15. September 1998

Bundeskanzler Helmut Kohl eröffnet in Berlin Ostbahnhof die Schnellbahn Berlin – Hannover

9. September 1999
Fertigstellung der Brücke über den Humboldthafen

1. Februar 2000
Aufstellen der acht zentralen, über fünf Geschosse reichenden Stahlstützen (Gabelstützen) für die Ost-West-Trasse.

5. Februar 2000
Im nördlichsten Teil der Nord-Süd-Verbindung beginnt das Takt-Schiebe-Verfahren für den Bau der Eisenbahnüberführung Nord-Ost. Die insgesamt 16 Brückenabschnitte werden direkt auf einer Taktschiebeanlage im Bereich des Widerlagers Tegeler Straße einzeln betoniert und anschließend vorgeschoben.

15. Juni 2000
Fertigstellung des ersten Teils der unterirdischen Bahnhofshalle im Berliner Hauptbahnhof. Die bis zu 15 Meter hohe Hallendecke wird von 45 Stahlverbundstützen getragen. Der 140 m lange und bis zu 150 m breite Bauabschnitt umfasst neben der Bahnhofshalle auch die angrenzenden Rohbauten für den Tunnel der Bundesstraße 96 und der U-Bahn.

10. Januar 2001
Lenzen der nördlichen Baugrube. Diese Baugrube wurde nach dem Wand-Sohle-Verfahren errichtet. Nachdem Anfang Dezember 2000 die rund 1,5 m starke Sohle mit Unterwasserbeton hergestellt worden war, kann die Baugrube gelenzt werden. Insgesamt werden 200.000 m³ Wasser abgepumpt.

16. März 2001
Die letzte Lücke in der Eisenbahnbrücke Nord-Ost über der Perleberger Brücke wird geschlossen. Die Eisenbahnbrücke Nord-Ost ermöglicht die Ausfahrt der Züge aus dem unterirdischen Teil des Hauptbahnhofs (Nord-Süd-Verbindung) in Richtung Gesundbrunnen.

25. April 2001
Erstes Teilstück des Ost-West-Brückenzugs im Rohbau fertiggestellt.

7. Mai 2001
Erster Binder für das Ost-West-Dach trifft auf der Baustelle ein.

29. August 2001
Die Ost-West-Trasse ist komplett. Mit dem Betonieren des letzten Brückenelementes wird der Brückenzug für die Ost-West-Trasse fertiggestellt.

1. Februar 2002
Beginn der Montage des Hallendachs

15. Juni 2002
Inbetriebnahme des S-Bahn-Vollrings nach dem Lückenschluss Westhafen - Gesundbrunnen

16. Juni 2002
Beginn der Verschwenkung der Stadtbahntrasse auf die neuen Brücken des Bahnhofs

4. Juli 2002
Der erste S-Bahn-Zug hält am neuen Bahnsteig im Berliner Hauptbahnhof/Lehrter Bahnhof.

25. Juli 2002
Abriss des Lehrter Stadtbahnhofs beginnt.

9. September 2002
Der Lehrter Bahnhof erhält seinen neuen Namen: Berlin Hauptbahnhof - Lehrter Bahnhof.

30. September 2002
Ursprünglich als Fertigstellungstermin des Tunnels und des Zentralbahnhofs geplant

1. Oktober 2002
Die letzte Baugrube des Hauptbahnhofs wird begonnen.

11. November 2002
Der Abriss der alten Brücke über den Humboldthafen beginnt.

26. März 2003
Der Bodenaushub der letzten Baugrube beginnt.

19. Juni 2003
Die erste Sohle für den Straßentunnel der Bundesstraße 96 wird in der Baugrube B betoniert.

1. November 2003
Baubeginn für den ersten Bahnsteig im Hauptbahnhof, der S-Bahnsteig auf der Stadtbahn

27. November 2003
Die erste Seite des S-Bahnsteigs ist mit Natursteinbelag fertiggestellt. Zwei Tage später beginnt das Betonieren der letzten Tunneldecke für den Straßentunnel der Bundessstraße 96.

2. Dezember 2003
Beginn der Betonage der Unterwasserbetonsohle in der Baugrube B Ost. Im Februar 2004 ist die letzte Baugrube des Berliner Hauptbahnhofs trockengelegt.

16. Dezember 2003
Umbau des Bahnhofs Papestraße beginnt

28. Mai 2004

Die letzte Schlitzwand mit einer Länge von 150 m, einer Tiefe von 25 m und einer Breite von 1,5 m ist komplett abgebrochen.

Juni 2004

Der mit dem Firmenzeichen der Deutschen Bahn versehene Abluftkamin für das Parkhaus und den Straßentunnel wird fertiggestellt. Im unterirdischen Bahnhof beginnen die Arbeiten am Masse-Feder-System und der Festen Fahrbahn.

Juli 2004

Die Arbeitsgemeinschaft Ausbau nimmt ihre Arbeit auf. Beginn der Installation der Haustechnik, insbesondere Heizung, Lüftung, Kälte und Wasser

August 2004

Die ersten Schienen werden im nördlichen Bereich des unterirdischen Bahnhofsteils verlegt. Die drei Bahnsteige auf der Stadtbahntrasse, der Ost-West- Trasse, sind komplett mit Naturstein belegt.

September 2004

Die ersten Fahrtreppen werden montiert. Auch die Montage der Geräusche dämmenden Flachdecke im nördlichen Bereich des unterirdischen Bahnhofsteils beginnt.

13. Juni 2005

Einweihung der neuen Bahnhofshalle Papestraße

15. August 2005

Die Stahlteile für die Bügelbauten sind umgeklappt.

8. November 2005

Oberleitung Nordring – Hauptbahnhof unter Strom

9. Januar 2006

Strecke Papestraße – Ludwigsfelde in Betrieb genommen

31. Januar 2006

Unterzentrale Papestraße des elektronischen Stellwerks und Stellrechner Lehrter Bahnhof in Betrieb genommen

2. Februar 2006

Oberleitung/Stromschiene Papestraße – Hauptbahnhof unter Strom

7. Februar 2006

Beginn der Probefahrten Gesundbrunnen – Teltow, um die Oberleitung zu prüfen.

24./25. März 2006

Regulärer Probebetrieb mit Eisenbahnern als Fahrgästen und Rettungsübungen im Tunnel

25. März 2006

Inbetrieb des Straßentunnels

26. Mai 2006

Der Hauptbahnhof, die Bahnhöfe Gesundbrunnen (Fern- und Regionalverkehr), Potsdamer Platz (Regionalverkehr), Papestraße (Fern- und Regionalverkehr) sind eingeweiht, Papestraße wurde in Südkreuz umbenannt.

28. Mai 2006

Aufnahme des regulären Zugbetriebs im Nord-Süd-Tunnel und Benutzung von Hauptbahnhof, Potsdamer Platz, Südkreuz

und Lichterfelde Ost im Fern- und Regionalverkehr.

28. November 2006

Urteil des Landgerichts auf die Klage des Architekten von Gerkan: Verletzung des Urheberrechts – die Decken im Untergeschoss müssen nach dem Entwurf des Gerkan-Büros gebaut werden.

10. Dezember 2006

Die in Berlin-Lichtenberg ankommenden und abfahrenden Züge von und zu Bahnhöfen in der ehemaligen Sowjetunion (Moskau, Kiew, Irkutsk, St. Petersburg, Odessa usw.) wurden zum Hauptbahnhof verlegt.

1. Februar 2007

Befragung des DB-Vorstandsvorsitzenden Mehdorn im Bundestags-Haushaltsausschuss: Der Bahnhof kostete 1,025 Milliarden Euro, die Nord-Süd-Verbindung 2,8 Milliarden Euro.

18. Januar 2007

Orkan »Kyrill« tobt über Deutschland. Ein Stahlträger stürzt in die Tiefe. Der Bahnhof wird evakuiert und abgesperrt. Später werden Vorkehrungen getroffen, damit das Gebäude sturmfest ist.

22. Mai 2007

Urteil des Berliner Landgerichts auf die Klage der Deutschen Bahn: von Gerkan darf nicht behaupten, die »Verantwortlichen der Deutschen Bahn« hätten von der Gefahr der nur aufgelegten Stahlträger gewusst.

11. Juni 2007

Eine neue ICE-Verbindung (vorläufig nur ein Zugpaar) besteht von München nach Rostock.

Quellen- und Literaturverzeichnis

Hany Azer: Berliner Hauptbahnhof – Schlitz-wände für die letzte Baugrube. In: Eisen-bahntechnische Rundschau, Darmstadt 2003.

Hany Azer, Martin Bay: Berlin Hauptbahn-hof – ingenieurtechnisch anspruchsvoll vom Konzept bis zur Realisierung. In: Glasers Annalen, Hamburg 1/2/2006.

Bahnknoten Berlin. In: Bahn-Profil 18, Berlin 2000.

Manfred Berger: Historische Bahnhofs-bauten I, Berlin 1980.

Berliner Zeitung vom 12. Mai 2005.

Berliner Zeitung vom 23. Juni 2005.

Berliner Zeitung vom 4. November 2005.

Peter Bley: 150 Jahre Berlin-Anhaltische Eisenbahn, Düsseldorf 1990.

Petra Bornhöft: Grenze des Machbaren. In: Der Spiegel, Hamburg vom 26. November 2001.

Gunther Brux: Tunnelbau im Zentralen Bereich Berlin. In: Eisenbahningenieur, Ham-burg 11/99.

Michael Cramer: Der Tunnelbau zu Babel. In: Frankfurter Rundschau, Frankfurt am Main, vom 31. Januar 1996.

Deutsche Bahn: Bahnverkehr Berlin 2006, Pressekonferenz vom 6. Juli 2005.

Deutschen Bahn Presseinformation der vom 6. Juli 2005.

Drehscheibe Berlin. Bahnhof Papestraße, Berlin 1992.

Drehscheibe Berlin. Lehrter Bahnhof. Bro-schüre von DB-Projekt, Knoten Berlin o. J.

Frankfurter Allgemeine Zeitung vom 23. August 2005.

Armin Gerber, Jochem Wiedemeyer: Nach-weis für Sonderlagerungen beim Lehrter Bahnhof. In: Stahlbau

Jürgen Meyer-Kronthaler, Wolfgang Kramer: Berlins S-Bahnhöfe, Berlin-Brandenburg 1998.

Planung Verkehrsanlagen Nordanbindung, herausgegeben von der Pressestelle der Reichsbahndirektion Berlin 1993.

Renaissance der Bahnhöfe. Die Stadt im 21. Jahrhundert. Herausgeber: Bund Deutscher Architekten, Deutsche Bahn, Förderverein Deutsches Architekturzentrum in Zusam-menarbeit mit Meinhard von Gerkan, o. J.

Der Tagesspiegel vom 17. Oktober 2005.

Siegfried Tenner: Lehrter Bahnhof in Berlin. In: Eisenbahntechnische Rundschau, Darm-stadt 1995.

Jürgen Wilms: Die Ost-West-Trasse für den ICE durch Berlin. In: Edition ETR. Bahnreport '98, Darmstadt 1998.

Volker Weiß: Ring-Schluss der S-Bahn am Berliner Nordkreuz. In: Eisenbahntechnische Rundschau, Darmstadt 5/2002.

Zeitschrift für Bauwesen, Berlin 1929, S. 221 ff.